하버드
인맥 수업

HARVARD

세 계 최 고 의 엘 리 트 곁 에 는 누 가 있 는 가

하버드
인맥 수업

코니 지음 하은지 옮김

꿈지락

인맥이라는 하드파워

리이뉘(전 매킨지 파트너, 슬레이브 소사이어티 공식 계정 개설자)

누군가 내게 직장 생활에서 가장 중요한 세 가지 능력이 무엇인지 묻는다면 이렇게 정리하겠다. 첫째, 충분히 자신의 내면을 들여다보는 능력. 둘째, 세상과 문제를 체계적으로 바라보는 능력. 셋째, 깊이 있고 의미 있는 관계를 만들어내는 능력.

사회적동물인 인간에게 관계라는 것은 피할 수 없는 종류다. 이때 깊은 관계를 맺는 능력은 천부적으로 타고나는 게 아니라 후천적으로 길러지는 경우가 많다. 이는 앞서 말한 두 가지 능력과 밀접한 연관이 있다. 어떤 사람들은 관계를 맺고 싶어 하지 않거나, 그럴 용기를 내지 못한다. 관계 맺기에 두려움을 느끼는 것은 보통 자의식과 관련이 있다. 또 어떤 관계를 맺느냐는 사실 우리가 어떻게 문제를 이해하고 세상을 인식하느냐에 달려 있다.

그래서 나는 관계 맺기가 사람의 성장 과정의 중심이며, 끊임없이 점검하고 배워나가야 하는 것이라고 생각한다.

저자 코니와 나는 미국에서 오랜 시간 함께 일했다. 솔직히 말해 미국 직장에서 우리 같은 중국인은 보기 드물다. 예전에 나는 미국에서 매킨지 사의 파트너로 일했다. 북미 지역에만 600명의 직원이 있었는데, 그중에 나같이 중국 대륙에서 학사 교육을 마친 사람은 딱 2명이었다. 같은 기간 인도에서 학사 교육을 받은 사람은 100명 가까이 되어 전체 직원의 15% 정도를 차지했다. 왜 그렇게 차이가 많이 났을까? 우리는 인도 직원들에 비해 관계라는 '소프트파워'를 중시하지 않았기 때문이다. 즉, 믿을 만한 인재를 주변에 두는 것에 관심이 없었다.

이 책에는 인맥 쌓기에 관한 사고방식과 방법이 충실히 담겨 있다. 언뜻 보기에는 '스킬'을 전수해주는 것 같지만 사실은 직장 생활에 대한 깊은 이해를 가능하게 해준다. 그리고 이 '소프트파워'는 어떤 의미에서 '하드파워'가 될 수도 있다.

미국 직장에서는 대인관계를 매우 중시한다. 솔직히 말해 나 역시 여러 인맥을 경험했지만 그 과정을 이렇게 체계적으로 쓸 생각은 하지 못했다. 그래서 이 책이 출간된 것에 한 명의 독자로서 큰 기쁨을 느낀다. 인맥에 관해 체계적으로 공부할 기회가 생겼으니 말이다.

나는 코니의 글을 사랑한다. 배울 점도 많고 진실하고 친근한 문장이기 때문이다. 그의 문장은 높은 곳에서 일방적으로 논리나 자기의 경험을 가르치지 않는다. 본인의 실제 경험과 느낌, 힘들게 고민하며 얻은 것들을 '배경색'으로 하면서 사람들과 함께 나눈다.

이 책에는 지난 20여 년 동안 중국과 미국 기업에서 겪은 다양한 저자의 경험들이 담겨 있다. 하버드에서 배운 것들의 실천판이라고도 할 수 있다. '이론'은 물론 바로 적용 가능한 '기술'도 들어 있다. 수많은 직장인에게 큰 가치와 의미를 제공할 것이라 믿는다. 독자들이 이 책을 통해 많은 것을 배우고 안정적인 직장 인생을 일궈나가길 희망한다.

인생의
귀인을 찾아라

'인맥'이라는 단어는 한국 기업에 다니면서 처음 접한 표현이다. 중국에서는 관계라는 뜻의 '관시(關係)'라는 말을 쓴다. 하버드 경영대학원 사례집에서는 아예 Guan Xi라고 스펠링을 적어, 관계가 중국에서 얼마나 중요하고 특수한 역할을 하는지 강조한다.

사회 속에서 살아가는 인간은 매일 다른 사람들과 일정한 관계를 맺기 마련이다. 마트에 가서 제품을 사고 서비스를 받고 가족, 친구들과 식사를 하며 동료와 고객을 만난다. 사람이기 때문에 다른 사람과의 사이에 생기는 각종 관계를 피할 수 없다. 여기에서 생기는 안정적인 관계가 바로 인맥이다. 나는 인맥이라는 단어를 좋아한다. 기운이나 힘을 뜻하는 단어 '맥(脈)'이 들어 있기 때문이다. 이것은 관계의 중요성을 보여주는 매우 동적인 단어다.

누구를 아느냐가 무엇을 아느냐보다 중요하다

세상에서 성공하느냐 아니냐, 행복한가 아닌가는 많은 부분이 인맥에 달려 있다. 혹시 당신도 그런 생각을 해본 적이 있는가? 성공한 사람은 모두 인생에서 귀인의 도움을 받는다. 행복한 사람 역시 항상 다른 이들의 긍정적인 에너지에 둘러싸여 있다.

샤오린이라는 친구의 아들이 있다. 미국에서 전자공학을 전공한 후 미국 동해안의 한 명문대에서 석사 입학통지서를 받았다. 그런데 출발 며칠 전에 갑자기 아버지에게 전공과 무관한 요리사를 하겠다고 선언했다. 요리가 주는 강렬한 행복감을 놓칠 수 없고, 본인이 만든 음식을 다른 사람이 맛있게 먹는 모습을 보는 게 좋다는 것이 그 이유였다. 당시에는 요리를 배우려면 미국의 요리학교(The Culinary Institute of America, 약칭 CIA)를 나오는 게 정석이었다. 그 학교에 들어가려면 성적도 우수해야 하지만, 실습한 식당 셰프의 추천서가 있어야 했다.

친구는 나를 찾아와 혹시 아들에게 소개해줄 만한 사람이 있는지 물었다. 나는 샤오린의 결심에 감동을 받아 베이징의 유명한 서양식 레스토랑의 메인 셰프 두 명을 소개해주었다. 이틀 뒤 샤오린은 그 레스토랑에서 실습을 시작했다. 하늘은 노력하는 자를 배반하지 않는다. 6개월 뒤, 그는 CIA의 합격 통지서를 받아 다시 미국 유학길에 올랐다.

이 이야기를 통해 '누구를 아느냐가 무엇을 아느냐보다 중요하다'는 사실을 알 수 있다. 샤오린은 나를 알고 나는 레스토랑의 메인 셰프를 알고 있었다. 이로써 그는 새로운 학업의 길로 들어갈 수 있었고 미래를 위한 초석을 닦았다.

삶은 생각하기에 따라서 귀인과의 거듭되는 만남이다. 초등학교 선생님이 어느 작가의 작품을 당신에게 소개해주어 문학의 아름다움에 빠져 글쓰기를 좋아하게 될 수도 있고, 상사가 업무 실수를 지적했는데 그것이 훗날 전체적인 커리어를 계발하는 데 큰 도움이 될 수도 있다. 한 모임에서 알게 된 다른 회사 사람이 당신의 인생에 새로운 열정을 불어넣어줄 수도 있다.

이 책에는 어떻게 모르던 사람을 사귀어 그들을 통해 인맥을 넓히는지에 관한 내용이 담겨 있다. 일부러 상사나 부자를 찾아가 아첨을 하며 인맥을 만들라는 게 아니라, 어떻게 하면 인생의 귀인을 찾을 수 있을까에 관한 내용을 나누고 있다. 귀인은 꼭 당신보다 지위가 높거나 명성이 자자하거나 경제적으로 풍족하지 않을 수 있다. 특정 방면에서 우수함을 보여 당신의 마음을 끌어들여, 알고 싶고 배우고 싶게 하는 사람들이다. 이 책을 읽고 당신도 남에게 빛을 안겨주고 좋은 길로 끌어주며 선한 영향력과 행복을 안겨주는 귀인이 되기를 바란다.

하버드에서 배운 인맥 수업

인맥 쌓기는 하버드 경영대학원 어디에나 존재한다.

하버드 경영대학원 지원서에는 '하버드를 선택한 이유가 무엇입니까?'라는 질문이 나온다. 당연히 '명성 때문입니다'라고 쓰면 안 된다. 그렇다면 왜 하버드일까? 나는 이렇게 두 가지로 작성했다.

첫째, 독특한 사례 교습법 때문이다. 하버드 경영대학원에는 교수가 일방적으로 교재를 가지고 가르치는 수업이 없다. 모든 과정은 진짜 사례를 바탕으로 해 중요한 결론을 도출한다.

둘째, 방대한 동문 체계 때문이다. 이곳은 1636년에 개교한 이래 지금도 매년 900명의 신입생이 입학하고 있는데, 《포춘》의 500대 기업과 각 컨설턴트 회사, 은행, 투자기금의 리더들이 대부분 하버드 출신이다. 이렇듯 방대한 인적 네트워크는 내 인생과 커리어에 도움이 되리라 생각한다.

진정한 인맥은 '아는 사람'을 만드는 것에서 그치지 않는다. 모르던 사람과 친구가 되어야 한다. 인사를 나누고 그냥 지나치는 사이가 아니라, 적극적인 '내 사람'으로 만들어 나와 그의 지식과 네트워크를 기꺼이 공유하는 것이다. 서로의 성공을 돕는 것이 진정한 의미의 인맥이며, 이것이 바로 하버드가 내게 알려준 가장 중요한 수업이다.

'아는 것'에서 '행함'으로

질 높은 인맥 자원을 확보하는 게 중요하다는 사실은 누구나 안다. 하지만 '아는 것'을 '행함'으로 바꾸는 건 절대 하루아침에 되는 것이 아니다. 어떻게 질 높은 인맥 네트워크를 만드는가는 일종의 실천 수업과 같다. 실천을 통해 끝없이 알아가고 한 사람 한 사람을 연결시켜 탄탄한 망을 만들어내는 것이다. 나는 이 과정을 '1부터 N까지'라고 부른다.

2017년 'NIWO 아카데미'에서 '하버드에서 배운 인맥 쌓기'라는 강의를 시작하고, 많은 사람이 인맥 쌓기에 대해 오해하고 있다는 걸 발견했다. 간단히 대략 세 가지로 정리할 수 있다.

하나는 인맥 쌓기를 거부하는 것이다. 사람을 사귈 필요가 없다고 생각하고 자기만 잘 지내면 된다고, 자기 인생만 잘 관리하면 된다고 여기는 부류다. 다른 사람을 귀찮게 하는 것도 싫고 누군가 본인을 귀찮게 하는 것도 싫어한다. 혹은 본인은 내성적인 사람이라 누굴 만나는 게 불편하다고 이야기한다. 왜 인맥을 만들기 싫어하는가? 그럴 가치가 없다고 느끼기 때문이다. 그들은 먼저 나서서 누군가를 사귀는 건 이익을 앞세운 것이라 느끼고, 목적이 강하며 세속적이고 품격 없는 행위라 여긴다.

하지만 이 세상을 살아가면서 누군가에게 도움받지 않고 살아가는 사람이 어디 있겠는가? 이웃이나 동료, 머나먼 사촌과도 결국은 도움을 주고받으며 살아갈 일이 생긴다. 인맥 쌓기를 거부하는 사람들은 누군가에게 도움을 요청해야 할 때야 비로소 주변에 사람이 없다는 사실을 발견하고, 왜 쓸 만한 자원이 없는지 평소 자신의 행동을 돌아보며 후회한다. 이때 인맥을 '이익 위주'로 보는 그들의 생각이 여과 없이 드러난다.

두번째는 용기 내지 못하는 사람들이다. 그들은 사람을 사귀지 못하고 특히 자기보다 뛰어난 사람에게 다가가지 못한다. 자존감이 낮고 자신감이 부족하다. 많은 학생이 이런 고민을 털어놓는다. '술자리나 업계 회의에 그렇게 많은 사람이 모이는데도 가서 사귀질 못하겠어요. 항상 회의장 뒤쪽에만 앉아 있어요. 저는 스스로 아무런 가치가 없다고 생각되는데 어떻게 사람을 사귈 수 있을까요?' '저는 장점이나 특징이 없어요. 뛰어난 사람과는 어떻게 사귀어야 할지도 모르겠어요. 인맥을 넓힐 자신이 없어요.'

자신감 없는 사람은 많다. 보통 이는 가족이나 성장 환경과 큰 연관이 있다. 어릴 때부터 '저 집 애 좀 봐라'는 식으로 나른 사람과 자주 비교를 당했거나, 우수한 성적을 받아도 부모에게 칭찬받지 못했을 가능성이 크다. 99.5점을 받아도 놓쳐버린 0.5점을 지적하며 다음번에는 절대 실수가 없도록 다그쳤을 수도 있다. 오랜 시간 외부의 부정적인 평가 속에 놓이면 아이들은 자신감 있는 사람으로 성장할 수 없다. 속으로 항상 자기의 단점과 남의 장점을 비교하느라 자괴감이 들고, 이후 자신감이 부족한 사람으로 성장한다. 이런 사람은 교제에도 자신감이 없다.

마지막으로는 '방법을 모르는' 사람들이다. 인맥을 쌓고 싶다는 생각을 하고 용기를 내어 다가가지만, 노하우나 정도를 몰라서 이상적인 결과를 얻지 못하거나 오히려 부작용을 낳는 유형이다.

열정이 넘쳐흐른 나머지 사람들을 불편하게 만들어 바로 경계심이 생기게 하는 이도 있다. 만남 뒤에는 어떻게 그 인맥을 관리해야 할지 몰라 모르고 지냈던 시절로 되돌아가는 경우도 있다. 갖은 방법을 동원해보지만 자꾸만 결과는 생각처럼 되지 않는다.

나는 이 책을 통해 인맥력은 선천적으로 타고나는 것이 아니며, 마법처럼 하루아침에 이뤄지는 것도 아니라는 걸 말하고 싶다. 인맥은 철저히 실천을 통해 얻을 수 있는 실질적인 스펙이다.

이 책은 소통과 관계가 필요한 사람들에게 일종의 '기술'을 구체적인 방법을 통해 알려준다. 하지만 핵심은 대인관계에 관한 길, 즉 핵심 가치관을 익히는 것에 있다. 어떻게 하면 위의 세 유형을 벗어나 인맥의 달인이 될지, 사람들이 사귀고 싶어 하는 대상이 될지에 관해 함께 배워보도록 하자.

인맥력의 핵심은 다음의 세 가지로 정리할 수 있다.

첫째, 아이 같은 호기심으로 이 세상과 타인에게 진심으로 관심을 가진다. 대인관계를 통해 더 넓은 세상을 살고자 하는 갈망으로 사람을 이해하고 본질을 알아가자.

둘째, 진실함과 따뜻함은 대인관계의 문을 여는 열쇠다. 진심 어린 말과 행동을 상대에게 보여주어 그들이 온정을 느끼게 하고 당신에게 빠져들게 만들자.

셋째, 타인을 위해 가치를 제공하자. 이익 중심의 시선을 버리고 상대를 위해 어떻게 하면 도움이 될지 고민하자.

위의 세 가지 '도(道)'를 기억한 다음 이어서 구체적으로 '술(術)'을 익혀보도록 하자. 즉, 어떻게 하면 잘 모르는 사람을 친한 사람으로, 친한 사람을 영원한 친구로 만드는지에 관한 방법이다.

차
례

1장

인맥은 어떻게
만들어지는가

6장

같이 식사 하시겠습니까?

1장

∴

인맥은 어떻게
만들어지는가

인맥으로
엄친아·엄친딸 되기

먼저 내 어린 시절의 이야기를 해보려고 한다. 청소년 시기의 나는 우등생 친구들을 두었던 덕에 '엄친딸'이 될 수 있었다.

내가 중학교에 다닐 때는 공부 잘하는 친구들을 가리켜 그냥 '범생이'라고 했다. 지금처럼 '엄친아·엄친딸' 같은 표현은 없었다.

나는 베이징 외곽에 있는 초등학교와 중학교에 다녔다. 그곳에서 늘 1등 자리를 놓치지 않았다. 하지만 '베이징쓰중(北京四中, 당시 베이징 최고의 고등학교)'에 입학하자 상황이 달라졌다. 공부 잘하는 친구들은 생각보다 많았고 그들에게 밀려 성적은 순식간에 중위권으로 떨어졌다.

나는 원래 머리가 뛰어난 사람이 아니다. 가끔은 선생님이 새로운 것을 가르쳐주면 한 번에 알아듣지 못해 수업이 끝나고 친구들에게 물어봐야 했다. 친구들이 침을 튀겨가며 한참을 설명해줘야만 비로소 이해했다. 하지만 그랬던 내가 어떻게 수능시험에서 베이징 시를 통틀어 상위 5위 안에 들고 장학금까지 탈 수 있었을까? 어떻게 내가 엄친딸이라는 별명을 얻게 되었을까?

운이 좋았던 것도 있지만 지금 돌이켜보면 이유는 두 가지였다. 하나는 얼굴이 두꺼웠던 것, 다른 하나는 좋은 인연을 만난 것이다.

어릴 적 어머니를 통해 들은 이야기가 있다. 내게는 멀리 살던 사촌 언니가 한 명 있었다. 언니는 시골에서 고등학교에 다니다가 내가 다니던 학교로 전학을 왔다. 그런데 와서 보니 이제껏 전에 학교에서 배운 영어가 순 엉터리였다는 사실을 알게 됐다. 예를 들면 'Good morning'을 오후에 하는 인사로 잘못 배웠다거나 하는 거였다. 그래서 언니는 수업이 끝나고 선생님을 찾아가 이런저런 질문을 하며 보충수업을 해달라고 부탁했다. 그러자 선생님은 답답하다는 듯 말했다.

"이런 기본적인 것도 모르는데 내가 어떻게 보충수업을 해주니?"

그런데 선생님의 꾸중에도 언니는 기죽지 않았다. 오히려 두꺼운 얼굴로 이렇게 말했다.

"그러니까 선생님이 알려주셔야죠."

그 후로도 언니는 끈질긴 노력 끝에 대학입시에서 좋은 성적을 거둬 명문 대학에 진입했고 직장에 들어가서도 인정받았다.

어머니는 내게 이 이야기를 들려주며 '모르는 것을 물어볼 때는 절대 부끄러워하지 말라'고 가르쳤다.

일반적으로 얼굴이 두껍지 않은 사람은 자존심이 강하고 자존감이 낮다. 이런 사람은 남의 시선과 평가에 지나치게 신경을 많이 쓴다. 한

마디로 자신감이 부족한 것이다.

사촌 언니의 이야기 덕분에 나는 일단 모르는 게 있으면 반에서 공부 좀 한다는 친구들을 찾아가 알려달라고 스스럼없이 말했다. 혹시나 애들이 나를 바보라고 비웃지는 않을까 걱정하지 않았다. 왜냐하면 난 잠시 이해하지 못하는 내용이 생긴 것뿐, 진짜 바보가 아니기 때문이다. 설령 모르는 부분이 있어도 그게 부끄러운 일이라고 생각한 적은 없었다.

공부를 잘하는 친구들의 설명을 듣고 시험을 치르면 그들과 비슷한 성적을 거두고는 했다.

엄친딸이 될 수 있었던 두번째 노하우는 좋은 인연을 만든 것이다. 나는 반에서 공부를 잘하는 친구들(심지어 옆 반까지)과 사이가 좋았다. 절대 꿍꿍이속을 가지고 접근한 건 아니었다. 나는 다른 사람의 장점을 보면 자연스럽게 그와 친해지고 배우고 싶다는 생각을 한다. 마치 그들 뒤에 후광이 비치는 것처럼 빨려든다.

하지만 단순히 매력적인 것에 이끌려 맺어진 관계만으로는 진정한 우정을 오래도록 이어가기가 어렵다. 그렇다면 그 친구들이 나와 가까워진 이유는 무엇일까? 20여 년이 지난 지금, 고등학교나 대학교 동창들에게 내가 좋으냐고 물으면 하나같이 웃으며 "당연하지!"라고 대답한다. 심도 있는 취재(?) 끝에 나는 그 원인을 다음의 몇 가지 요소로 정리할 수 있었다.

1. 먼저 나서서 움직인다

○

사람과 사람의 관계는 일방적이 아니라 상호적이다. 나는 먼저 다가가 친구를 사귀고 물어보고 도움을 준다. 그것이 내가 그들과 가까워질 수 있었던 첫번째 비결이다.

나는 매우 적극적인 성격으로 사람 사귀는 걸 좋아한다. 대학교 입학 후 기숙사에서 지낼 때는 룸메이트들을 데리고 다른 방 친구들에게 인사를 다니고는 했다. 공부를 잘하든 못하든, 남녀 상관없이 같은 과는 물론 다른 과 친구들에게도 미소를 띠고 먼저 다가가 인사를 하고 이야기를 건넸다.

그런데 당시에 A라는 친구가 한 명 있었는데 이상하게도 나만 보면 항상 시무룩한 표정을 지었다. 하지만 나는 그와 가까워지고 싶었다. 그래서 매번 마주칠 때마다 늘 웃는 얼굴로 호의를 표했고 '너와 이야기하고 싶다'는 메시지를 전달했다. 그러자 얼마 후 그 친구도 내게 미소를 건네왔고 결국 우리는 마음을 열고 대화를 나눌 수 있었다.

졸업한 지 오랜 시간이 흘렀지만, 아직도 나는 먼저 나서서 친구들에게 연락한다. 외국 출장을 갔다가 돌아오면 친구나 고객들, 예전 동료들에게 전화를 걸어 이야기를 나누고는 한다. 명절 때도 먼저 전화를 하거나 문자나 메신저로 안부 인사를 전한다. 어느 날 문득 어떤 친구가 생각나면 바로 전화를 걸어서 잘 지내는지 묻기도 한다. 때로는 친구들에게 연락해서 "이거 봐, 또 내가 먼저 연락했잖아. 너는 내가 먼저 안 하면 절대 안 하지?"라고 농담을 건넨다. 그러면 친구들은 웃으며 "아니야. 내가 게을러서 그래. 네가 항상 먼저 연락하니까 그게 습관이 됐잖아"라고 대답한다.

오랜 세월이 흘렀지만, 사람들에게 먼저 다가가는 습관은 여전히 몸에 배어 있다. 그리고 내게는 도움이 필요할 때 언제든 달려와줄 사람이 있다고 믿는다. 40여 년을 살아오며 자부할 수 있는 한 가지는 단한 명의 친구도 잃지 않았다는 것, 언제든 그들과 편하게 연락할 수 있다는 것이다.

2. 진실한 태도로 대한다
○

대학교 시절 공부를 뛰어나게 잘했던 한 친구가 내게 이런 말을 했다.

"너는 정말 외향적인 것 같아. 그런데 외향적인 사람에게 잘 볼 수 없는 진실함도 있어. 미국인들은 정말 외향적이지만 전혀 진실하다는 느낌이 안 들거든. 그런데 너는 겉과 속이 똑같이 진실해."

진실함은 구체적으로 어떻게 나타날까?

첫번째는 상대의 말에 전심으로 귀를 기울인다. 사실 모든 사람의 마음에는 남에게 주목받고 싶은 욕망이 있다. 그래서 누군가와 대화를 나눌 때 상대의 말에 집중하고, 그의 뜻을 진심으로 이해하면 그를 감동시키고 깊은 인상을 남길 수 있다.

누군가와 같이 자리에 앉을 일이 있으면 나는 항상 그 사람과 마주하고 앉는다. 내 표정을 상대가 볼 수 있게 하기 위해서다. 미간을 찌푸리거나 눈썹을 치켜올려 안타까움이나 놀라움을 느낄 수 있게 하고, 눈을 크게 뜨거나 고개를 끄덕여 놀라움과 동의의 뜻을 전하는 등으로 상대의 말에 적극적으로 반응한다.

두번째, 진실함은 신체언어로 나타난다. 사람의 눈은 마음의 창이다. 사람과 대화를 나눌 때 눈을 마주치는 것은 정말 중요하다. 다만 시선을 맞추되 시종일관 그 사람을 주시해서는 안 된다. 상대의 턱이나 어깨를 응시하거나 이따금 자연스러운 손동작을 곁들여주어야 한다. 또한 마음을 편하게 가지면 몸동작 역시 자연스러워진다. 그러면 상대를 친구처럼 대할 수 있다.

세번째는 상대의 생각을 있는 그대로 받아들이고 그 어떤 평가의 잣대도 들이대지 않는 것이다. 다른 사람의 말을 들을 때는 서둘러 결론을 내지 않아야 한다. 질문을 많이 해서 왜 그렇게 생각하게 되었는지를 이해해야 한다. 더불어 그는 어떤 배경을 가진 사람인지, 경력은 어떠한지를 두루두루 생각한 뒤 의견을 교환하는 방식으로 본인의 생각을 말하는 것이 좋다. "사실 나도 잘은 모르지만 이렇게 생각해……." 평가하거나 책망하고픈 마음을 내려놓아야만 진정으로 상대를 존중할 수 있다.

마지막으로, 잘못을 했을 때는 진심으로 사과하는 것이다. 누구나 가끔씩 부주의해서 말실수를 하기도 하고, 한순간의 실수로 타인에게 상처를 주기도 한다. 설령 오해가 있었다면 진심으로 먼저 다가가 사과한다.

고등학생 때의 일이다. 한번은 친구와 이야기를 나누다가 내가 농담을 던졌다. 나쁜 뜻은 없었는데 그 말을 들은 친구의 표정이 순식간에 변하더니, 그 뒤로 며칠 동안 나를 본 척도 하지 않았다. 몇 번이고 사과를 했는데도 받아주지 않았다. 그래서 나중에 학교 방송국에 〈그건 누구의 눈물일까〉라는 노래를 신청하고 친구에게 용서해달라는 내용의 사연을 보냈다. 이를 들은 친구는 바로 달려와 나를 꼭 안아주었고 우리는 다시 가까워졌다.

진실함은 마음에서 우러나오는 일종의 감각이다. 마음으로 상대를 진정한 친구라고 생각한다면, 언어나 행동에서 자연스럽게 드러날 수밖에 없다. 나아가 상대의 시선으로 문제를 바라보게 된다.

3. 기꺼이 도움을 준다
○

오랜 친구들이 자주 하는 이야기가 있다. 내가 사람들을 어떻게 도왔는지에 관한 일이다. 학창 시절, 친구들이 감정적으로 어려움을 겪으면 나는 그들을 데리고 복도로 나가 바람을 쐬자고 했다. 말은 하지 않았다. 훗날 친구들이 말하길 누군가 곁에 있어주는 것만으로도 큰 힘이 되었다고 한다.

고등학교 때는 반에서 행사가 있었는데 친한 친구가 진행을 맡았다. 그런데 좋은 아이디어가 떠오르지 않아 그는 근심에 빠졌다. 사정을 들은 나는 친구와 함께 머리를 맞대고 고민하며 이런저런 아이디어를 짜내고 실행을 도왔다.

대학생 시절에는 집이 지방에 있는 친구가 몇몇 있었다. 그래서 주말이 되면 그들을 우리 집으로 초대해 식사를 대접하고는 했다. 좋은 스터디 모임이 생기면 소개해주었고, 유학생 친구가 물건을 팔 일이 있으면 대신 광고를 붙이고 팔아주기도 했다.

다른 사람을 돕는 건 대부분의 경우 내게는 식은 죽 먹기처럼 쉬운 일이었다. 게다가 내가 원해서 한 일이었는데 친구들이 그 일을 고맙게 생각하고 나중에는 나를 도왔다. 학급 행사를 도왔던 그 친구는 내가 1,000m 오래달리기를 할 때 800m에서 숨이 턱까지 차올라 포기하려던 찰나 옆에서 마지막 남은 200m를 함께 달려주었다. 게다가 매일 이른 아침마다 함께 멀리뛰기를 연습하고 방법을 알려주기도 했다. 나는 그 친구의 도움으로 체육 시험에서 '우수' 성적을 받을 수 있었다. 그건 당시 내가 상상도 못 했던 결과다.

4. 아이디어를 공유한다

○

미국 상사들은 나를 묘사할 때 '지략적'이라는 표현을 사용한다. 풀이하자면 현명한 방법을 재빨리 찾아 어려움을 극복해내는 능력을 갖췄다는 뜻이다.

학창 시절 '문학의 밤' 같은 행사가 있으면 나는 프로그램에 연극을 넣어 연출을 맡거나 기숙사 애들을 모아 합창단을 만들기도 했다. 연출, 의상, 소품 등 모두 도맡아서 챙겼다. 또 수필이나 소설을 많이 썼는데 친구들과 함께 돌려보기도 했다.

나는 아는 사람도 적극적으로 활용한다. 누군가 도움이 필요하다고 하면 그에 맞는 사람을 연결해주는 일도 잘했다. 그래서 친구들은 내게 자원이 정말 많다고 말했다. 특히 대학교 시절 학생회 부회장, 여성부 부장, 총무부 부장을 맡았는데 이를 십분 활용해 친구들의 일자리를 알아봐주기도 했다.

5. 습관적으로 칭찬한다

○

나는 어릴 때부터 다른 사람의 장점을 관찰하고 일기에 쓰는 연습을 했다. 일기장을 살펴보면 '○○는 미소가 예쁘다' '○○는 다른 사람을 잘 도와준다' '○○는 정말 귀엽다. 사람들이 다 그를 좋아한다' '○○는 책임감이 강하고 리더십이 있다'는 말이 적혀 있다. 다른 사람의 장점과 특기를 살피다 보면 나 또한 그것을 배우게 된다. 또 나는 '거짓말만 아니라면 칭찬은 상대에게 복을 주는 것'이라고 생각해서 칭찬을 즐겨 한다. 내 칭찬 한마디로 상대는 온종일 즐거울 수 있다. 칭찬은 사람의 기분을 바꿔주고 선의를 전달하며 격려해준다. 이 좋은 칭찬을 왜 아끼겠는가?

6. 솔직하게 약점을 인정한다

○

기분이 좋고 나쁨이 얼굴에 그대로 드러나는 사람이 있다. 나 역시 그렇다. 그래서 사람들에게 있는 그대로의 나를 보여준다. 그러다 보니 누군가는 '쟤는 왜 자기 기분을 다 드러내? 쟤는 왜 저렇게 연약해? 쟤는 왜 저렇게 감정 기복이 심해?'라고 하기도 했다.

고등학교 시절 우리 학년에서 제일 공부를 잘했던 아이는 전교생이다 인정하는 차가운 성격이었다. 그랬던 그녀도 나에게만은 다정다감했다. 지금까지도 나는 반에서 유일하게 그녀와 연락을 주고받는 사이다. 어느 날 내가 "내 어떤 점 때문에 친구가 되고 싶었어?"라고 물었더니 이런 답이 돌아왔다.

"너는 생각이 얼굴에 그대로 드러나는 사람이잖아. 그런데 나는 다른 사람들에게 보여주기 싫은 건 마음속에 꼭꼭 숨겨두는 사람이고. 그래서 너에게 내가 필요할 것 같았어."

그러니까 솔직하게 내 약점을 드러내고 나니 어쩐지 내가 도움이 필요할 것만 같아서, 우정이 필요할 것만 같아서 친구가 되었다는 뜻이었다.

앞서 말한 여섯 가지 방법을 기억하자. 나라는 사람을 적극적으로 활용하고 우수한 사람을 보고 배우는 일을 꺼리지 않는다면, 주변에 사람이 모여들고 하고자 하는 목표를 이룰 수 있을 것이다.

인간관계에 두려움을 없애는
4가지 방법

　"사람을 만나면 늘 자신감이 부족해서 걱정이에요. 저보다 뛰어난 사람과 어떻게 친해져야 할지 모르겠어요."

　"먼저 다가가서 말 거는 게 어색해요. 어떻게 극복할 수 있을까요?"

　"대화 중간에 말이 끊기는 게 너무 힘들어요. 난감하잖아요. 그럴 바에는 차라리 사람을 안 사귀는 게 나아요."

　혹시 당신 주변에도 이렇게 말하는 사람이 있는가? 구글에서 '사회공포증(fear of networking)'을 검색하면 약 5만6천 개의 결과가 나온다. 수많은 사람이 이런저런 이유로 대인관계에 어려움을 겪고 있다. 누구는 성격이 내성적이라서, 누구는 먼저 다가가지 못해서, 누구는 집에 있는 걸 좋아해서 등등이다. 심지어 어떤 사람은 과거에 대인관계에서 어려움을 겪었던 탓에 "자라 보고 놀란 가슴 솥뚜껑 보고 놀란다"고 모든 관계가 시작되기 전에 지레 겁을 먹기도 한다. 늘 자신이 남보다 못하다는 생각에 먼저 다가가 말을 걸지 못하는 사람도 있고, 사람을 사귀고는 싶지만 혹시나 말실수라도 하면 어쩌나 하는 생각에 나서지 못하는 사람도 있다. 사람들이 모이는 장소나 환경에 익숙하지 않아서 걱정에 휩싸이는 이도 있는가 하면, 사전에 충분히 준비하지 못해 필요한 말을 못 하는 사람도 있다. 낯선 사람 앞에서 말하는 걸 힘들어해서 차라리 혼자만 있는 게 좋다고 생각하는 사람도 있다. 이렇듯 공포를 느끼는 이유는 각양각색이다.

이러한 두려움을 극복하기 위해서는 먼저 마음의 준비를 잘해야 한다. 사회공포증을 극복하기 위한 구체적인 방법을 살펴보자.

1. 나 자신을 알 것

○

두려움을 극복하기 위한 첫번째 요소는 자기인식(자신을 이해하는 일)을 강화하는 것이다.

2018년 1월,《하버드 비즈니스 리뷰》에 실린 조직 심리학자 타샤 유리크의 〈자기 통찰 : 어떻게 원하는 내가 될 것인가?〉라는 글에는 이런 내용이 나온다.

자기인식에는 두 종류가 있다. 하나는 내적 자기인식이고 다른 하나는 외적 자기인식이다. 내적 자기인식은 개인의 가치나 정서, 바람 혹은 외부 사람들과의 어울림, 반응 능력(생각이나 감정, 행위나 특장점 등)을 말하며 이는 다른 사람에게 영향을 미친다. 올바른 내적 자기인식은 더 높은 직위나 더 나은 인간관계, 개인의 삶이나 사회적 통제력, 행복감과 같은 요소들과 정비례한다. 외적 자기인식이란 나를 향한 다른 사람들의 생각이나 이해가 어떤지를 바라보는 것이다. 즉, 나를 향한 사람들의 가치나 감정, 바람이나 각종 반응 능력, 영향력 등을 마주하고 이를 내재화하는 것을 가리킨다.

한 개인을 완전히 이해하기 위해서는 내적 자기인식과 외적 자기인식이 모두 필요하다. 둘 중 하나라도 없어서는 안 된다. 내적 자기인식이 부족한 사람은 자신의 가치나 감정, 바람이나 특장점 등을 분명히 판단하지 못하고 자신감이 부족해 사람들과 잘 어울리지 못한다. 생각해보라. 자기 자신도 잘 알지 못하는 사람이 어떻게 다른 사람과 그들이 속한 환경에 영향을 주고 평가를 내릴 수 있겠는가. 그렇지만 내적 자기인식이 너무 강한 사람은 외부의 평가나 판단을 잘 받아들이지 못하고 완전히 자기만의 세계에 갇혀 오만한 모습을 보이거나 지나치게 본인을 비하하기도 한다.

그렇다면 어떻게 해야 내외적으로 건강한 자기인식을 가질 수 있을까?

먼저 본인의 인생을 돌아보고 이를 깊이 이해해야 한다. 과거의 경험 중에서 내가 자랑스럽게 여기는 것은 무엇인지, 어떤 실패를 경험했고 거기에서 얻은 교훈은 무엇인지를 생각해보는 것이다. 나아가 나는 어떤 재주를 가졌는지, 내가 가장 잘하는 것은 무엇인지, 나는 어떤 상황에서 두려움을 느끼고 나 자신을 잃어버리는지를 알아야 한다. 또 나는 어떤 환경을 좋아하는지, 내가 싫어하는 것은 무엇인지,

내 인생의 비전은 무엇인지, 사업적인 목표는 무엇인지, 인생의 황금기는 언제였는지 등을 자세히 생각해봐야 한다.

또한 수시로 자기를 돌아보고 반성해야 한다. 이 과정을 통해 자연스럽게 자기인식 연습이 가능해진다.

마지막으로 나에 대해 가족이나 친구, 동료나 상사 등 주변 사람들이 들려주는 의견을 수렴할 수 있어야 한다. 여러 회사에서 시행 중인 '360도 피드백 시스템'이라는 것이 있다. 매년 한 차례씩 있는 연말 평가 때 상사와 부하 직원, 동료와 고객 등 나와 관련 있는 사람들이 익명으로 다방면의 평가를 해주는 것이다. 이를 통해 객관적인 각도에서 본인을 관찰하고 바라볼 수 있는데 이는 외적 자기인식에 큰 영향을 준다. 타인의 눈에는 내가 스스로 깨닫지 못했던 장점이나 가치가 보일 수 있다. 그들이 남긴 내 장점에 대한 평가를 어떻게 받아들이느냐에 따라 그것을 진정한 힘으로 변화시킬 수 있으며 미래를 위해 준비할 수 있다. 마찬가지로 부정적인 의견을 소화하고 분석하고 개선함으로써 자기를 더 분명히 인식할 수 있다.

자기인식이 분명한 사람은 자신감이 충만하다. 자기의 장점을 정확히 알지만 교만하지 않고, 단점을 알지만 주눅 들지 않기 때문이다. 그래서 대인관계 속에서 평정심을 유지할 수 있고 그 어떤 관계도 두려워하지 않는다.

2. 성장 마인드셋을 가질 것

○

스탠퍼드 대학교의 심리학 교수 캐럴 드웩의 《마인드셋 : 원하는 것을 이루는 태도의 힘》은 대인관계에 대한 두려움을 극복하는 데 많은 도움을 주는 책이다. 여기서 마인드셋(mindset)이란, 마음가짐을 뜻한다.

많은 사람들이 실패와 좌절, 부족함을 두려워한다. 드웩 교수는 그들이 부정적인 '고정(fixed) 마인드셋'을 가지고 있기 때문이라고 지적한다. 그들은 실수나 잘못, 좌절로 자기를 정의한다. 일단 어떤 일에서 실수를 저질러 완벽하게 처리하지 못하면 스스로 실패자라고 생각하고 도저히 구제할 길이 없다고 여겨 자포자기한다.

이는 대인관계를 두려워하는 사람들에게 흔히 나타나는 증상이다. 그들은 관계 속에 문제가 나타나면 이를 해결하려고 하지 않는다. 오히려 그것을 빌미로 자책하고 심지어 대인관계를 증오한다. 또 자기가 완벽하지 않을까 봐, 남에게 좋지 않은 인상을 남길까 봐 두려워한다. 자신감이 부족하기 때문에 남을 사귀려고 하지 않는데 고정 마인드셋에 사로잡혀 있기 때문이다.

반대로 '성장(growth) 마인드셋'을 지닌 사람은 모든 좌절과 실패를 성장과 배움의 기회로 삼는다. 늘 교훈을 찾아내며 잘못을 수정해서 다시 바닥을 딛고 일어나 미래를 위해 준비한다. 사람을 사귈 때도 편견을 가지지 않는다. 익숙하지 않은 환경에 있거나 낯선 사람과 함께 있을 때도 늘 배우고자 하는 자세로 남을 이해한다. 설령 상처를 입거나 좌절을 하더라도 그 일로 자기를 정의하지 않는다. 그들은 끊임없이 노력하며 지속적인 시도를 통해 교훈을 얻는다.

예전에 B라는 친구가 규모가 큰 행사에 참여한 적이 있다. B는 그곳에서 동종 업계의 유명인과 어울려 이야기도 나누고 인사를 주고받을 생각이었다. 그런데 막상 그곳에 가자 어떤 말을 해야 할지 떠오르지 않았다. 결국 단체 사진을 찍는 일 말고는 아무것도 하지 못하고 돌아왔다. 속상해하는 B에게 나는 이렇게 말했다.

"괜찮아. 다음번에 미리 화제를 준비해 가면 유명 인사나 다른 참석자과 연결 고리를 찾을 수 있을 거야. 유명인을 알게 되는 게 최종 목표가 아니야. 의미 있는 몇몇 사람과 깊은 관계를 맺는 게 진짜 목표지. 이미 지나간 일은 그냥 잊어. 그냥 생각대로 잘 안 되었을 뿐이야. 너 자신을 믿고 다음번엔 더 잘 준비해서 가면 돼."

인맥을 쌓으려면 부정적인 고정 마인드셋을 버리고 성장 마인드셋을 가지기를 바란다. 호기심을 가지고, 만나는 모든 사람을 당신이 성장하고 배울 기회와 대상으로 삼는 것이 두려움을 극복하는 방법이다.

3. 리스트를 작성할 것

○

인간관계에서 두려움이 느껴진다면 '두려움 리스트'를 작성해보는 것도 방법이다. 다음과 같이 걱정하는 모든 일을 적어보는 것이다.

> 1. 차림새가 변변치 못해 남들이 나를 싫어할 것이다.
> 2. 말재주가 없어 난처한 상황이 발생할 것이다.
> 3. 나를 재미없고 친해질 가치가 없는 사람이라고 생각할 것이다.

4. 아는 사람이 없어서 모임에서 따돌림을 당할 것이다.

5. 분명히 말실수를 할 것이다.

이렇게 걱정되는 일을 적어보고 사실과 대조해보자. 그런 뒤 자신이 두려워하는 일과 현실 사이에 얼마만큼의 차이가 있는지 곰곰이 생각해보자. 그럼 놀랍게도 다음과 같은 사실을 발견하게 된다.

1. 사람들은 사실 내 차림새에 그다지 관심이 없다. 엽기적인 옷이나 과도한 노출만 아니라면 문제없다.

2. 내가 말재주가 없는 건 사실이다. 하지만 사람들은 자기가 하는 말을 더 중요하게 생각하지 남이 말하는 것에 대해서는 기대치가 높지 않다.

3. 다른 사람의 가치를 높일 방법을 고민해보자. 어쩌면 그들에게도 나의 도움이 필요할지 모른다.

4. 나만 이곳이 낯선 게 아니다. 다른 사람도 외롭다고 느낄 수 있다. 그러니 용기를 내서 먼저 다가가 말을 걸어볼 수 있지 않을까?

5. 준비만 잘하면 나도 대화를 잘 이끌어갈 수 있을 것이다.

가만히 자리에 앉아서 두려움의 실체를 생각해보면 대다수가 과도한 고민이라는 걸 깨닫게 된다. 대부분의 사람은 선의의 마음을 지녔고 일부러 당신과 적이 되거나 상대를 깎아내리려고 하지 않는다. 보통의 경우 그들은 당신보다 본인의 말과 행동에 더 신경 쓴다. 또 대부분의 사람이 대인관계에 어느 정도 두려움을 갖고 있다. 그러니 당신만 유일하게 그 감정을 느끼는 게 아니라는 사실을 기억하자. 이것을 깨닫고 나면 마음속에 존재하던 두려움을 일정 부분 해소할 수 있다.

4. 마음 챙김 명상을 응용할 것
○

집에서 마음을 편안하게 하는 연습을 해볼 수 있다. 의자에 앉아서 열 개의 발가락을 있는 힘껏 쭉 편 상태에서 5초를 센 뒤 힘을 빼보자. 이어서 종아리를 있는 힘껏 쭉 편 뒤 5초를 세고 힘을 풀어보자. 다음으로 깊이 숨을 들이쉬었다가 5초간 멈춘 뒤 내뱉어보고, 어깨를 최대한 펼쳐서 5초간 멈췄다가 힘을 빼보자. 그런 다음 고개를 젖혀 5초간 멈췄다가 제자리로 돌아와보자. 이렇게 전신의 각 부위에 힘을 주었다가 다시 편안하게 해주는 것이다. 몸의 아랫부분부터 시작해 천천히 올라오면서 주의력을 위로 이동시키다 보면 긴장을 풀고 두려움을 없애는 데 많은 도움이 된다.

최근 들어 유행하고 있는 '마음 챙김 명상'(불교에서 수행하는 명상법으로, 현재 순간을 있는 그대로 바라보며 수용적인 태도로 자각하는 것-옮긴이) 역시 두려움을 극복하는 데 큰 도움이 된다. 마음 챙김은 주의력을 어떻게 사용하고 운용하는지에 관한 묵상이다. 마음 챙김 명상의 창시자인 존 카밧진 박사는 '마음 챙김은 현재 일어난, 혹은 마음속에 솟구치는 감정과 생각들을 아무런 평가나 책망 없이 의식적으로 받아들이는 것'이라고 말했다. 여기서 중요한 세 가지는 의식적으로, 아무런 평가 없이, 현재를 받아들이는 것이다.

그는 《명상과 자기 치유(Full Catastrophe Living)》라는 저서를 통해 판단하지 않기, 인내심 가지기, 처음 시작할 때의 마음 간직하기, 믿음 가지기, 지나치게 애쓰지 말기, 수용하기, 내려놓기와 같은 마음 챙김 수련의 일곱 가지 태도를 소개한다. 이는 인맥을 쌓기 위한 심리적인 준비와도 일맥상통한다. 낯선 사람을 만났을 때 어떻게 해야 하는가? 호기심을 가지고 그 사람의 본질을 이해하기 위해 애써야 한다. 그 사람에 대해 어떤 평가도 하지 않고 믿음을 쌓고 싸우지 않으며 수용할 수 있어야 한다. 설령 만남 중에 불미스러운 일이 일어났다 하더라도 그것을 인생의 중요한 경험이었다고 생각하고 내려놓을 수 있어야 한다.

현재 많은 사람이 마음 챙김 명상을 배우고 있고 깨달음을 얻는다. 궁금하다면 당신 역시 마음 챙김 명상을 배워보기를 바란다. 당신이 생각했던 것보다 훨씬 좋은 결과를 얻을 수 있을 것이며 평정심을 가지고 인맥을 쌓는 데 많은 도움이 될 것이다.

세상에
사소한 인연은 없다

"선생님은 정말 복이 많으세요. 선생님과 비슷한 사람들을 많이 만나서 친구가 되셨잖아요. 저도 사귀고 싶은 사람이 있는데 쉽게 친해지지 못하겠더라고요."

언젠가 누가 이런 말을 하길래 나는 "친구를 사귈 때는 '인연'을 따라야 하죠. 하지만 그 인연 역시 지혜롭게 운영한 결과예요"라고 대답했다.

인연에 관한 이야기를 하나 소개하려고 한다.

2015년 여름, 나는 아이들과 함께 중국에 들어가 방학을 보낼 예정이었다. 아들 둘을 여름 캠프에 보내고 싶어서 몇 개 찾아봤는데 마음에 드는 프로그램이 없었다. 그러던 중 대학교 동창이 메신저로 링크 하나를 보내왔다. 본인이 다니는 회사 동료가 직장을 그만두고 새로 열었다는 미술교육센터에 관한 내용이었다. 링크를 본 나는 단번에 매료되어 그곳에서 운영하는 여름방학 프로그램에 아이들을 등록했다.

첫날 교육센터에 가서 그곳의 원장인 텐 선생을 만났다. 그는 아이들에게 매우 친절했으며 교육 이념 또한 훌륭했다. 느낌이 좋은 사람이었다. 그래서 메신저로 친구 요청을 보냈다. 내가 대학 친구의 추천으로 교육센터를 알게 되었다고 말하자 그는 내 친구가 자기의 이전 상사였고, 본인이 그를 매우 존경하고 잘 따랐다는 사실을 알려주었다. 우리는 그 친구가 얼마나 좋은 사람인지 칭찬했고 그 친구와 예전에 있었던 재미있는 일을 서로 말하기도 했다. 그러면서 자연스럽게 가까워졌다.

센터에 다닌 지 한 주가 지났다. 아이들이 그린 유화는 너무 멋져서 놀라울 정도였다. 집에 고흐와 모네가 살고 있는 것 같았다. 프로그램 담당 선생님은 매우 전문적이었고 아이들에게 칭찬을 아끼지 않았다. 선생님의 격려 덕분에 아이들은 신이 나서 그림 그리는 걸 점점 더 좋아하게 되었다. 나는 텐 선생을 도와 다른 단체 대화방에 프로그램 홍보 글을 올려주었고, 몇몇의 친척과 친구들이 등록하고 가기도 했다.

아이들 수업이 끝나는 시간에 맞춰 반 앞에서 기다리던 어느 날, 텐 선생이 내게 애들과 함께 유화를 배워보지 않겠냐고 제안했다.

"제가요? 저는 예술에 정말 소질이 없는 사람인데……. 제가 유화를 그릴 수 있을까요?"

걱정스러운 말투로 묻자 그는 자신 있게 대답했다.

"당연히 할 수 있죠. 우리 선생님들이 잘 가르쳐드릴 거예요."

그래서 나도 아이들과 함께 그림을 배우게 되었다. 선생님의 친절한 설명을 듣고 시범을 잘 따라하다 보니 어느새 고흐의 〈별이 빛나는 밤〉을 그릴 수 있게 되었다. 그 뒤로 그림에 흥미가 생긴 나는 미국에 돌아가기 전까지 몇 번의 수업을 더 들으면서 모네의 〈수련〉과 고흐의 〈론강의 별밤〉까지 완성할 수 있었다. 정말 신기한 수업이었다.

미국에 돌아온 뒤에도 그림을 계속하고 싶어서 시에서 운영하는 예술센터 유화반에 등록했다. 그렇지만 그곳 선생님은 기대만큼 잘 가르쳐주지 못했다. 나는 내가 그린 해변과 노란색 나무 유화를 사진으로 찍어 톈 선생에게 보내, 나무의 윗부분을 어떻게 마무리 지어야 할지 모르겠다고 말했다. 메시지를 확인한 그녀는 꼭 똑같이 노란색으로 칠할 필요는 없다고, 회색이나 녹색, 빨간색이나 노란색을 섞어서 한 층 한 층 표현하면 된다고 음성 메시지를 보내왔다. 그건 정말이지 색에 대한 나의 고정관념을 완전히 깨뜨리는 말이었다. 나는 그녀의 가르침에 따라 원래 사용하던 색을 버리고 '복잡한 노란색'으로 나무를 그려냈다.

몇 달 후, 설날이 다가올 무렵 톈 선생의 남편인 양 선생이 파리에서 전시회를 연다는 사실을 알게 되었다. 나는 어떻게 하면 그 부부가 파리 예술계에서 인맥을 쌓도록 도와줄 수 있을지 고민하기 시작했다. 마침 몇 달 전 파리에서 열린 '세계 여성의 날' 관련 행사에 참석했을 때, 온라인 화랑을 운영 중이라는 B 여사를 알게 된 참이었다. 그녀는 파리 예술계에서 발이 넓은 사람이었다. 그래서 톈 선생과 B 여사에게 함께 메시지를 보내 파리에 있는 미술관인 그랑팔레에서 만날 수 있도록 다리를 놔주었다. 나중에 양 선생의 작품 앞에서 셋이 함께 찍은 사진을 내게 보내왔을 때 얼마나 기뻤는지 모른다.

당시 나는 미국에 있었는데 잠시 베이징으로 돌아갔을 때 텐 선생을 찾아가 식사를 대접하기도 했다. 일정상 시간이 급박했던 탓에 몇몇 친구와 텐 선생을 합석시키고 함께 밥을 먹었다. 그날 우리는 여러 주제에 대해 유쾌한 대화를 나누었다. 모임이 끝나고 그날 함께한 사람들끼리 단체 대화방을 만들었는데 이름은 'Life Changing Lunch Group(인생을 바꾼 오찬 모임)'이었다.

하루는 텐 선생이 몸이 안 좋아서 병원에 갔더니 의사가 석곡(石斛, 난초과의 여러해살이풀-옮긴이)을 처방해주었다는 글을 SNS에 올린 걸 보았다. 그 글을 보자 예전에 중의학 의사 친구에게 석곡을 약으로 처방해주는 의사는 대부분 돈을 벌기 위해서라는 말을 들은 게 생각났다. 그래서 텐 선생에게 "내가 믿을 만한 의사를 따로 소개해줄게요"라고 메시지를 보냈고, 그에게 알겠다는 회신이 왔다. 나는 바로 친구에게 연락했고, 나를 포함해 세 명이 들어간 단체 대화방을 만들어 둘을 소개해주었다. 친구의 도움으로 텐 선생의 증세는 현재 많이 호전된 상태다.

아직도 우리가 어떻게 친구가 되었는지 불가사의해하는 텐 선생에게 나는 "그야 우리가 인연이 있으니까요!"라고 말한다.

전혀 모르던 둘이 이렇게 좋은 친구가 될 수 있었던 이유는 무엇일까? 사실 답은 간단하다. <u>진심으로 그 사람에게 관심을 기울이고 둘 사이의 연결 고리를 찾았기 때문이다. 또 먼저 다가가 도와주고 필요한 사람을 소개해주었다.</u>

이렇게 하면 낯선 사람을 친구로 만들고 진정 깊은 관계로 발전할 수 있다. 이것이 바로 인연을 운영해나가는 비결이다.

한번은 누군가 내게 이런 고민을 털어놓은 적이 있다.

"모임에 나가면 친구로 만들고 싶은 사람들이 있어요. 그런데 그 사람들은 별로 저와 친구가 되고 싶지 않은 것 같아요. SNS 계정이 없다고 하거나 휴대전화 번호는 알려주기 좀 그렇다고 말하더라고요. 어떻게 해야 할까요?"

이런 고민을 가진 사람들에게 물어보고 싶은 게 있다. 상대와 당신의 공통점은 무엇인가? 그들에게 어떤 가치를 제공해줄 수 있는가? 당신은 어떤 매력을 지녔는가?

사실 모든 사람은 알게 모르게 타인과 교제하고 싶은 욕망을 지녔다. 만약 대화 가운데 방금 질문한 세 가지 중 한 가지도 상대방에게 보여주지 못한다면, 그는 당신과 가까워지고 싶다는 생각을 하지 못할 것이다. 더구나 요즘같이 귀찮은 건 질색이라고 생각하는 사람이 많은 시대에는 자기와 별로 연관이 없는 사람에게 먼저 연락하지 않는 게 당연하다. 다시 말해 새로운 친구를 사귈 수 있느냐 없느냐는 온전히 당신에게 달려 있다.

나 역시 모든 사람과 친구가 될 수 있는 것은 아니다. 얼마 전에 있었던 일이다. 요식업계의 초청으로 두 명의 셰프가 요리 대결을 펼치는 행사에 참석하게 되었다. 나는 그 셰프들과 친구이기도 했지만 다른 관중과 마찬가지로 테이블에 앉아 그들이 요리한 음식을 먹고 심사평을 내야 했다. 그날 행사 장소에 도착해 옆자리에 앉은 사람과 몇 마디 인사말을 나누려고 했다.

"안녕하세요? 코니라고 해요. 셰프들의 친구인데 오늘 행사 초청을 받아서 왔어요. 혹시 요식업에 종사하세요?"

내가 말을 건네자 옆자리의 중년 여성이 다소 차갑게 대답했다.

"아니요."

"그럼 미디어 쪽에서 일하시나요?"

나는 그날 행사에 온 사람은 요식업 아니면 언론 쪽에 종사하거나 순수한 프로그램의 팬일 거라고 생각했다.

"아니요."

"그럼 어떤 업계에 종사하세요?"

"이미 은퇴했어요."

그는 나를 쳐다보지도 않고 말했다. 아무런 대화도 하고 싶지 않은 것 같았다. 나는 혼잣말처럼 중얼거렸다.

"그럼 우리는 맛있는 걸 좋아하는 사람들이네요."

그는 내 말에 대꾸를 하지 않고 자기 오른쪽에 앉은 사람들과 대화를 나눴다. 잘 아는 이들인 것 같았다.

이런 상황에서 그와 친구가 되려고 갖은 방법을 동원해야 할까? 아니다. 사실 이처럼 민망한 상황은 누구나 한 번쯤 겪기 마련이다. 하지만 그럴 때 평정심을 유지하고 아무런 일이 없었던 것처럼 행동하면 된다. 행사가 후반부로 들어서면서 셰프들이 만든 요리가 테이블에 올라왔다. 나는 그와 함께 플레이팅은 어떤지, 재료나 맛은 어땠는지 등에 관해 심사했을 뿐, 그 외의 다른 이야기는 하지 않았다. 그렇게 심사가 끝나고 우리는 헤어졌다. 그와는 인연이 아니라고 생각했다.

여러 행사에 참석하지만 그때마다 모든 사람과 친구가 되는 건 아니다. 한두 명의 사람과 깊은 연결 고리를 만들면 된다.

선을 넘을 때
생기는 부작용

살다 보면 누군가를 도와서 인맥을 쌓을 기회가 생긴다. 최근에 있었던 몇 가지 일을 소개하고자 한다. 이 사례를 보면서 인맥을 쌓을 때 참고가 되었으면 한다.

작은 농담이 불러온 결과
○

A는 똑똑하고 센스 넘치는 친구다. 직접 만난 적은 없지만 우리는 온라인에서 자주 대화를 나누었다. 그가 하는 말에는 제 나이를 뛰어넘는 성숙함이 묻어났다. 나는 A의 발전 가능성을 보았고 도움을 주고 싶었다. 그래서 한 기업에서 임원직을 맡고 있는 친구에게 소개해주었고 그는 그 회사에 인턴으로 들어가게 되었다.

인턴으로 들어간 지 일주일이 지났을 무렵, 적응은 잘했는지 궁금해서 A에게 메시지를 보냈다. 그런데 그는 여태껏 아직 내 친구, 그러니까 자신을 회사에 취직시켜준 임원을 보지 못했다고 했다. 그의 말에 따르면 그 상사가 너무 바빠서 회사에 있는 시간이 거의 없는 데다 사무실이 본인과 같은 층이 아니라는 것이다.

"그게 무슨 상관이에요. 상사가 바쁘면 당신이 조금 더 일찍 회사에 가서 사무실 앞에서 기다리면 되잖아요. 가서 악수도 하고 얼굴도 보고 직접 감사하다는 말을 전해야죠. 이런 건 시간을 지체하면 안 좋아요."

내가 이렇게 충고하자 A에게 답장이 왔다.

"혹시 전달할 말씀이라도 있으세요? 그럼 제가 그 김에 대신 우정도 쌓아드릴게요. 하하."

"재밌네요. 우정도 대신 쌓아줄 수 있나요?"

"아. 네. 농담이었어요. ^^;;"

어떤 문제인지 짐작하겠는가?

사람과 사람 사이에는 지켜야 할 선과 도리가 있다. 언제 친절하고 유쾌하게 다가가야 하며 언제 거리감을 유지해야 하는지, 언제 예의를 갖춰야 하고 언제 편안하게 대해야 하는지를 잘 아는 것, 그것도 하나의 기술이라고 할 수 있다.

인생 선배와 관계 유지하는 법

나이, 성별, 경력에 차이가 있음은 물론이요, 특히 아직 한 번도 만나보지 않은 자기보다 나이 많은 이성에게는 어느 정도 거리감을 유지할 필요가 있다. 동년배 친구처럼 아무렇지 않게 시답지 않은 농담을 건넸다가는 가볍다는 인상을 남긴다. A가 나에게 감사한 마음을 지녔고 또 존중한다는 뜻을 전하려고 했다면, 출근 후 본인의 느낌이 어땠고 얼마만큼 진전이 있었는지 말해줄 필요가 있었다. 그랬다면 자연스럽게 멘티와 멘토의 관계를 형성할 수 있었을 것이다.

기회를 준 지인이나 상사에게 어떻게 대해야 할까?

친한 사람의 부탁으로 자기를 채용해준 상사에게는 아무리 바쁘더라도 기회를 봐서 인사를 하는 게 마땅하다. 보통 상사는 사무실에 일찍 출근한다. 모두가 다 출근한 시간에 찾아가면 시간을 빼앗는 것이다. 남들보다 조금 일찍 와서 그의 사무실로 찾아가 인사를 하는 것이 좋다. 이제 막 회사에 들어갔으니 업무에 관해서는 모르는 게 많으므로 일 이야기는 하지 않는 게 좋다. 그렇다고 상사의 비서를 찾아가 따로 시간을 잡는 건 너무 딱딱하다. 그러니 아침 일찍 상사의 사무실 앞에서 가볍게 인사만 나누고 오는 것이 가장 좋다. 이때 나누는 인사에는 세 가지의 뜻이 들어가야 한다. 첫째, 본인에게 기회를 준 것에 대해 진심 어린 감사를 전한다. 둘째, 열심히 배워서 상사를 실망시키지 않겠다는 다짐의 뜻을 전한다. 셋째, 일하면서 모르는 게 있으면 가르침을 달라는 부탁을 한다. 이는 상사에게 당신의 앞날, 즉 커리어의 발전과 미래의 성공을 도와달라는 일종의 신호다.

살면서 귀인의 도움을 받을 수 있는 것은 인생의 행운이다. 만약 누군가의 도움으로 일할 기회를 얻었다면 위의 몇 가지만 실천해도 감사의 뜻을 전하고 좋은 인상을 남길 수 있다. 그들을 당신의 인생 가운데 참여시켜야만 진정한 인맥이 된다는 점을 기억하자.

한밤중의 음성 메시지

○

B는 내 친구의 친구다. 실제로 만난 적은 없지만 SNS 메신저로 자주 이야기를 나눴다. B는 내게 일자리를 소개해달라고 부탁했다.

하루는 밤 11시 반에 갑자기 B로부터 90개가 넘는 음성 메시지가 왔다. 딱 보기에도 하나를 녹음하고 계속 이어서 녹음한 메시지였다. 2초에서 59초에 이르기까지 메시지 길이는 짧은 것도 있고 긴 것도 있었다. 처음에는 B에게 무슨 심각한 일이라도 생긴 줄 알았다. 그런데 몇 개 메시지를 듣고 보니 본인이 공부한 대학교에서 계속 석사를 공부할 건지 아니면 다른 대학교에서 할 건지, 아니면 취업을 할 건지 고민하는 내용이었다. 모르는 사람이 봤으면 내가 심야 라디오 프로그램을 듣는 줄 알았을 거다. 늦은 밤에 그 '사연'을 다 들어줄 수가 없어 나는 첫번째와 마지막 메시지만 집중해서 들었다. 그런데 징징대기만 할 뿐 도대체 하고 싶은 말이 무엇인지 알 수가 없었다. 그래서 내가 남긴 첫번째 답장은 "술 마셨어요?"였다. 그러자 B에게 "아니요"라는 대답이 왔다. "다시는 이런 식으로 메시지 남기지 마세요. 이것도 일종의 테러예요. 저더러 어떻게 들으라는 거예요?"라고 메시지를 보내자 황당한 대답이 돌아왔다. "내일 아침에 일어나서 확인하실 줄 알았어요. 내일은 제가 종일 과제를 해야 해서 시간이 없을 것 같았거든요."

누군가에게 부탁할 때는 어떻게 해야 할까?

첫째, 준비를 잘해야 한다.

일자리 부탁뿐 아니라 누군가에게 추천서나 소개 글을 부탁할 때도 마찬가지다. 상대에게 연락하기 전에 먼저 본인의 이력서와 자기소개서 등을 준비해둬야 한다. 목표로 하는 인맥과 가고자 하는 방향을 잘 설정하고 그에 대한 연구를 통해 당신이 접촉하고자 하는 사람이 어떤 사람인지, 어떤 배경을 가졌는지, 다니는 회사는 어떤지 등을 이해해야 한다. 만약 인터넷에서 검색한 내용만으로 다 알 수 없는 상태라면 중간의 지인이나 소개해준 사람에게 물어보는 게 가장 효율적인 방법이다.

둘째, 요구 사항을 간단명료하게 설명하라.

당신의 배경과 요구 사항, 명확한 방향을 먼저 정리한 다음 가장 간단하고 직접적인 방식으로 예의 바르게 상대에게 설명할 수 있어야 한다. 상대가 당신의 말을 듣고 도울 수 있으면 돕고 그렇지 않으면 어떤 식으로라도 답을 해줄 것이다. 설령 이번에 도와주지 못했다고 해도 감사의 뜻을 전하고 상대가 시간을 내준 것에 고마움을 전해야 한다. 그래야 좋은 인상을 남겨 다음 기회에라도 상대의 도움을 받을 수 있다.

셋째, 인맥을 통해 도움을 받는다는 건 그만큼 자원을 사용한다는 것임을 알자.

상대도 자기의 사회적 자원을 이용해 당신을 도와주는 것이다. 그들은 당신의 가족이나 친구, 심리상담사가 아니다. 그런 중요한 인맥을 소꿉친구 대하듯 해서는 안 된다는 점을 명심하자. 상대는 당신의 고민이나 걱정을 하염없이 들어줄 수 없다. 만일 스스로 어떻게 해야 할지 잘 모르는 상황이라면 먼저 가족이나 친한 친구들과 이야기를 나눠보라. 그런 뒤 생각이 명확해지면 그때 다시 인맥을 동원하도록 하자.

B처럼 상대를 곤란하게 만들고 대체 무슨 말을 하는지 알 수 없게 하면 오히려 손해다. 그러면 당신의 일처리 능력에 의구심을 갖게 되기 때문에 어떤 일도 소개해주고 싶지 않은 생각이 들기 때문이다.

넷째, 인맥이라는 자원을 사용하고 난 뒤에는 반드시 곧바로 보상해야 한다.

당신을 도와준 인맥에게 각종 방식을 통해 감사의 뜻을 전하고 그에 상응하는 투자나 보상을 해줘야 한다. 만날 기회를 만들거나 상대에게 어떤 가치를 제공할지 궁리하는 노력이 있어야 한다.

다섯째, SNS 메신저 등으로 연락할 때는 원칙을 지키자.

가족이나 친구가 아니라면 음성 메시지를 남기는 것은 삼가길 바란다. 특히 단체 대화방이라면 더욱 조심해야 한다. 두서없는 말로 계속되는 부탁은 때로는 폭력처럼 느껴지고 상대를 압박하는 듯한 느낌을 주기도 한다. 더군다나 알게 된 지 얼마 안 되는 상대라면 문자로 메시지를 남기는 것이 좋다.

혹시나 그럴 수 없는 특수한 상황이라면, 가령 타자를 치기 어려운 상황이라 음성으로 남겨야 한다면 59초 안에 자신의 뜻을 명확히 밝히는 것이 좋다. 내가 누구고, 무슨 일인지, 방해해서 미안하고, 감사하다는 말을 꼭 담아라. 음성 메시지는 하나면 충분하다. 여러 개를 남기는 건 민폐다.

누군가에게 부탁을 하고 나면 그 일이 성사되든 아니든 감사의 마음을 지녀야 한다. 일이 그릇되었다고 섭섭해해서는 안 된다. 더욱이 도움을 받고 난 뒤에 아무 일도 없었던 것처럼 인사도 없이 그냥 지나

가는 일이 없노록 하사.

의미 없는 대화
○

이직을 결심한 C는 향후 본인의 커리어에 관해서 내게 상담을 요청해 왔다.

　메신저로 나눈 대화에서 그는 새로운 직종으로 옮겨 일을 해보고 싶다고 했다. 마침 내게는 C가 말한 업종에 종사하는 친구 E가 있었다. 그는 그곳에서 잔뼈가 굵은 사람이었다. E를 소개해주면 도움이 될 거라고 생각한 나는 C에게 그의 연락처를 전송했고, E에게도 연락이 갈 거라고 귀띔했다.

　그런데 며칠 후 E에게 아직도 C의 연락이 오지 않았다고 메시지가 왔다. 나는 곧장 C에게 메시지를 보냈다. 그러자 조금 뒤 "너무 바빠서 정신이 없었네요. 바로 연락하겠습니다"는 회신이 왔다.

　그날 E는 내게 이렇게 말했다.

　"네가 소개한 C 말이야……. 조금 이상해. 나한테 요식업에 관해 물어보고 배우려는 게 아닌 것 같던데? 계속 자기는 뭘 하며 살아야 하냐고 묻더라고. 그런데 나는 그 사람에 대해 아는 게 없잖아. 본인이 뭘 해야 할지 나한테 물으면 어떡해?"

　그렇게 C는 아무런 소득을 얻을 수 없었고 그 뒤로 내게도 연락이 없었다.

소개받은 사람은 어떻게 대해야 할까?

첫째, 제삼자를 통해 누군가를 소개받았을 때는 바로 그 사람과 연락을 취해야 한다. 만일 며칠이 지나서 연락한다면 상대는 당신을 잊어버리거나 소개해준 사람에게 불만을 가질 수 있다.

둘째, 소개받은 사람과 처음 연락할 때는 먼저 예의 바르게 자기의 상황을 설명하고 가르침과 도움을 청해야 한다. 그렇게 어느 정도 이야기를 나눈 다음 대화를 통해 상대가 당신에게 호감이 생기면 그다음에 고민을 토로하는 것이 좋다.

셋째, 소개받은 사람과 처음 대화를 주고받을 때는 먼저 자신을 낮춰야 한다. 상대로부터 정보를 얻어내 그것을 공유하고 싶다면 겸손하게 배우는 자세를 취해야 한다. 만일 내가 C였다면 나는 '요식업에 관해서는 문외한인 제가 이 방면의 전문가인 당신과 연락이 닿아서 너무 기쁘다'고 말했을 것이다. 다음으로는 상대가 당신에게 위협이나 경쟁심이 생기지 않도록 해야 한다. 당신은 그에게 상업 기밀을 캐내려는 게 아니다. 그저 그쪽 방면의 선배에게 경험을 듣고 첫걸음을 내디딜 때 어떻게 할지 참고하면 된다.

넷째, 도움을 청할 때는 격식과 예의를 갖춰야 한다. 감사의 말을 전할 때는 기프티콘을 함께 보내는 것도 좋다. 당신에게 정보를 공유하고 도움을 준 사람에게 감사의 뜻을 전하는 것은 기본 중에서도 기본이다.

다섯째, 소개해준 사람에게도 과정을 어느 정도는 알려줘야 한다. 그래서 소개해준 일이 헛되지 않았다는 것과 동시에 감사의 인사를 전해야 한다. 좋은 시작이 있었다면 끝도 좋아야 하는 법이다. 중간에 소개해준 사람이 사라지는 일이 없도록 해야 한다. 인맥을 다지는 일은 이처럼 오랜 시간이 필요하고 사람의 인품과 진면목이 그대로 나타나는 것이기도 하다.

앞서 살펴본 세 가지 이야기는 인맥을 유지하는 데 실패한 사례들이다.

'성숙하다'는 것은 간단해 보이지만 사실 많은 것을 포함한다. 일이나 인간관계에서 성숙한 사람을 관찰한 결과, 다음과 같은 공통점을 발견할 수 있었다.

첫째, 진심으로 사람을 대한다.

진정한 성숙함은 진심으로 사람을 대하는 것에서 비롯된다. 진실함과 성실함이야말로 사람을 대하는 기본 요소다. 진실함이란, 다른 사람에게 있는 그대로의 모습을 보여주는 것을 의미한다. 이 세상에 완벽한 사람은 없다. 모든 사람에게는 장점과 단점이 존재한다. 자기를 완벽하게 포장해서 좋은 인상을 남기려는 것보다는, 꾸밈없는 모습을 드러냄으로써 사람들이 자기를 있는 그대로 이해하고 받아들이게 하는 것이 훨씬 낫다. 성실함 역시 서로의 이익을 바탕으로 하는 것이다. 서로의 관계에 충실하면 그 관계를 통해 양쪽 모두가 이익을 얻을 수 있다.

둘째, 감사할 줄 안다.

성숙한 사람은 감사할 줄 알고 그 마음을 표현한다. 본인에게 도움을 준 사람에게 감사하면 자연스럽게 그것이 행동으로 드러난다. 또 그 마음을 보답할 기회를 찾아 상대를 기쁘게 해주고 기꺼이 도와준다.

셋째, 넓은 마음을 지녔다.

무슨 일에든 넓은 마음으로 상대를 포용할 줄 알고 본인의 것을 내어줄 줄 안다. 작은 것에 연연하지 않고 계산하지 않는다. 그들은 선물도 잘하고 필요할 때 도움을 주어 상대에게 따뜻하고 좋은 인상을 남긴다. 또 사소한 일로 토라지거나 마음 상하지도 않는다. 그래서 누구와도 편안하고 친근하게 어울릴 수 있다. 이런 사람들을 만나면 예의 바르고 세심하다는 느낌을 받는다.

넷째, 정도를 지킬 줄 안다.

인간관계에 관해 공자는 "가까우나 예의 바르고, 멀지만 소홀하지 않아야 한다(近而不逆 遠而不疏)"고 말했다. 사람과 사람 사이에는 어느 정도의 거리가 있어야 하지만 너무 밀어내서도 안 되고 가깝다고 버릇없게 굴어서도 안 된다. '친밀하면서 독립적인 관계'야말로 성숙한 사람의 인간관계를 가장 잘 표현하는 말일 것이다. 간혹 주변에 차가우면서 자기를 잘 드러내지 않아 가까워지기 어려운 사람들이 있다. 반면 사람과의 거리감을 망각하고 자기의 모든 희로애락을 쉽게 다 드러내 가벼워 보이는 사람도 있다. 이런 사람들은 성숙함과는 다소 거리가 멀다.

다섯째, 겸손하게 끊임없이 배운다.

사람들과 가장 쉽게 가까워지는 방법은 무엇일까? 바로 겸손함을 유지하는 것이다. 모든 문제의 해답을 알고 있는 사람이란 이 세상에 존재하지 않는다. 모든 사람은 자기에게 없는 것을 타인과의 교제를 통해 배우고 갖춰나간다. 때문에 자기를 낮추고 배우는 자세로 다른 사람의 경험과 지식을 습득해나가야 한다.

그러나 자신을 가치 없는 존재로 인식하고 무조건 낮추는 게 겸손함이 아니다. 그러면 다른 사람이 쉽게 무시하고 어울리려고 하지 않을 것이다.

여섯째, 자신감과 자연스러움을 유지한다.

자신감은 자신을 잘 알아서 우러나오는 스스로에 대한 긍정이다. 내가 누구인지, 어떤 특징과 장점을 지녔는지 정확하게 인식하고 본인의 노력을 통해 단점과 여러 난제를 극복할 수 있다고 믿는 것이다. 자신감 있는 사람은 자기를 의심하거나 부정하지 않으며 두려워하거나 자기가 다른 사람보다 못났다고 생각하지 않는다. 그래서 다른 사람을 대할 때도 매우 자연스럽다.

겸손하면서도 다른 사람을 먼저 배려하고 봉사하는 사람, 그러면서도 그것이 억지스럽거나 부자연스럽다고 생각되지 않는다면 그 사람은 자신감이 충만한 사람이다. 그래서 친절하면서도 자연스럽게 다른 이를 대할 수 있는 것이다.

앞의 여섯 가지 외에도 평소 주변에 성숙한 사람들을 잘 관찰하고 그들이 각종 상황에 어떻게 대처하는지 주의 깊게 살펴보길 바란다. 보는 만큼 생각하게 된다. 적극적으로 그들에게서 배울 점을 찾아 하나씩 연습하다 보면 그것이 당신의 습관이 될 것이다.

진심 어린 마음으로 사람을 대하고 관계 사이에서 정도를 지키도록 하자. 화를 다스리고 합리적이면서 적절한 방법으로 관계를 유지하다 보면 어느새 당신도 말과 행동이 성숙한 사람이 되어 있을 것이다.

모르는 사람과
친해지는 과정

"얼마 전에 아이 학교 문제로 이것저것 알아보다가 한 유명 사립학교 교장을 알게 됐어요. 저랑 나이 차이가 많이 나지는 않는데 좀 차가운 인상이었죠. 서먹하긴 했지만 같이 식사를 한번 하고 나니까 어느 정도 가까워졌어요. 나중에 아이가 그 학교 입학통지서를 받아서 감사한 마음을 전하고 싶어 책 몇 권을 사서 교장과 자제들에게 선물했고요. 집에 돌아가서는 메시지를 주고받기도 했는데 뭔가 성취감 같은 게 느껴져서 정말 기분이 좋았어요.

그분이 SNS에 자녀 교육에 관한 글을 올리면 저는 적극적으로 댓글을 달았고 그분도 거기에 대답을 해주었죠. 서로 소통하면서 저의 관심과 믿음도 점점 커져갔어요. 그런데 며칠 뒤, 아이 교육에 관한 동영상 링크를 보내주었는데 아무런 회신이 없었어요. 바쁜가 보다 생각하고 더는 연락하지 않았어요. 또다시 며칠 후 자녀들의 재테크 관리에 관한 수업을 듣고 교장에게 링크를 보냈는데 여전히 답이 없더라고요.

혹시 제가 너무 열정적이어서 반감이 생긴 걸까요? 그게 아니면 뭐가 잘못된 걸까요?"

얼마 전 A라는 사람이 보내온 사연이다. 그와 교장 사이에는 어떤 문제가 있었던 것일까? 아래의 글을 읽으며 함께 생각해보도록 하자.

먼저 A가 잘한 부분이다.

1. 감사의 마음을 적극적으로 표현하고 적절한 선물도 했다.
2. 유용한 정보를 공유했다.
3. 관계를 이어나가려고 노력했다.
4. SNS를 통해 활발한 대화를 나누었다.

이렇게나 많은 '적극적인 행동'은 인맥을 구축하는 데 약이 될까? 아니면 독이 될까? 이런 열정은 어디까지가 적당할까?

모르는 사람을 만났을 때는 먼저 그 사람의 배경에 대해 이해한 다음 자신과의 교집합을 찾아내야 한다. 온라인에 공개된 정보나 그 사람의 SNS, 혹은 처음 만났을 때 나눈 대화의 내용이 그 사람을 이해하는 기본적인 정보가 될 수 있다. 상대의 관심사나 생각, 어떤 일에 대한 입장이나 일상의 취미 등을 말한다. 특히 첫 식사 모임을 통해 그 사람이 관심을 갖는 일이 무엇인지 알 수 있다.

그 교장을 만나보지 않았기 때문에 그 사람이 보인 반응에 대해 쉽게 평가를 내리기는 어렵다. 하지만 A의 이야기를 통해 그의 나이가

30대 후반이며 차가운 인상이고, 사립학교의 교장직을 맡고 있으며 어머니이면서 자녀 교육에 관심이 많다는 것을 알 수 있었다.

이 몇 가지 정보를 토대로 A와 그가 나눌 수 있는 화제를 찾아보면 자녀 교육, 직장 문제, 여성의 사회생활, 일과 가정 사이의 균형 등이 있다. 나아가 미용이나 건강, 맛집이나 여행, 책이나 영화 등과 같은 일반적인 화제도 생각해볼 수 있다.

차가운 인상이라는 점과 학교 교장이라는 신분을 고려했을 때는 두 가지 특징을 추측해볼 수 있다. 하나는 그녀가 먼저 나서서 사람을 사귀지 않는다는 점이다. 혹은 교장이라는 사회적 신분 때문에 조금 더 단정하고 차가운 모습을 유지할 수도 있다. 다른 하나는 유명 사립학교의 교장으로서 모두를 공평하게 대할 필요가 있을 것이다. 게다가 학생의 부모들 역시 각종 업계에서 꽤 유능한 사람들일 것이다. 그러니 아주 풍부한 인맥을 가지고 있으리라는 점을 알 수 있다.

이런 기초적인 정보를 토대로 잠정적인 판단을 해보자면 교장이 A가 추천한 링크에 적극적으로 대답하지 않은 이유를 다음과 같이 정리할 수 있다.

첫째, 단 며칠 사이에 A는 무려 두 개의 수업을 추천해주었으니 부담이 되었을 것이다. 누군가에게 어떤 것을 추천받을 때, 특히 그게 돈이 들어가는 일이라면 처음에는 흥미롭게 듣는다고 해도 반복적으로 계속 거론할 경우 반감이 생길 수 있다. 소비를 강요받는다는 느낌 때문에 상대에게 거부감이 생기기도 한다. 상대가 자신의 이익을 위해서 그렇게 적극적으로 추천하고 있다는 의심이 들기 때문이다.

나 역시 비슷한 경험이 있다. 예전에 한 친구가 아로마 오일의 장점을 소개해준 적이 있다. 그 후 나는 친구를 통해 두 병 정도를 구매해 사용해보았다. 그러자 친구는 거의 매일같이 각종 아로마 오일에 관한 동영상과 행사 제품, 할인 정보에 관한 메시지를 보내왔다. 나는 갈수록 짜증이 났다. 친구가 어떻게든 내게 그걸 많이 팔아보려 한다는 느낌을 지울 수 없었고, 결국 우리 사이는 멀어졌다.

둘째, A 본인에게는 감명 깊은 수업일지 몰라도 교장에게는 그렇지 않을 수 있다. 그는 A가 자신을 무시한다고 생각했을지도 모른다. '왜 자꾸 나한테 수업을 추천해주는 거지? 내가 많이 부족해 보이는 건가?'

셋째, 너무 빈번하게 연락하는 것은 적절하지 않다. 만나서 식사를 같이 한 번 하고 책 선물로 감사의 마음을 전한 것은 잘한 일이다. 연락처를 주고받은 후에 적당한 거리를 유지하면서 연락을 지속했다면 아무런 문제가 되지 않았을 것이다. 그런데 한 번 밥을 같이 먹은 사람에게 2~3일 간격으로 그것도 사적으로 연락을 하는 건 과할 수 있다. 아무리 좋은 의도였다고 해도 말이다. 둘의 관계가 그 정도까지 발전하지 않았는데 일방적으로 계속 연락하는 것은 도가 지나친 일이다.

그러면 어떻게 하는 것이 좋을까?

처음에는 A도 대처가 좋았다. 첫째, 아이 입학 후 교장 선생에게 책을 선물해 고마움을 전했다. 둘째, 본인이 좋아하는 것과 관심사를 상대와 나누었다. 셋째, 연락처를 주고받은 후 소통했다.

그런데 문제는 그다음이다.

첫 만남이 한두 달 정도 지난 후에 사립학교나 자녀 교육에 관한 의미 있는 글을 상대에게 보내주어 그 글에 대한 생각은 어떤지, 동의하는지 등을 물으면 된다. 아니면 상대가 맡고 있는 그 학교에 관한 기사나 글을 전달해 어떤 의견인지를 묻는 것도 나쁘지 않다. 상대의 대답을 들은 후 자기의 생각을 말함으로써 토론을 이어가거나 가르침을 청하면 된다.

한 분기 정도가 지난 후에는 개학 전에 상대를 식사 자리에 초대하는 것이 좋다. 자녀는 동석하지 않고 평일 점심으로 하는 게 가장 좋다. 이 일대일 만남을 잘 활용해서 교장으로서의 힘든 점이나 보람을 느끼는 일은 무엇인지를 물어보고 자녀 교육에 관해 배움을 청하는 것이다. 아이에게 도움이 되는 방과 후 활동이나 행사 같은 것은 무엇이 있는지도 물어볼 수 있다. 그날 만남의 주요 목적은 상대의 관심사나 흥미, 고민 등을 알아내는 것이다. 많이 듣고 배우고 흡수하되, 상대가 내놓는 화제를 따라가면서 본인이 알고 있는 정보를 공유하면 된다. 헤어지기 전에는 반드시 시간을 내어준 것에 감사 인사를 하고 본인 자녀의 미래를 맡아준 것에도 고마움을 표현해야 한다. 또 앞으로도 계속 연락하고 지냈으면 좋겠다는 의사를 내비치면 된다.

이것 말고 A가 또 고쳐야 할 점이 있다.

먼저 이어질 수 없는 대화는 그만하고 시간의 차를 두어야 한다. 상대가 SNS에 올린 글에는 '좋아요'를 누르거나 댓글을 쓰되, 한 달 정도는 개인적인 메시지를 주고받지 않는 게 좋다.

한 달 정도가 지난 다음에는 둘의 공통 관심사가 들어간 글이나 기사를 공유하고 의견을 묻는 게 좋다. 회신이 오면 다시 한 달 정도 뒤에 평일 점심 약속을 잡고 이야기를 나누면 된다.

아이가 계속 학교를 다녀야 하는 상황이라면 둘은 만날 수밖에 없는 사이다. 그러니 만남은 분기에 한 번 정도로 충분하다.

    사람과 사람 사이의 관계에는 정도가 있어야 한다. 특히 모르는 사
람과 친해지는 과정은 서로가 첫눈에 반하는 특수 상황을 제외하고는
하루아침에 이뤄지지 않는다. 상대와 어느 정도 관계가 형성되고 친
숙해져야만 좋은 의도도 통하는 것이고 이익도 공유할 수 있다. 혼자
좋다고 일방적으로 달려들면 대다수의 사람은 놀라서 도망간다. 처음
만난 사람과는 적당히 거리를 유지하는 게 좋다. 시간이 지나면 차차
같이 밥도 먹을 수 있고 그렇게 우정도 깊어진다.

    걱정하지 말자. 연습이 더해지면 '정도'를 지키는 건 어렵지 않다.
이것을 잘 지키면 모르던 사람과도 자연스럽게 친구가 될 수 있다.

내성적인 사람의
인맥 넓히기

스위스의 정신과 의사이자 분석심리학의 창시자 카를 구스타프 융은 처음으로 사람의 성격을 '내향형'과 '외향형'으로 분리해 정의했다.

그의 분석에 따르면 내향형의 사람은 혼자 있는 것을 좋아하며 깊이 생각하는 걸 즐기고 자아 반성을 잘한다. 그들은 다른 사람과 어울리는 행사나 활동에 큰 관심이 없다. 반면 외향형의 사람은 활력이 넘치고 생동감이 있으며 대외적인 행사에 참여하길 즐긴다. 그들은 외부 세계의 감정이나 물체, 행위에 매우 신경을 쓰며 혼자 있을 때는 무료함을 느낀다.

사실 이 세상이 외향적인 사람 위주로 돌아간다는 사실은 어느 정도 인정하지 않을 수 없다. "우는 아이 젖 준다"는 속담이 이러한 현실을 잘 반영한다. 외향적인 사람은 자기표현에 능하다. 말하는 걸 좋아하고 사람 사귀는 걸 즐긴다. 그래서 인맥을 나질 때 물 만닌 물고기처럼 날아다닌다. 주변에는 늘 사람이 모여 있고 어디에서나 주목을 받으며 때에 따라 필요한 자원과 도움을 잘 확보한다.

내향형 중에는 자기의 성격이 마음에 들지 않는다고 말하는 사람이 많다. 대인관계에 능하지 못하거나 부끄러움을 많이 느껴 먼저 다가가 사람을 사귀지 못하기 때문이다. 또한 사람을 만날 에너지가 부족하다거나, 말을 많이 하면 지친다고 하기도 한다. 그렇다면 정말 내성적인 사람은 대인관계에서 전혀 강점이 없는 것일까?

물론 그렇지 않다. 많은 학자와 전문가들이 내성적인 사람의 장점을 정리했다. 그들에 따르면 내성적인 사람이 타인과의 업무 협조를 더 잘 이뤄내며(특히 일대일 관계에서) 우정도 더 길게 이어가는 것으로 나타났다. 또한 사람과의 관계에 더욱 잘 집중하며, 자신을 돌아볼 줄 알고 책임감을 느끼며, 창의력을 선보이는 것으로 나타났다.

1960년대, 심리학자 한스 아이젱크가 내놓은 이론에 따르면 내성적인 사람들은 자체적으로 '각성(覺醒)' 수준이 매우 높은 것으로 밝혀졌다. 그들은 과도한 자극에 노출되면 혼자만의 시간을 통해 체력을 회복하고 에너지를 비축한다. 그런데 외형적인 사람들은 선천적으로 각성의 수준이 낮아서 더 많은 외부 자극을 통해서만 깨달음을 얻을 수 있다. 즉, 타인과의 교제와 만남을 통해 에너지를 얻는 것이다.

나는 외형적인 사람이긴 하지만 주변에는 내성적인 친구들도 많다. 그들을 주의 깊게 관찰한 결과 회사나 가정에서 상당한 성과를 이뤄낸 걸 발견할 수 있었다.

유명한 펀드 회사의 설립자인 대학 동창 한 명은 내성적인 성격이다. 하지만 일을 할 때 누구보다 집중하며 생각이 깊다. 또 예리한 통찰력과 놀랄 만한 실행력을 지녔다.

예전에 헤지펀드 회사에 다닐 때 알고 지내던 파트너 역시 내성적인 사람이다. 말이 적은 편이었지만 가끔씩 던지는 한마디에 지혜가 담겨 있었다. 그는 자아 성찰을 잘하는 사람이었고 매우 훌륭한 리더였다.

나와 제일 친한 친구 중 한 명은 스탠퍼드 대학교에서 박사 과정 중인데 역시 내성적이다. 혼자 있는 걸 좋아하고 사람 사귀는 것에 별로 흥미가 없다. 하지만 그는 감정이 풍부하고 다른 사람의 말을 잘 들어준다. 공감 능력이 뛰어나고 비밀을 잘 지킨다. 어떤 사람에게든 최고의 친구이자 동료다.

내성적인 사람들의 장점은 수없이 많다. 그렇다면 어떻게 그 장점을 활용해 인간관계를 구축할까? 다음의 다섯 가지를 참고하자.

첫째, 일정에 사교 활동을 포함시켜 매주 계획적으로 참여한다.

보통 내성적인 사람은 혼자 있는 걸 즐긴다. 혼자 집에서 쉬는 것과 사교 활동에 참여하는 것 중 하나를 선택하라고 하면 전자를 택한다. 그래서 추천하는 방법은 모임을 스케줄에 포함시키는 것이다. 예를 들어 일주일에 한 번은 동료와 식사를 한다든지 친구를 만나 차를 마시는 것이다. 혹은 한 달에 한 번 대외 행사에 참여해보는 것이다. 이렇게 하면 외부적인 추진력이 생긴다. 이 계획은 인맥을 쌓는 게 자연스러운 일상이 될 때까지 진행하는 것이 좋다.

둘째, 일대일 관계를 형성한다.

내성적인 사람은 굳이 무리 속에 섞일 필요가 없다. 큰 행사에 참석한다고 해도 그 안에서 일대일 관계를 만드는 것에 집중하면 된다. 한 사람과 깊은 대화를 나누고 헤어진 뒤에는 24시간 안에 다시 연락을 해보는 것이 좋다. 행사가 끝나자마자 기다렸다는 듯이 황급히 자리를 뜨면 결국 가장 힘들고 지치는 건 자기 자신이다. 친구를 만날 때는 한 명하고만 약속을 정하자. 그 사람에게 주의력을 집중하고 깊은 대화를 나누면 상대에게 분명 좋은 친구가 될 것이다. 일반적으로 내성적인 사람은 파티보다는 도서관에 가는 걸 더 좋아한다. 그렇다면 도서관에서 본인과 똑같이 독서를 좋아하는 사람과 친구가 되는 것은 어떨까.

셋째, 남들 앞에서 연설이나 발언할 기회를 만들어본다.

내성적인 사람은 어떤 일이나 사물을 심도 있게 연구하는 걸 즐기기 때문에 전문가가 되기 쉽다. 이렇듯 어떤 한 영역에서 지식이 쌓였다면 남에게 그 지식을 가르치거나 전해줄 기회를 만들어보는 게 좋다. 이 지식을 밖으로 내보내는 과정에서는 수동적이 아닌 주도적인 자리에 설 수 있고 남들의 시선을 한 몸에 받는다. 그러면 청중이 먼저 다가와 말을 걸 것이고 자연스럽게 인맥을 형성할 수 있다.

넷째, 즉각적인 충전으로 에너지를 보충한다.

내성적인 사람은 혼자 있는 시간을 통해 에너지를 얻는다. 반대로 누군가를 만나면 그만큼 에너지를 소비하기 때문에 바로바로 충전해줘야 한다. 너무 빈번하게 대외 활동에 참여할 필요는 없다. 본인이 소화할 수 있는 만큼 일정을 짜고 충분한 휴식 시간을 확보하자. 집에서 책을 읽거나 음악을 듣는 것 등으로 만남을 위한 에너지를 충전해야 한다.

다섯째, 익숙하고 편안한 것에서 벗어나는 연습을 해야 한다.

세상의 모든 일은 한 번에 이뤄지지 않는다. 혼자 있는 것이 습관이 된 사람이 하루 만에 나서서 대외 활동에 참여하기란 어렵다. 익숙하고 편안한 공간 안에서 오랜 시간을 보내면 낯선 환경 속에서 두려움을 느끼기 때문이다. 그러나 익숙함의 바깥에는 훨씬 더 많은 배움의 공간이 있다는 사실을 기억하자. 작은 것부터 하나씩 천천히 실천하면 된다. 예를 들어 처음으로 업계 포럼에 참석했다면 목표는 그날회의에서 스타가 되는 게 아니라, 한 사람을 사귀고 그와 깊은 대화를 나눈 뒤 연락을 이어가는 것이다. 저녁에 집에 돌아와서는 본인의 어깨를 두드리며 '해냈어. 다음에는 더 잘할 거야'라고 다독여주면 된다.

2장

낯선 사람과
가까워지는 비결

거부감이 생기지 않게
다가가기

대학교 4학년 때, 졸업을 앞두고 첫 직장에 들어갔다. 친한 친구가 소개해준 파트타임 자리였는데 제너럴일렉트릭(GE)의 비행기 엔진 부서 재무팀에서 수금을 담당하는 일이었다.

취업 기념으로 나는 온갖 문양이 그려진 원피스와 가방을 사 치장을 하고 출근했다. 캠퍼스를 나와 대형 빌딩으로 들어가던 첫날의 긴장감은 아직도 잊을 수 없다. 사무실 앞에 다다르자 나와는 다르게 말끔하게 차려입은 데스크 직원들을 보고 우왕좌왕했던 게 기억난다.

당시 나의 직속 상사는 미국에 있었다. 나와 전화로 간단한 면접을 진행한 뒤 합격시켜준 것이다. 그때 내 영어 실력은 많이 부족했다. 그래서 사실 그의 말을 전부 다 이해하지는 못했다. 그래도 내가 "I won't let you down(실망시키지 않을 겁니다)"이라고 말했던 것은 기억하고 있다.

기초부터 시작하기

○

출근 첫날 상사는 내 앞으로 문서 더미를 보내왔다. 대형 항공사와 자재 회사로부터 수금해야 할 비용의 영수증과 송장, 명세표 등이었다. 머릿속이 하얘지는 느낌이었다. 여덟 개의 항공사, 수백여 개의 영수증, 수천만 달러의 미수금……. 대체 어디서부터 시작해야 할지 눈앞이 깜깜했다.

상사는 먼저 5천 달러 이상 되는 큰 금액과 자재 회사부터 살펴보라고 조언했다. 그는 자재 회사 재무팀 담당자의 연락처를 건네주었고 전화해서 상사를 도와 수금을 담당하고 있다고 말하기만 하면 된다고 했다.

모르는 사람과 공통점을 찾아 친구 되기

자기소개는 내가 극복해야 할 두려움 중 첫번째 단계였다. 나는 이것을 미리 종이에 써서 몇 번이고 연습했다.

'안녕하세요. 저는 ○○○ 사장님을 도와 수금을 담당하고 있습니다. 이제 막 입사해서 모르는 게 많습니다. 혹시 귀사로 방문해 만나뵙고 비용 문제를 논의해볼 수 있을까요?'

북적이는 자재 회사 사무실에서 내가 만난 첫번째 고객은 B였다. 나와 나이 차이가 얼마 나지 않는 젊은 여성이었지만 노련미가 느껴졌다. 비용을 언제 지불해줄 수 있냐고 묻자 그에 관련한 송장을 모두 찾아와 대조해주어야만 가능하다고 했다.

사무실로 돌아와 상사에게 그 일을 보고하자 그는 이전의 모든 송장을 내게 우편으로 보내주었다. 나는 영수증과 송장을 대조해 정리를 마친 후 다시 B를 만났다. 이후 우리는 퇴근 후에 함께 저녁을 먹으면서 친구가 되었다. 그리고 그 회사의 미수금은 비교적 쉽게 받아올 수 있었다.

한 항공사 재무팀의 직원으로 있는 C에게 처음 전화를 걸었을 때 목소리가 매우 젊다는 느낌을 받았다. 그는 내 배경에 관해 물어왔다. 대화를 좋아하는 사람이라는 걸 알 수 있었다. 그렇게 이야기를 나누다가 C도 나처럼 무협소설을 좋아한다는 걸 알게 되었다. 우리는 거의 일주일에 한 번씩 전화 통화를 했다. 나는 그에게 비용 상환을 이야기하면서 빨리 처리해달라고 부탁했다. 아울러 무협소설 이야기도 함께 나누었다. 결국 우리는 친구가 되었다.

한번은 상사가 크리스마스 전에 C의 회사에서 큰 비용을 받아오라는 지시를 내렸다. 나는 시간이 너무 부족해 할 수 없을 것 같다고 말했다. 게다가 그때는 아직 학생이었던 터라 기말고사까지 겹쳐 있었다. 그러자 상사는 "자네를 믿네. 어떤 상황에서든 해낼 수 있을 거야"라고 말했다. 이 말은 부담스럽기도 했지만 승부욕을 자극했다.

나는 먼저 C의 상사인 D에게 전화를 걸었다.

"크리스마스 전에 비용을 보내주실 수 있을까요? 저희 쪽이 크리스마스에는 쉬기 때문에 그 전에 돈이 입금되어야 합니다. 그렇지 않으면 제가 광저우로 날아가서 돈을 받을 때까지 진을 치고 기다릴 수밖에 없어요."

하지만 D는 별 상관 없는 일이라는 듯 새초롬한 말투로 대답했다.

"그러셔도 소용없어요. 지금 돈이 없는데 어떡해요."

D와의 통화를 마치고 C에게 '작업'하는 것도 잊지 않았다. 니는 그에게 상황을 잘 살피고 있다가 비용 이체가 가능할 것 같으면 귀띔해 달라고 부탁했다. 그리고 며칠 후 방금 큰 금액이 들어왔으니 D에게 연락해도 될 것 같다고 연락이 왔다. 나는 바로 전화를 걸었다.

"아직 지불하지 않은 비용을 지금 바로 보내주실 수 있을까요? 지금 저희 쪽 사정이 매우 급합니다. 저희 사장님이 지금 미국에 계시는데 크리스마스 전에 돈을 보내주지 않으시면 신용등급에 차질이 생겨서 리스크가 커집니다. 부탁드려요."

거듭해서 독촉하자 D는 정말로 크리스마스 전에 비용을 보내주었다. 이 일로 나는 아무리 어려워 보이는 목표도 포기하지 않고 노력하다 보면 가능성이 있다는 것을 배웠다. 또한 낯선 사람을 친구로 만들어 진정한 인맥을 다지면 목표 달성에 도움받을 수 있다는 사실을 깨달았다.

난관에 봉착했을 때
○

당시 나의 사무실은 베이징에 있었기 때문에 근처 고객들은 접촉이 쉬운 편이었다. 하지만 상하이, 광저우, 청두 등은 거리가 멀어 잘 가지 못했다. 그럼 그 고객들의 비용은 어떻게 받아내야 할까? 여기에는 다른 자원을 활용할 필요가 있었다.

GE는 각 지역에 영업 대표를 두고 있었다. 상하이에는 E가 대표로 근무했다. 그런데 그는 동남아 화교라서 중국어가 그리 유창하지 못했다. 매번 그와 영어로 대화를 나누기 위해서는 용기가 필요했다. 당시 내 영어 실력은 좋은 편이 아니라 늘 전화를 걸기 전에 먼저 '대본'을 쓰고 반복해서 '리허설'을 했다. 하지만 그래도 긴장이 되는 건 어쩔 수 없었다. 한번은 모든 지역의 영업 대표들이 베이징에 모여 전체회의를 열었다. 그날 본 E는 50대 초반의 얼굴이 까만 사람이었다. 목소리가 굵고 엄숙한 말투를 사용했고 웃으면 매우 온화해 보이는 인상이었다. 나는 용기를 내서 나를 대신해 상하이에 있는 항공사와 소통해줄 수 있는지 물었다. 그러자 그는 아주 흔쾌히 승낙했고 얼마 후 그 항공사로부터 비용을 받을 수 있었다.

청두의 한 고객에게 비용을 독촉하자 그는 화를 내며 지난번 구매한 제품에 문제가 있으니 GE에 배상을 요구하겠다고 말했다. 나는 고객관리팀 담당자를 찾아가 도움을 요청했다. 고객이 말한 불만 사항을 설명한 뒤 소통해서 문제를 해결해달라고 부탁했고 그래야만 비용을 받아 올 수 있다고 설명했다. 결국 고객관리팀 부팀장이 나서서 문제를 해결했고 회수되지 않았던 비용도 빠른 시간 안에 받을 수 있었다.

난관에 봉착했을 때는 그 문제에 발목이 잡혀 무너지는 일 없이 사용 가능한 자원을 재빨리 모색해 도움을 요청해야 한다. 도움을 부탁할 때는 이유가 무엇인지, 그것이 그들에게 미칠 영향이 무엇인지를 설명하고, 겸손하고 진실된 마음으로 가르침을 청하는 것이 좋다. 보통 직장에서 경력이 오래된 사람들은 열심히 배우고 노력하는 후배를 기꺼이 도와준다.

상사와 자주 소통하기

○

당시 내 상사의 사무실은 미국에 있었다. 이메일을 막 사용하기 시작하던 때였고 나는 파트타임으로 근무하고 있었기 때문에 회사 계정의 메일이 따로 없었다. 그래서 개인 이메일로 상사와 연락을 주고받거나 팩스 혹은 전화를 이용해야 했다. 일주일에 두 번 나가서 일을 했는데 매번 업무가 끝나면 당일의 진전 사항을 팩스로 보고했다. 만일 상사에게 요청할 정보나 파일이 있으면 문서 위에 수기로 썼다. 하지만 상사는 너무 바빠서 따로 내게 회신해줄 시간이 없었다. 이주일에 겨우 한 번 전화를 걸어줄 정도였다. 그렇지만 매주 열리는 주간 회의에 그는 꼭 참석했고 나는 그 자리에서 상사의 지시 사항을 듣고 바로 시행했다.

상사와의 소통은 매우 중요하다. 업무 진행 상황을 제대로 보고하지 않으면 그는 당신이 일을 열심히 하지 않는다고 오해할 수 있다. 당신이 어떻게 일하는지, 문제점이나 필요한 지원 사항이 무엇인지 알 수 없기 때문에 당신의 업무 태도에 불만을 가지기 쉽다. 자원이나 도움이 필요할 때, 업무상 좌절이나 어려움이 있을 때는 그 즉시 상사에게 보고하는 것이 좋다. 그러면 상사는 그 일을 완수할 수 있도록 도움을 줄 것이다.

직장 생활의 기본적인 룰은 상사가 성공하도록 돕는 것이다. 걱정하지 마라. 당신의 도움으로 성공한 상사라면 분명 당신이 잘되도록 도와줄 것이다.

나만의 장점 찾아내기

○

GE 파트타임으로 일하는 6개월 동안 나는 스스로의 장점이 무엇인지 정확히 알게 되었다. 컴퓨터 앞에 앉아 보고서를 작성하는 것보다 사람과 교류하고 소통하는 데 재주가 있었고, 모르는 사람을 친구로 만들어 신뢰를 얻어내고 필요할 때 그들의 도움을 받는 것을 잘했다. 나는 혼자보다 사람들과 함께하는 업무가 좋았다. 또 누군가와 충돌하고 분쟁하는 것보다 협력의 관계를 만드는 게 훨씬 좋았다.

내가 좋아하고 잘하는 일이 무엇인지 아는 것은 매우 중요하다. 장점을 최대한 발휘하면서 보다 잘할 수 있는 일을 선택하도록 도움을 주기 때문이다.

나는 6개월 동안 2천만 달러의 대금을 모두 회수했고 덕분에 상사는 내게 'GE 관리상'을 수여했다. 아울러 추천서에 '직업 정신이 투철하고 소통에 능하며 영민하게 자원을 이용해 문제를 해결하는 능력을 지녔다'고 써주었다. 나중에 GE의 CEO인 잭 웰치를 만날 일이 있었는데, 그 자리에서 내가 했던 일을 칭찬해주기도 했다. 나는 그 일로 큰 자부심을 느꼈다.

GE에서의 경험을 통해 나의 장점과 열정을 발견했고 엄청난 인맥을 구축할 수 있었다. 먼 곳에서 나의 업무 태도를 칭찬하고 격려하던 내 상사는 2년 뒤 나를 만나러 직접 찾아왔고, 지금은 내 남편이 되어 우리는 한 가정을 이루어 살고 있다.

상대와 나의
공통점은 무엇인가

내 SNS 공식 계정에 팔로어가 많아지면서 일부 회사로부터 광고 제안이 많이 들어왔다. 하지만 나는 모두 완곡하게 거절했다. 어떤 회사가 좋고 나쁜지 우열을 가릴 정신이 없었기 때문인데 그중 하나만은 예외였다.

다음은 그 쪽지의 내용이다.

"안녕하세요. 저는 러러라고 합니다. 베이징 사람이고 현재 로스앤젤레스에 거주하고 있어요. 초등학교 선생을 하다가 지금은 미네소타주에서 가르치는 일을 하고 있습니다. 온라인 영어 수업도 함께 진행 중이에요. 혹시 공식 계정에 광고 필요 없으신가요? 관심 있으면 연락주세요. 감사합니다!"

나는 그를 내 SNS 친구 목록에 추가했고 광고하는 것에 동의했다. 왜 나는 러러에게만은 다르게 대했을까? 왜냐하면 나도 그와 같은 도시에 거주하고 있고 아들이 러러가 교편을 잡았던 초등학교에 다녔기 때문이다. 또한 우리는 같은 베이징 출신이었다. 그녀가 이런 정보를 일부러 염두에 두고 쓰지는 않았겠지만 이것은 나와 연결 고리를 만드는 데 매우 효과적이었다.

처음 만난 사람과 연결 고리를 찾는 법
: 상대와 나는 무엇이 비슷한가
○

사람들은 왜 자기와 공통된 요소가 있는 이를 선호할까?

'유유상종'이라는 말이 있다. 동물은 자신의 안전을 위해 같은 종끼리 어울리며, 사람 역시 근본적으로는 자기의 생존과 안전에 대한 필요 때문에 같은 무리와 어울린다.

미네소타 대학교의 칼슨 경영대에서 연구한 내용에 따르면 사람은 자기와 비슷한 사람을 사귀고 어울리기를 좋아하는 것으로 나타났다. 사람들은 무의식중에 자기와 비슷한 사람은 '내 사람'으로 여기고 자기와 다른 사람은 '타인'으로 분류한다는 것이다. 신분을 나누는 것도 근본적으로는 '나는 누구인가?'에 대한 대답을 찾는 과정이다. 사람들은 흔히 갖가지 신분으로 속성을 분류하려는 특징이 있다. 예를 들어 크리스천, 글쓰기를 좋아하는 여성, 어머니, 스포츠를 좋아하는 사람, 고전음악을 즐겨 듣는 사람 등으로 나누는 것이다.

이렇듯 여러 신분 중에서도 자기가 가장 중요하게 생각하는 속성이 바로 '내 사람'을 가려내는 데 핵심으로 작용한다.

그중 혈연이나 유전자는 가장 중요한 속성이다. 쌍둥이, 한 가족, 나아가 부족 등은 어느 정도 공통된 유전자를 공유한다. 사실 유전적 공통점은 한눈에 드러나는 것은 아니지만 유전자와 관련한 실마리나 단서가 '내 사람'을 분류하는 데 중요한 조건이 되기도 한다. 가령 피부색이나 종교적인 전통, 음식에 대한 선호도나 출생지, 신체의 특징 등과 같은 것이다.

유전자와 혈연 말고도 나이나 시대, 취미나 문화 등이 모두 자신의 무리를 찾아내는 데 큰 작용을 한다.

외국에 거주하는 중국인의 경우 문화적인 배경이 비슷하기 때문에 다른 사람보다 쉽게 친밀한 관계를 형성한다. 1999년, 내가 처음 미국으로 건너갔을 때 모든 것이 생소한 상황에서 아시아 사람만 만나면 반갑고 친숙한 느낌에 "중국인인가요?"라고 물었다. 하버드 경영대에서 공부하던 2년 동안 나의 가장 친한 친구들 역시 모두 중국 사람이었다.

당시 하버드에는 중국 내륙에서 온 사람이 총 7명이었다. 홍콩이나 타이완 등에서 건너와 이미 미국에서 생활한 지 오래된 친구들까지 합치면 10명이 넘었다. 또 미국에서 태어나고 자란 중국인이 열 몇 명이었고, 동남아 화교들까지 합치면 사오십 명은 중국인의 혈통을 지닌 사람이었다. 비슷한 문화 덕분에 우리 사이에는 자연스럽게 친근감이 형성되었다.

학기가 시작되고 얼마 지나지 않아 중추절(중국의 추석—옮긴이)이 되자 몇몇 중국 친구가 함께 모여 만두를 빚자고 했다. 우리는 너나 할 것 없이 재료와 도구를 가져와 만두를 만들고 먹으면서 시끌벅적하게 명절을 보냈다. 그것이 처음 있었던 중국인 모임이었고 이것을 계기로 우리는 많이 가까워졌다.

중국인은 음식을 매우 중요하게 생각한다. 음식을 빌미로 친구를 사귈 수 있을 정도다. 학교에 들어가고 첫 학기에 남편은 내게 전기밥솥을 선물해주었다. 학교 식당에서 파는 피자나 샌드위치가 내 식습관에 맞지 않았기 때문이다. 개인 밥솥이 생기고 나니 그걸로 기숙사 주방에서 밥도 지을 수 있었고 채소를 볶거나 훠궈도 해 먹을 수 있었다. 익숙한 음식 냄새에 기숙사에 있던 중국 친구들이 하나둘씩 모여들어 함께 식사하기 시작했고, 어떤 외국 친구는 전기밥솥을 사서 내게 토마토달걀볶음 만드는 법을 배워가기도 했다.

칼슨 경영대의 연구보고서에 따르면 '내 사람'의 신분을 인정하고 나면 서로 간에 신뢰가 두터워지고 도우려는 마음이 일어난다고 한다. 언어와 습관이 같고 혹시나 이용당하지는 않을까 하는 걱정을 덜 수 있기 때문이다. 사람이 연결될 수 있는 것은 서로를 믿기 때문이며 일반적으로 '내 사람'이라 여기면 기꺼이 그를 위해 희생을 하게 된다. 그래서 처음 보는 사람과 만난 자리에서 서로의 공통점을 찾아내려고 하는 것이며, 자기와 신분적으로 속성이 비슷한 '내 사람'을 만나기를 원하는 것이다.

사람과 사람 사이의 공통점은 여러 방면에서 드러난다. 가정이나 성별, 나이나 직업, 민족이나 문화, 국적이나 정치적 견해, 종교적 신앙이나 패션 스타일, 거주 단지나 취미, 여가를 즐기는 방식이나 지식수준, 사회·경제적 수준이나 정서, 음악석 선호도나 운동, 음식 등등이다. 한 가지 분명한 것은 세상에는 다양한 사람이 있지만 누구든지 나와 일정 부분의 공통점은 존재한다는 사실이다.

처음 만난 사람에게 호감을 남기는 법
: 상대의 관심사 찾아내기
○

상대의 관심사를 찾아내는 간단한 방법이 있다. 먼저 성별이라는 두 카테고리로 나누고 그에 따른 요소를 조합해보는 것이다. 예를 들어 나이 많은 남성 혹은 여성, 나와 나이가 비슷한 동성, 나와 나이가 비슷한 이성 등으로 구분하는 것이다.

첫번째로 나이 많은 남성의 경우 존중받는다는 느낌을 중요하게 생각한다. 그들의 인생에는 한 권의 책으로 엮어도 될 만큼 많은 사연이 있다. 때문에 그 인생의 경험을 이해하는 것이 소통의 출발점이다. 직장 혹은 삶의 여러 문제를 그들에게 말하고 상담을 요청하는 것도 좋은 방법이다. 일반적으로 그들은 책이나 신문 읽는 걸 좋아하며 역사나 정치, 철학에 조예가 깊다. 그래서 일단 이와 관련된 화제를 이끌어 내려면 최소한 그 방면에 대한 기초 지식이 있어야 한다. 만일 그들이 화제를 꺼냈을 때 당신이 아무것도 모르는 상태라면 무시당하기 쉽다. 당신의 아버지가 그들과 연령대가 비슷하다면 부모나 노인에 관한 이야기도 좋은 화제가 될 수 있다.

또 그들은 신체 건강을 매우 중요하게 생각하는 나이라서 건강이 좋아 보인다고 칭찬하면 매우 만족스러워한다. 상대에게 알맞은 건강보조식품을 선물하는 것도 좋은 방법이다.

자녀 문제 역시 나이 많은 남성들이 종종 입에 올리는 화제다. 그들은 본인의 자녀를 자랑스러워하거나 혹은 어떤 부분에서 불만이 있을 수 있다. 이 경우 그들의 교육 방식을 인정하고 칭찬해주면 즐거워한다. 만일 상대 자녀에게 도움을 줄 수 있다면 당신의 호의에 매우 감격할 것이다.

두번째로 나이 많은 여성의 경우 관심받고 있다는 느낌을 필요로 한다. 그들은 남편과 아이들을 중요하게 여긴다. 사랑하는 어머니를 대하듯 하면 당신에게 강한 연대를 느낄 것이다. 또한 그들의 취미나 관심사 등을 물어보면 그들은 자기만족감을 느끼고 당신과의 인연을 소중하게 느낀다. 육아 방식을 칭찬하거나 실제 나이보다 어려 보인다는 말 역시 좋아한다. 혹시 상대에게 손주가 있다면 사진을 보여달라고 하거나 누구의 성격을 닮았는지 등을 물어보면 정말 기뻐할 것이다.

세번째로 나이가 비슷한 남성간의 경우 같은 취미에 관해 이야기하는 것을 좋아한다. 그들은 일이나 운동, 여행이나 독서, 게임 등에 관심이 많다. 만일 당신과 상대 사이에 서로 아는 친구나 지인이 있다면 이것이 공통점이 될 수 있다. 비슷한 교육 배경이나 종사하는 업계, 업무 경력 등의 소재도 상대와 빨리 이어주는 매개가 된다. 자연스럽게 같이 스포츠 경기를 보러 가자고 하거나 함께 골프나 운동을 해도 되고, 최근 구매한 스포츠용품이나 생활용품에 대한 이야기를 나눠도 좋다. 혹은 자동차나 스포츠 경기에 관한 재미있는 동영상을 공유해도 좋다. 이런 것들이 남성 사이에 쉽게 나눌 수 있는 화제가 된다.

네번째는 나이가 비슷한 여성간의 경우 뷰티나 문화생활, 자녀 교육 등의 화제로 이야기의 포문을 열 수 있다. 만일 이런 문제에 관해 상대에게 유익한 제안을 해줄 수 있다면 매우 사귀고 싶은 친구가 될 것이다. 또 많은 여성이 맛있는 음식이나 여행을 좋아하므로 근사한 식당이나 여행지 공략법 등을 공유하는 것도 향후 관계를 이어가는 데 큰 도움이 된다.

사회 초년생 시절 나의 직속 상사는 여자였다. 나는 그녀와 오피스룩이나 회사 생활 노하우 등과 같이 업무 외에도 많은 이야기를 나누었다. 너무 가벼운 주제가 아닌가 하는 생각이 들 수 있겠지만 그렇지 않다. 예를 들어 선배에게 회사에서 어떻게 옷을 입어야 하는지 묻는다는 건 평소 그의 옷차림을 칭찬한다는 뜻이 담겨 있기 때문에 흔쾌히 본인의 노하우를 전수해주고 싶어 한다. 그렇게 하면 관계가 한층 더 가까워질 수 있다.

끝으로 나이가 비슷한 이성 간의 경우 학창 시절이나 직업, 자녀 교육, 상대의 배우자, 여가 활동 등이 가장 좋은 공통의 화제다. 또는 유튜브 채널이나 독서에 대해 이야기를 나누는 것도 좋다.

이상으로 구분 지은 몇 가지 특징은 대화의 실마리나 대략적인 맥을 잡는 역할을 한다. 구체적인 대화의 내용은 상대의 소속이나 배경, 직업이나 취미 등등 구체적인 상황에 따라 더 분석할 필요가 있다. 중요한 것은 화제 선택이나 대화의 '도'를 지키는 데 주의를 기울여야 한다는 점이다. 처음 만난 사람과는 가족이나 개인의 상황에 관해 너무 깊은 이야기를 나누는 것에 주의하자. 몇 번의 만남이 이어지면 이런 화제는 자연스럽게 나오게 되어 있다. 주말 계획이 무엇인지, 휴일에 특별한 약속이 있는지 등은 처음 만난 사람과 나누기에 적합하지 않은 대화다.

상대가 나를 기억하게 하는 법
○

한 번 만났던 사람이 나를 기억하게 하는 데에는 몇 가지 비결이 있다.

첫째, 나와 공통점이 있어야 한다.

앞에서 언급했듯 같은 학교나 전공, 직업, 경력, 나이나 취미 등의 화제로 깊은 인상을 남기면 상대는 당신과 친해지고 싶다는 생각을 하게 될 것이다.

둘째, 나만의 매력과 특징을 보여준다.

모든 사람은 특징이 있다. 이름이 특이할 수도 있고, 쉽게 잊히지 않을 만큼의 개성적인 외모를 가지고 있을 수도 있다. 열정이나 진실함이 상대의 마음을 감동시킬 수도 있고, 매우 특이한 취미를 가졌을 수도 있다. 당신이 진짜로 열정을 느끼는 일이 있다면 그것을 말하는 것도 좋다. 그 일에 관해 이야기할 때 당신의 매력이 밖으로 발산될 것이며 사람들은 그 열정에 사로잡힐 것이다.

예전에 이탈리아에서 열린 결혼식에 참석했을 때의 일이다. 식장은 매우 멋지게 꾸며져 있었고 분위기는 시끌벅적했다. 이날 수많은 하객 중에서 깊은 인상을 남긴 존이라는 사람이 있다. 그는 나와 같은 테이블에 앉았다. 존은 본인을 금융 투자에 종사하는 사람이라고 했지만 그 테이블에 앉은 하객 모두가 금융 투자와 관련된 일을 하고 있었기 때문에 처음에는 누구도 별다른 관심이 없었다.

식이 진행되고 조금 뒤 테이블 위로 스테이크가 올라왔다. 존은 맛이 어떤지 물었고 나는 맛있다고 대답했다. 그러자 그는 이 결혼식 음식을 본인이 기획한 것이라고 하면서 요리에 사용된 몇 가지 특별한 조미료와 소스를 소개했다. 미식에 관심이 많은 나는 곧바로 호기심이 생겼다. 존은 요리를 너무 좋아해서 일식당부터 쓰촨 식당에 이르기까지 골고루 투자해 레스토랑을 운영 중이라고 했다. 특히 지역별 특색이 강한 중국 음식을 연구한 일과 일본의 초밥 대가를 만났던 일을 말할 때는 두 눈이 반짝거리고 뒤에서 후광이 비추는 것 같았다. 이야기를 듣고 있던 나는 그의 열정에 빨려 들어갔다.

셋째, 상대에게 가치를 제공할 수 있어야 한다.

좋은 인맥은 타인을 위해 가치를 창조하는 것부터 시작된다.

《혼자 밥 먹지 마라》의 저자 키이스 페라지는 평범한 가정에서 태어났다. 아버지는 철강 공장에서 일했고 어머니는 마을의 의사와 변호사들의 집을 돌며 청소 일을 했다. 어릴 적 키이스는 한 골프 클럽에서 '폴란드'라는 골퍼의 캐디로 일했다. 그는 성심성의껏 일했는데 심지어 폴란드의 건강을 챙기기 위해 그가 피우는 담배를 숨기기까지 했다. 매번 시합이 있기 전에는 항상 먼저 필드에 가서 그린 상태를 체크했고, 그린마다 공이 굴러가는 속도를 점검하기도 했다. 이 세심한 배려 덕분에 폴란드는 많은 시합에서 승리를 거둘 수 있었다. 폴란드는 친구들에게 키이스를 소개하고 자랑했다.

키이스의 이런 노력은 많은 사람의 인정을 받기 시작했고 빠른 시간 안에 '최고의 캐디'라는 칭호를 받기까지 했다. 이를 통해 그는 '내가 다른 사람을 도우면 그 사람도 나를 도와준다'는 간단하면서도 중요한 원리를 깨닫게 되었다. 주어진 일을 제대로 하기로 마음먹고 고객에게 충분히 주의를 기울이면, 결과적으로 자신이 생각했던 것보다 훨씬 더 많은 도움을 줄 수 있다는 것이다.

장점을 드러내고
기꺼이 공유하기

이번 글에서는 누군가를 위해 자신의 가치를 제공하는 것에 관한 경험을 나눠보고자 한다.

하버드 경영대학원에는 매년 900명에 가까운 신입생이 들어온다. 학기가 시작되면 모든 학생은 3주 동안 기초 수업을 들어야 한다. 이 기간에 듣는 수업과 반 학생은 모두 무작위로 배정된다. 서로 얼굴을 익히고 사귈 기회를 주는 것이다.

모든 수업은 사례 학습으로 이뤄진다. 교수가 앞에서 수업하는 것이 아니라 학생들이 사전에 사례를 예습한 뒤 토론 형식으로 공부한다. 그래서 사전 준비를 잘하려고 학생들은 자체적으로 스터디 그룹을 만든다. 수업 전에 항상 스터디 그룹원들이 모여 그날 발표할 사례에 관해 토론하고 각자의 의견을 펼친다. 그 과정을 통해 브레인스토밍을 하고 자신의 생각과 분석을 내놓는다. 그룹 토론을 거친 학생들은 충분히 수업 준비를 하며 본인의 발언을 더욱 심화시킬 수 있다. 시간이 충분하지 못해 모든 사례를 다 읽어오지 못한 학생들은 스터디 그룹원의 필기를 빌려 갑작스러운 질의에 응답할 수 있기 때문에, 그룹에 대한 학생들의 의존도는 상당히 높은 편이다. 때문에 계속해서 준비해 가지 않는 나태한 모습을 보이고 그룹에 기여하지 않는다면 그 사람은 빠른 시간 내에 퇴출당한다.

초반에 학생들은 다른 학생들의 배경이나 취미를 고려해 누구와 스터디 그룹을 만들지 결정한다. 예를 들어 투자은행 출신의 학생은 관리 컨설팅 출신의 학생과 가까워진다거나 기업 운영 출신의 학생을 찾아간다. 비영리기관 출신의 학생은 다른 나라 학생을 스터디 그룹에 초대시켜 그룹원의 다양성을 확보한다. 이로써 하나의 문제를 다양하게 보는 시각이 생기기 때문에 각종 사례에 대해 충분히 준비가 가능하다.

학생들의 이런 직업적인 배경 때문에, 어떤 스터디 그룹에 들어가는지가 하버드 경영대학원에서 인맥을 쌓는 데 처음으로 겪는 시험이 된다.

매킨지나 베인앤컴퍼니와 같은 글로벌 컨설팅 기업에서 온 학생과 골드만삭스나 모건스탠리 같은 대형 투자은행에서 온 학생은 하버드 경영대학원생의 주력군이다. 이들이 오랜 기간 다져온 전략적 사고방식과 뛰어난 데이터분석 능력, 강력한 파워포인트와 엑셀 조작 능력은 모든 스터디 그룹에서 탐내는 강점이다. 또 다른 무리는 GE, P&G 등의 글로벌 500대 기업에서 온 학생들이다. 이들이 가진 풍부한 운영 관리와 재무 경험은 시장 마케팅이나 재무, 금융과 같이 1학년 때

들어야 하는 필수과목에서 강력한 통찰력을 발휘한나. 나머지 다른 무리는 회계 사무소 출신의 회계사들이다. 이들은 회계 수업에서는 눈 감고도 A를 받을 수 있기 때문에 스터디 그룹에 엄청난 기여를 한다.

스터디 그룹에 들어가면 자신을 잘 '홍보'하는 것도 필요하다. 그룹을 위해 어떤 가치를 제공할 수 있는지 설명하고 본인의 업계 경험이나 특수한 재능, 국제적 배경 등을 잘 소개할 수 있어야 한다. 그룹원은 모두 서로가 보완할 수 있기를 기대한다.

모든 사람은 자기만의 가치를 지녔다. 그렇다면 어떻게 해야 자신의 가치를 정확히 인식할 수 있을까?

첫째, 자신의 특기를 발굴한다.

지금까지의 삶에서 어떤 경험이 당신을 자랑스럽게 만드는가? 전성기는 언제였는가? 당신이 이룬 가장 큰 성과는 무엇인가? 어떤 것에 열정을 느끼는가? 당신이 잘하는 것은 무엇인가?

예를 들어 교육 관련 종사자만 모인 단체 대화방이 있다. 모두 회사를 창업한 CEO인데 당신만 출판사 편집자다. 그럼 그들에게 어떤 가치를 제공할 수 있을까? 그들을 인터뷰한 뒤 회사를 위한 홍보 글을 써주는 것이다. 인터뷰를 통해 그들의 커리어와 인생 경험 등을 나눌 수 있으며, 자신을 위해서도 많은 자원을 확보할 수 있다. 또 인터뷰와 개개인에 대한 이해로 대화방 구성원들 사이에 다리를 놓아줄 수 있으니 얼마나 가치 있는 일인가!

둘째, 친구나 가족의 평가를 참고한다.

당신을 향한 가족이나 친구의 진심 어린 평가에 귀 기울이도록 하라.

이 역시 자기를 인식하는 과정 중 하나다. 진심 어린 평가는 자신의 장점과 특기를 발견하는 데 생각지 못한 선물을 안겨준다. 평소 당연하다고 생각했던 본인의 모습이 다른 사람의 눈에는 특기로 보일 수 있다.

  자기의 가치를 잘 인식하고 나면 다른 사람을 위한 가치 역시 제공하고 창출할 수 있다. 그러면 사람들이 먼저 다가와 당신과 친구가 되려 할 것이고 그렇게 인맥은 점점 넓어질 것이다.

  기억하자. 처음 만난 사람과 친구가 되는 것은 그리 어려운 일이 아니다.

의미 있는 대화를
이어가는 법

대화를 나누다가 난처한 상황에 빠지는 것은 대체 어떻게 피해야 하는지 묻는 사람이 많다. 아래의 사례로 함께 살펴보자.

S는 중학교 동창 P와 연락하고 싶었다. 그가 사진가가 되었다는 소식을 듣고 호기심이 생겼기 때문이다. 하지만 학창 시절 그와 별로 이야기를 나눠본 적도 없었던 데다 위챗(카카오톡 같은 모바일 메신저-옮긴이)으로 몇 마디 어색한 메시지를 주고받고는 흐지부지 끝나버렸다. 아래는 그 대화 내용이다.

(친구 요청을 수락했습니다. 이제 대화를 할 수 있습니다.)

S: Hi~ 너도 베이징에 있지? 혹시 아이 사진도 찍어?

P: 응, 베이징이야. 아이 사진은 안 찍고 웨딩 촬영만 전문으로 해.

S: 아… 그럼 안 되겠다 ><

P: :-)

S: 작업실도 있어?

P: 작업실은 따로 없고 야외에서 촬영해~

S: 블로그에 들어가봤는데 업데이트된 게 별로 없더라.

P: 응, 업데이트는 잘 안 하는 편이야 :) 그냥 시골 농사처럼 혼자 먹고살 정도로만 하거든.

S: 농촌 할머니가 얼마나 부지런한데…… ^^ 알겠어. 그럼 지인 중에 웨딩 촬영할 사람 있으면 소개해줄게.

P: 그래~

대화는 이렇게 끝이 났다. 이야기가 더 이어지지 않은 이유는 무엇일까? 먼저 P는 성장 앨범 같은 아이 사진은 찍지 않았다. 원래 아이 사진을 찍고 싶어서 말문을 열었는데 아무 소용이 없게 됐다. P의 블로그를 언급해서 관심을 표했지만 S와 P의 관심사는 서로 연결되지 않았다. 이어서 막역하지 않은 사람에게 '농촌 할머니'라는 대꾸를 했으니 상대가 할 말이 없었다. 마지막으로 나중에 지인 중에 웨딩 사진을 찍을 사람을 소개해준다고는 했지만 실제로 가까운 시일 안에 본인에게 그럴 기회가 없었으므로 P와 계속 연락할 고리가 없어진 것이다.

인맥을 다지는 것은 친하지 않은 사람이나 모르는 사람과의 접촉에서 시작된다. 상대와 더 깊은 관계를 맺어서, 낯선 사람은 아는 사람으로, 아는 사람은 친구로 만드는 게 그 목적이다.

온라인이든 면대면이든 어떻게 하면 처음 만난 사람, 혹은 친하지 않은 사람과 의미 있는 대화를 나눌 수 있을까? 어떻게 하면 상대가 나를 기억하고 계속 연락을 이어가고 싶도록 만들 수 있을까?

앞의 예화를 통해 다음과 같은 몇 가지 교훈을 얻을 수 있다.

1. 호기심을 품고 진정으로 관심을 가진다

○

누군가에게 관심이 생겨 그를 이해하고자 한다면 그것이 대화의 중점 내용이 되어야 한다. 인간관계의 대가로 불리는 데일 카네기 박사는 "모든 사람은 다른 사람에게 자신의 중요성을 인정받고 싶은 욕구가 있다"라고 말한다. 누군가에게 관심이 생겼다면 그 사람이 좋아하는 화제로 대화를 나누는 게 좋다. 이때 그 사람을 이해하는 것이 중점이 되어야 대화가 끊어지지 않는다. 이러한 대화를 통해 상대의 취미나 가족, 고민이나 좋아하는 것 등을 더욱 깊이 이해할 수 있게 된다.

S는 P에게 사진 찍는 일을 어떻게 시작했는지 물어볼 수 있었다. 그리고 왜 그 일에 관심이 생겼는지, 힘든 점과 좋은 점은 무엇인지 등등 상대를 이해하려는 질문을 통해 더 많은 화제를 끌어낼 수 있었다.

2. 상대와 연결 고리를 만든다

○

상대와 대화하면서 공통점을 찾아내야 이야기가 끊기지 않는다. 이때는 상대의 취미나 여가 활동, 자녀나 가정, 학업이나 일 등을 이야기하는 것이 좋다. 화제를 많이 끌어낼수록 공통점을 많이 발견할 수 있다.

엄마라면 자연스럽게 자녀 이야기를 하면서 육아 정보를 공유할 수 있다. 남자는 스포츠에 관한 화제를 꺼내면 대부분 대화가 가능하다. 이성과 대화해야 한다면 상대에게 아이가 있을 때 자녀에 관한 화제가 가장 안전하다. 만일 젊은 이성과 대화한다면 재미있는 행사나 근사한 레스토랑, 유익한 공연이나 교외 유원지 등을 소개하는 것이 좋다.

다른 사람과 쉽게 공통점을 찾을 수 있는 화제는 보통 미식, 여행, 독서, 영화, 운동, 건강, 자녀 등이므로 여기서부터 시작하는 것이 좋다.

S는 P와 관련된 중학교 시절의 기억을 이야기하는 것이 좋았을 것이다. 같이 보낸 과거를 이야기하면 상대와의 거리를 훨씬 좁힐 수 있기 때문이다. 그런 뒤 약속을 잡아 P에게 차 한잔 대접하면서 이야기를 나누거나 동창회에 초대할 수 있다.

3. 상대를 돕는다
○

좋은 인맥은 상대에게 도움을 주는 것에서 시작된다.

대화하면서 빠르게 두뇌를 회전시켜 상대에게 어떤 가치를 제공할 수 있을지 생각해야 한다. 상대에게 추천할 만한 지인은 없는지, 상대의 일이나 생활에 도움을 줄 수 있는 방법은 무엇인지, 함께 나눌 책이나 정보는 없는지 등등.

언젠가 한 친구가 "저는 그냥 평범한 음악 교사예요. 이런 제가 다른 사람에게 무슨 도움을 줄 수 있을까요?"라고 물어왔다. 내가 "당신이 열정적으로 하는 일이 뭐예요?"라고 물었더니 "아이들의 흥미를 이끌어내서 피아노나 음악을 배우게 하는 일이요"라고 대답했다. 그녀에게 나는 이렇게 말했다.

"당신과 만난 사람 중에 분명 피아노 배우는 자녀를 둔 사람이 있을 거예요. 그 사람들은 당신의 생각을 들어보고 아이와 함께 상담받고 싶어 할 거예요. 그게 바로 당신이 줄 수 있는 가치 아닐까요?"

사람은 자신이 가장 관심을 기울이는 일, 열정을 쏟는 일로 다른 사람에게 가치를 제공할 수 있다. 또한 좋아하고 잘하는 일을 하는 이는 매력적이다. 그러니 스스로 잘하는 것을 찾아 그것에 정신을 집중하고 열정을 느끼는 일을 해보라. 당신이 강해지면 당신의 가치는 더욱 커진다.

4. 친하지 않은 사람에게는 농담을 자제한다
○

잘 모르는 사람과 대화를 나눌 때 농담을 건네는 것은 극단적인 선택이 될 수도 있다. 별로 친하지 않은 사람에게는 함부로 농담을 해서는 안 되며 설령 하더라도 정도를 지켜야 한다. 자칫하면 상대에게 불쾌감을 줄 수 있기 때문이다. 혹시 농담하더라도 자신을 소재로 한 농담은 하되 절대 상대를 소재로 해서는 안 된다. '셀프디스' 식의 농담이라고 해도 정도를 지키고 무례한 인상을 남기지 않도록 주의하자.

낯선 사람이나 별로 친하지 않은 사람과 대화할 때는 유머를 구사하겠다며 비꼬아 말하지 말고 최대한 긍정적으로 말하는 것이 좋다.

칭찬에 인색한 사람이 되지 말라. 만일 상대에게 부탁을 해야 할 때는 그 목적을 분명하면서 간단하게 설명한다. 괜한 농담으로 상대를 헷갈리게 만드는 일이 없도록 주의하자.

그래서 농담은 스킬이 필요한 '예술'이다. 상대를 이해하려는 마음에서 출발해 열린 질문을 하고 그의 말을 경청하면서 가치를 제공하려 노력하자. 대화법을 익히는 것은 인맥이 달인이 되는 첫걸음이기도 하다.

질문이
절친을 만들어준다

친하지 않은 사람을 만나 이야기를 나눌 때 대화가 끊기지 않게 하는 비결이 하나 있다. 바로 상대에게 질문을 던지는 것이다. 유익한 질문은 둘 사이의 거리를 좁혀 더 깊은 관계로 발전할 수 있게 한다. 그렇다면 어떤 질문이 그런 역할을 할까? 바로 "당신이 가장 열정을 느끼는 일은 무엇인가요?"라는 질문이다.

얼마 전 나는 교회에서 18세 이상의 지역 여성들을 돌보고 도움을 주자는 취지에서 만들어진 '돌봄 선교회' 회장으로 임명됐다. 177명의 지역 자매들의 영적 성장을 돕고 세속적인 필요나 고민은 무엇인지 들어보고 도움을 주는 일이었다. 그중에는 이제 막 성인이 된 사람도 있었고 아흔 가까이 된 노인도 있었다. 또한 교육 배경, 집안 환경이나 경제적인 조건의 차이도 매우 컸고 대다수가 서로 모르는 사람이었다. 나는 어떻게 그들 마음의 벽을 허물고 신뢰를 쌓을지 고민했다.

1. 칭찬하기

○

보통 상대방의 집을 방문해서 만남이 이뤄졌다. 집으로 들어가 거실에 앉으면서 나는 가장 먼저 가구의 배치나 인테리어를 보고 그중에서 칭찬할 만한 점을 찾아냈다. 아니면 집의 지리적인 위치나 단지의 주변 환경을 칭찬했다. 모든 집은 저마다의 특색이 있다. 억지로 칭찬하거나 과장하지 않고 열심히 장점을 찾아내서 진심으로 말을 건네면 사람은 누구나 감동한다. 이렇듯 별로 친하지 않은 사람에게 칭찬으로 방어 태세를 풀 수 있다.

2. 가치 있는 질문 하기

○

자기소개를 마친 뒤 나는 그들의 고향은 어디인지, 미네소타 주에서는 얼마나 살았는지, 자녀는 어떻게 되는지 등을 물었다. 하지만 진정한 대화의 물꼬를 튼 것은 바로 앞서 말했던 질문, "당신이 가장 열정을 느끼는 일은 무엇인가요?"라는 말이었다.

　어떤 사람은 이 질문을 받고 잠시 멍하게 있다가 "아이 돌보고 집안일하는 것 외에 딱히 없는 것 같은데요?"라고 대답했다. 그러면 나는 다시 질문을 던졌다. "그럼 어떤 일을 할 때 피곤하지 않고 즐겁고 기쁜가요?" 그러면 그들은 자신의 기억을 천천히 더듬기 시작했다. 그중 누군가가 "바느질을 제일 좋아해요"라고 말했다. 나는 그가 바느질해서 만든 쿠션이며 가방 등을 보면서 진심으로 칭찬을 건네고 부러움을 표했다. 그리고 바느질을 좋아하는 다른 사람은 없는지 곰곰이 생각했다가 그에게 소개해주기도 했다.

"운동을 가장 좋아해요. 토요일마다 헬스장에 가요"라고 대답한 사람도 있었다. 그러면 어떤 운동을 제일 좋아하는지, 어떻게 그렇게 자기 관리를 잘하는지 물었다.

사진 찍기와 그림 그리기를 좋아한다고 말한 사람도 있었다. 그는 곧 태어날 아기를 위해 직접 그린 태교 일기를 보여주었다. 기막힌 아이디어였고 솜씨도 뛰어났다. 나는 교회의 지인이 생각나 이렇게 말해주었다.

"혹시 ○○를 아세요? 나이가 좀 지긋한 분인데 남편이 예술가거든요. 서로 알고 지내면 좋을 것 같아요. 그분이 지금 알츠하이머병에 걸렸어요. 부부 둘이서 살고 있는데 누가 놀러 와서 이야기하고 함께 식사하는 걸 특히나 좋아해요. 먼저 그 집에 가서 예술에 대한 이야기를 나누면 무척 좋아할 거예요."

어떤 사람은 정치를 연구하고 토론하는 일을 좋아한다고 했다. 그래서 나는 그와 함께 미국 정부의 정책에 대한 생각을 함께 나누고 토론했다. 독서를 좋아한다고 말하는 사람에게는 좋은 책을 소개했다. 유도를 좋아해 미국 전국대회에서 우승을 했던 사람도 있었다. 그는 자기가 썼던 책과 젊은 시절 유도를 할 때 찍은 사진을 가져와 내게 보여주었다. 나는 이를 칭찬하면서 다른 자매들을 위해 호신술 수업을 해달라고 요청했다.

나는 사람들이 자신이 열정을 느끼는 일을 말할 때, 눈에서 빛이 나고 얼굴에는 생기가 도는 것을 보았다. 그 일에 관해 그들은 아주 오랜 시간 끊임없이 말을 이어갔다. 그들 내면에 있던 빛이 밖으로 비치는 걸 느낄 수 있었다. 자신에게 걸맞은 특별한 재능이 있음을 발견할 때 사람은 진정한 행복을 느낀다. 또 상대가 열정을 느끼는 일을 당신이 진심으로 이해하고 공감하고 칭찬하면, 자신을 지지하고 관심을 갖고 있다고 느낀다. 그럴 때 비로소 그들과 가까워진다.

3. 경청하고 질문하기

○

교육 배경이나 직업, 신분이나 지위가 완전히 다른 사람과 만났을 때는 어떻게 대화를 이어갈 수 있을까?

가장 중요한 것은 앞에서 말한 질문, 즉 "당신이 가장 열정을 느끼는 일은 무엇인가요?" 하고 물은 뒤 답을 경청하는 것이다.

이 과정에서는 상대를 존중하고 있다는 것을 충분히 표현하는 것이 좋다. 모든 사람은 타인에게 사랑받고 관심받기 원하며 인정받기를 원한다. 만일 당신이 온 정신을 집중해 상대의 말을 듣는다면 즉시 점수를 얻을 수 있다. 주의할 점은 마냥 듣기만 하는 것이 아니라 때에 따라 적절한 질문을 던지는 것이다.

어떤 질문을 하는 게 좋을까? 당연히 상대방의 열정을 북돋울 화제여야 한다. '자신이 요리를 좋아한다는 건 어떻게 알게 됐어요?' '운동에 소질이 있는 건 유전인가요?'라는 등의 이유를 물을 수 있다. 또는 '어떤 브랜드의 옷을 가장 좋아해요? 특별한 이유가 있나요?' '당신은 실제 풍경을 많이 그리는 편인가요? 아니면 사진을 보고 그리는 편인가요?'라는 식으로 세부적인 것을 물어도 좋다. 혹은 '우승할 수 있었던 가장 큰 요인은 무엇이었나요? 천부적 소질? 기술? 아니면 전략이었나요?' '화랑을 운영했을 때는 유명한 예술가들을 많이 만나봤죠?' 등 성과에 관한 질문을 던지는 것도 좋은 방법이다. 또 '당신이 그 열정을 찾는 데 가장 많은 도움을 줬던 일은 무엇인가요?' '당신과 똑같은 길을 가려는 청년에게 해주고 싶은 말이 있나요?'라는 식으로 상대가 자신의 과거를 회상하도록 돕는 질문도 좋다.

그런데 때때로 배경이 너무 다른 사람과 이야기를 나눌 때 마치 중간에 벽이 있는 것 같은 느낌이 들 때도 있다. 특히 상대가 직급이 매우 높거나 잘 알지 못하는 분야에서 일하는 사람일 경우에는 더욱 그렇다. 그럼 이럴 때는 어떤 질문을 하는 게 좋을까?

모든 사람은 자기가 가장 익숙한, 혹은 가장 관심 있는 것에 관해 이야기할 때 가장 활력 있고 자신 있는 모습을 보인다. 상대의 직업을 알게 되었는데 그 사람이 종사하는 업계나 일에 대해 아무런 지식이 없는 경우 가장 기본적인 것들을 물어보면 된다. 예를 들어 "일을 하면서 가장 보람을 느끼는 때는 언제인가요?" "가장 재미있는 일은 무엇인가요?" 등이다.

한번은 남편과 함께 그의 친구들과 식사를 한 적이 있다. 내 맞은편에 앉은 한 남성은 의과대학원에서 줄기세포에 관한 연구를 하고 있다고 했다. 줄기세포에 관한 지식이 없던 나는 가장 보편적인 질문으로 대화의 문을 열었다.

"줄기세포를 연구하면서 가장 중요하게 생각하는 점은 무엇인가요?"라고 묻자 그는 심장이 아픈 환자들의 심장을 복원하는 일에 기여하고 싶지만 아직 성과가 없다고 대답했다. 나는 다시 질문을 이어갔다.

"예전에 한 실험실을 방문했는데 거기에서는 돼지의 폐 줄기세포 재생을 연구하고 있었어요. 그럼 심장과 폐 연구에서 가장 다른 점은 무엇인가요?"

"심장 줄기세포 재생이 성공한다면 인간의 수명은 정말 영원히 연장될 수 있는 건가요? 윤리적인 문제가 생기지 않을까요?"

"평소 실험실에서는 어떤 동물로 실험을 하나요? 왜 그 동물을 선택한 건가요?"

"지금 연구하는 분야가 사실 지금까지는 그렇게 진전이 없잖아요. 그런데도 그 영역에서 연구를 진행하도록 만든 특별한 동기가 있나요?"

"일하면서 가장 성취감을 느끼는 부분은 무엇인가요?"

"같은 분야에서 연구하는 사람들과 함께 협업도 하고 연구 결과를 공유하나요?"

식사하는 내내 우리는 정말 많은 대화를 나눌 수 있었다. 내가 한 질문은 매우 기본적이면서 상식적인 것이었다. 하지만 일반적인 질문으로도 충분히 상대의 생각과 관점, 감정과 정서를 알아낼 수 있다. 이런 대화는 인생을 더욱 풍부하게 만들어주고 기분도 즐겁게 한다.

주변에 "상사와 어떤 대화를 하는 게 좋은가요?" 하고 물어오는 사람이 정말 많다. 그럴 때마다 나는 상사의 열정과 장점에 대해 칭찬해주라고 조언한다. 그리고 후배 입장에서 회사 생활에 관해 조언을 듣는다는 생각으로 먼저 상사의 직장 경력부터 물어보면 된다. 또는 리더십은 어떻게 기를 수 있는지, 가장 사명감을 느끼는 일은 무엇인지, 평소 시간이 나면 어떤 일을 하는지 등을 물어봐도 좋다. 만일 상사가 당신에게 자신이 열정을 느끼는 일에 관해 이야기한다면 당신은 그것을 이해하고 배운다는 생각으로 그에 관련한 질문을 던지면 된다.

대인관계의 가장 큰 목적은 타인을 이해하는 것이다. 상대에게 시선을 맞추고 모든 질문과 대화는 상대 위주로 진행하면 된다.

이것이 바로 낯선 사람과 깊은 관계를 만드는 것에 관한 나의 조언이다. 특히 강조하고 싶은 점은 다른 사람의 마음속으로 들어갈 수 있는 핵심 질문을 기억하는 것이다. 결론적으로 가장 중요한 점은 타인에게 진정으로 관심을 가지고, 그들과 진심으로 교류하며 나의 있는 모습 그대로를 보여주는 것이다. 진정함과 진실함, 성실함으로 다가간다면 당신의 인맥은 분명 지금보다 훨씬 더 깊고 넓어질 것이다.

5분 사교의 힘

5분은 짧지만 대형 회의나 포럼, 행사 등에서 처음 만난 사람과 인사를 나눌 때는 적당한 시간이기도 하다. 또 대개 이런 장소는 사교의 장으로 발을 내디딜 절호의 기회가 된다.

한번 상상해보자. 행사장 안에는 이미 사람들이 삼삼오오 모여 한 손에는 칵테일을 들고 담소를 나누고 있다. 이제 막 도착한 당신은 그들 안으로 끼어 들어가는 것보다는 음료 바 앞으로 가 줄을 서서 마실 것을 기다리는 것이 좋다. 이때 당신의 앞이나 뒤에 선 사람들과 대화를 나누면 자연스럽다.

대화는 '오늘 참석자가 많네요!'라든지 '오늘 저녁 메뉴가 정말 풍성하네요' 등처럼 가볍게 주변 환경을 이야기하는 것으로 시작하는 게 좋다. 혹은 '턱시도(혹은 스카프/목걸이/넥타이 등)가 정말 멋져요!' '눈빛이 정말 아름다워요' 등처럼 상대의 외모나 차림새를 칭찬하는 말로 시작해도 반감을 갖는 사람은 잘 없을 것이다.

이어서는 포럼이나 행사와 관련해 이야기하는 게 좋다. '오늘 기조 연설이 정말 기대돼요. 혹시 연설자를 아시나요?' '오늘 포럼 주제가 정말 기대돼요. 최근에 이 주제와 관련해서 보았던 재미있는 책이 있나요?' '오늘 포럼은 어떻게 참석하게 됐어요?'와 같은 질문이 있을 것이다.

모두 음료를 받아가는 짧은 과정 중에 오갈 수 있는 대화들이다. 음료를 받은 뒤 만일 그 사람과 아무런 공통의 화제나 관심사가 없다고 여겨지면 예의 바르게 인사하고 다른 곳으로 이동해도 좋다. 반면 짧은 대화 속에서 그 사람이나 그의 회사, 직업이나 그가 지닌 자원에 흥미가 생겼다면 한쪽에 서서 명함이나 연락처를 주고받은 뒤 나중에 다시 연락하겠다고 말하라. 이 모든 것이 5분 안에 이뤄지는 일이다. 절대 한 사람에게만 딱 붙어서 놓아주지 않겠다는 인상을 주지 않도록 주의하자. 대형 포럼이나 행사에 참석한 사람들은 모두 인맥을 넓히겠다는 생각을 하고 있으니 대화는 5분이면 적당하다. 상대에게 연락처를 받았다면 돌아간 뒤 메일이나 문자메시지를 보내면 된다.

음료를 받은 뒤에는 주변을 살펴 비교적 사람이 적은 테이블로 가면 된다. 그러면 테이블에 있는 사람 중에 한두 명이 알아서 빈자리를 만들어줄 것이다. 보통의 경우 사람들은 새로운 사람이 들어왔다고 하던 이야기를 중단하지는 않는다. 자연스럽게 테이블에 있는 사람들에게 눈인사를 나누면 된다. 귀 기울여 그들의 대화를 경청하면서 동의하는 부분에는 고개를 끄덕여 같은 생각이라는 뜻을 보이면 좋다. 재미있는 이야기나 농담이 나오면 주변 사람들과 함께 웃으면 된다.

말하는 사람이 잠시 이야기를 멈췄을 때는 그 화제에 관해 질문을 던져도 좋다. 잘 모르는 화제라면 "죄송합니다. 조금 전에 말씀하신 그 단어를 제가 잘 몰라서요. 하지만 이 영역에 관심이 많습니다. 혹시 설명해주실 수 있나요?"라고 물어보면 된다. 사실 그곳에 모인 사람 중에 누구와 더 친해지고 싶은지는 단 몇 분만 지나도 판단할 수 있다. 만일 그들이 나누는 대화에 흥미가 없거나 별로 친해지고 싶지 않다면 5분 정도 대화를 듣고 있다가 "실례합니다. 음료를 더 받으러 가야겠어요. 혹시 뭐 필요한 거 있으세요?"라고 물어보고 자리를 떠나면 된다.

'5분의 사교'라는 것은 빠른 시간 안에 상대와 나의 호흡을 가늠해내는 것을 의미한다. 만일 더 많은 시간을 할애할 수 있다면 상대와 더 깊은 관계를 만들지, 아니면 그 자리를 떠날지 혹은 나중에 메시지로 연락을 주고받을지 등을 구별할 수 있다.

만약 당신이 대인관계 경험이 풍부한 사람이라면 회의나 행사가 있을 때 그 기회를 어떻게 활용하는지 묻고 싶다. 당신에게 5분이라는 짧은 시간이 주어졌을 때 보통 어떤 사람과 대화를 나누고 연락을 이어가는가?

행사에 참여하기 전에는 목표를 세우는 것이 좋다. '이번에는 ○○와 인사를 나누고 오겠다' '회의 기획자들과 인사를 하겠다' '××업계의 임원 한두 명과 연락처를 주고받겠다' '파워블로거를 사귀겠다' 등의 목표를 세우는 것이다. 어떤 목표든 상관없다. 구체적인 사람을 타깃으로 잡지 못하겠다면 '재미있는 사람 세 명을 사귀어서 즐거운 대화를 나누고 오겠다'는 등도 좋다.

목표를 세웠다면 행사장에 들어가자마자 당신이 사귀고 싶은 사람 근처로 가자. 만일 행사 귀빈이나 기획자, 사회자 등이 목표 인물이라면 쉽게 구분이 가능하다. 보통 그들 주변에 사람이 많이 몰리기 때문이다. 그런 뒤 5분 안에 어떻게 그 인맥의 관심을 끌고 당신에 대한 인상을 깊게 남길 수 있을지 생각해본다. 확실한 화제나 질문을 생각해두었는가? 만일 그 화제에 대한 당신의 생각 혹은 질문이 매력적이라면 상대는 분명 당신에게 호감을 느낄 것이다. 나아가 당신은 그들에게 어떤 가치를 줄 수 있을까? 혹시 당신과 그들 사이에 서로 아는 친구가 있지 않은가? 그럼 당신이 그 사람 이름을 이야기하면 상대가 다시 한번 눈여겨볼 것이다. 혹시 상대와 같이 참여했던 조직이나 프로젝트는 없었는가? 어떤 학교를 졸업했는가? 당신은 그 사람에게 '내 사람'이 될 준비가 충분히 되어 있는가?

만일 동종 업계 사람을 몇 명 사귀고 올 생각이라면 그들이 달고 있는 명찰을 잘 살펴보자. 그러면 목표 인물을 빨리 찾아내는 데 도움이 될 것이다. 재미있는 친구를 사귀고 싶다면 여러 테이블을 돌아다니면서 자연스럽게 그들의 대화에 참여하면 된다.

조금만 주의를 기울여 관찰해보면 알겠지만 말끔하게 차려입고 호탕한 말투와 자신감 넘치는 얼굴, 열정 가득한 제스처를 사용하는 사람은 대부분 다른 사람의 주목을 받는다. 우리의 목표는 나 자신이 바로 그런 사람이 되어 무리 속에서 빛을 발하고 사람들의 눈길을 끄는 것이다.

여운이 남는
대화의 조건

어릴 적 우리 집에는 업무상의 이유로 아버지를 찾아오는 손님이 많았다. 손님은 크게 두 부류로 나뉘었다. 하나는 집에 들어오자마자 본론부터 이야기하고 바로 가는 사람이다. 앉았던 의자가 데워지기도 전에 허겁지겁 나가는 느낌이었다. 반대로 정말 오랫동안 머물다 가는 사람도 있었다. 이야기할 것이 더는 없어서 식구들과 같이 텔레비전까지 보다 가는 사람이었다. 하지만 그렇다고 해서 손님을 억지로 내쫓을 수는 없었다. 그들이 가고 나면 우리는 "엉덩이가 너무 무거운 사람"이라고 말하곤 했다.

기억에 남는 의미 있는 대화를 나누려면 어느 정도의 시간을 함께하는 것이 적당할까? 경험을 바탕으로 분석해본 결과 차 한 잔 나눌 시간, 즉 차를 우려서 한 잔을 다 마실 수 있는 15분에서 20분 정도가 적당하다.

그렇다면 그 시간을 어떻게 활용해 사교의 목적을 달성할 수 있을지 다음의 몇 가지 상황을 함께 살펴보자.

상황 1. 고객의 사무실을 처음 방문했을 때

○

회사의 제품과 기술을 효과적으로 설명하고 고객과 신뢰를 쌓으려면 어떻게 해야 할까?

먼저 다음과 같은 상황을 설정해보자. 당신은 회사의 에너지 절약 기술을 홍보하기 위해 입찰 전에 발전소 소장의 사무실을 방문했다.

소개: 2분

먼저 바쁜 와중에 시간을 내어 만나준 상대에게 감사의 인사를 하고 자신의 회사와 개인의 배경을 간단히 설명하라.

"안녕하세요. 저는 코니라고 합니다. 미국 ×××회사 영업 팀장을 맡고 있습니다. 만나주셔서 감사합니다. 저는 평소에 중국과 미국 두 나라를 오가고 있습니다. 오늘 소장님과 미팅을 위해 신경을 많이 썼습니다.

(잠시 소장이 대답할 수 있게 한다.)

미국은 일찍부터 환경보호를 중요하게 생각했습니다. 그에 발맞춰 당사도 25년 전부터 미국에서 에너지절약 프로젝트를 실행 중입니다. 발전소 보일러 리모델링 방면에서는 경험이 매우 풍부하고 특허도 등록되어 있습니다. 국가에서 요구하는 엄격한 이산화탄소 배출 기준을 만족시킬 수 있습니다."

만남의 목적을 소개하고 상대의 요구 사항 듣기: 1분
"오늘 당사의 기술 팀장과 기타 엔지니어가 함께 방문했습니다. 소장님께 기술팀을 소개해드리고 우리 기술의 특장점을 소개해드리기 위해서입니다. 혹시 특별한 요구 사항이 있으시다면 기술팀과 상세히 의논해볼 수 있습니다. 재무팀과도 만나서 입찰 프로세스와 스케줄을 알아보고 싶습니다."

협업으로 인한 기회와 도전 논의 및 요구 사항 듣기: 5분
"이번 프로젝트에 대한 소장님의 기대 성과나 목적을 들어볼 수 있을까요? 혹은 기술적으로 예상되는 애로 사항이나 당사에서 꼭 대비해야 할 난관은 무엇일까요?"
　(이어서 소장의 상세한 요구가 있을 것이다.)

자사의 제품과 기술 특징 및 사례 소개: 5분
"상세한 설명 감사드립니다. 당사가 보유한 ××× 기술이 방금 소장님이 말씀하신 상황을 해결할 수 있을 것 같습니다. 일찍이 미국의 ××× 발전소와 중국의 ××× 발전소 등에서도 유사한 문제가 있었으나 ××× 기술을 통해 ××× 효과를 볼 수 있었습니다.
　(확실하면서 간단명료하게 말한다.)

구체적인 일정 논의 및 요구 사항 듣기: 5분

"어떤 부분에서 저희 회사와 협력을 진행하면 좋을 것 같다고 판단하셨나요? 기술적 부분입니까, 아니면 재무적인 부분일까요? 입찰 시 가장 중요하게 생각하시는 기준은 가격인가요, 아니면 전체적인 실력인가요? 구체적인 일정은 어떻게 되는지요? 먼저 기술적인 부분을 상의한 뒤 재무 프로세스를 따로 이야기해야 할 것 같습니다. 돌아가서 말씀하신 바에 따라 입찰 서류를 열심히 준비하겠습니다. 실망하시는 일은 없을 겁니다."

중점 사항 정리하고 잠시 한담 나눈 후 재차 감사의 인사 전하기: 2분

"오늘 시간 내주셔서 다시 한번 감사드립니다. 귀사의 운영 계획과 기술 리모델링에 관한 건의 사항을 들은 귀중한 시간이었습니다.

그런데 소장님은 이 분야에서 일한 지 얼마나 되셨나요? 엔지니어부터 시작하셨나요, 아니면 연구소부터 시작하셨나요?

(소장 본인의 직업 배경에 관해 관심을 보인다.)

어쩐지 실전 경험이 풍부하신 것 같더라고요. 다음에는 저희 사장님과 같이 방문하도록 하겠습니다. 소장님과 경험이 비슷하셔서 이야기가 잘 통할 것 같아요.

그럼 이만 가보도록 하겠습니다. 감사합니다."

차 한 잔 나눌 시간은 길지 않으면서도 상대의 시간을 지체한다는 인상을 남기지 않을 수 있다. 만남 시에는 목표와 실행 계획이 명확해야 한다. 그래야 만남 뒤에 여러 사항을 구체적으로 챙길 수 있기 때문이다. 회사의 기술이나 제품의 특징을 조리 있게 설명하고 소통한다면 분명 상대에게 깊은 인상을 남길 수 있다. 이것이 바로 신뢰를 쌓을 가장 기본적인 단계이자 '차 한 잔 사교'의 근본적인 목적이다.

상황 2. 친구의 친구를 소개받았을 때

○

친구가 자신의 친구를 당신에게 소개해준 적이 있는가? 본인에게 어떤 도움이 돼서가 아니라 둘 사이에 공통점이 있어 대화가 잘 통할 것 같기 때문이다. 이렇듯 아무런 이익이 얽혀 있지 않은 인맥 쌓기의 경우는 첫 만남이나 통화에서 '차 한 잔 사교'의 시간을 활용하는 것이 적당하다. 그렇다면 어떻게 그 시간을 통해 의미 있는 대화를 나눌 수 있을까?

고등학교 동창 중에 보스턴에서 일하는 친구가 있다. MIT에서 열린 행사에 참여한 그는 그곳에서 직장 내 커뮤니케이션을 연구하고 가르치는 교수를 알게 되었다. 친구는 나와 그 교수 사이에 통하는 이야기가 많을 것 같다고 생각해서 내게 연락해 그의 전체적인 분위기가 너무 좋고 우아하며 지식이 많은 것 같아 보인다며, 나도 분명히 좋아할 거라고 말했다. 친구를 통해 교수의 이메일 주소를 건네받은 나는 메일을 보내 전화 통화 시간을 잡아(다른 지역이라 시차가 있었다) 연락하게 되었다.

자기소개 및 공통점 탐색: 2분

"교수님, 안녕하세요? 저는 코니라고 합니다. 친구가 주말에 행사에 갔다가 교수님을 만나고는 꼭 저에게 소개해주고 싶다고 하더라고요. 친구가 교수님 칭찬을 정말 많이 했습니다. 정말 우아하시다고요. 오늘 보스턴에 눈이 많이 내렸죠?

(교수: 네, 그래서 오늘은 밖에 나갈 수가 없네요.)

미네소타에도 많이 내리고 있어요. 하지만 저는 눈이 좋습니다. 스키 타는 걸 좋아하거든요.

미네소타에는 자주 오시는 편인가요?

(교수: 네, 남편이 미네소타 사람이거든요.)

아, 그러세요? 저는 지금 ×××구에 거주하고 있어요. 여기서 산 지도 어느덧 15년이 되었네요.

최근에 제가 온라인에서 인맥에 관한 강의를 진행하고 있어요. 이에 관련된 책도 쓰고 있고요. 주로 직장에서 겪었던 경험을 사람들과 공유하자는 취지에서죠."

전화를 건 주요 목적 설명: 2분

"교수님께서 이런 분야에 대한 연구를 오랫동안 하셨다고 전해 들었습니다. 그래서 교수님의 주요 연구 방향과 최근의 새로운 연구 과제에 대해 들어보고 싶어 연락드렸어요."

한 화제로 깊은 토론: 10~12분

교수는 내게 최근의 연구 방향과 주제에 관해 이야기해주었다. 주로 동료 관계에 대해 연구한다며 곧 있으면 새로운 책이 출간될 예정이라고 했다. 그는 내게 먼저 본인이 10여 년 전에 저술했던 책을 추천하며 그것이 본인 연구의 핵심을 참고하는 데 도움이 될 것이라고 알려주었다. 나는 곧바로 내가 수업을 하면서 겪었던 한 학생의 경험을 예로 들면서 마침 그 사례가 그의 이론을 잘 증명해준다고 덧붙였다. 교수는 이야기를 흥미롭게 듣더니 개인의 역량에 관해 연구하는 다른 학교의 교수들을 소개해주었다.

도와줄 일은 없는지 묻기: 3분

"교수님 저서가 혹시 중국에서 출간된 적 있나요?

(교수: 1985년에 한 권 출간한 적이 있지만 판매가 어땠는지는 잘 모르겠어요. 나중에 출판사에서도 연락이 없었거든요.)

최근에 제 책 출간을 준비하고 있는 출판사가 몇 군데 있는데 혹시 교수님 책을 추천해도 될까요? 중국에도 출간된다면 좋을 것 같아서요.

(교수: 그럴 수 있다면 정말 좋죠. 감사해요.)

아닙니다. 제가 먼저 아마존에서 교수님 책을 사서 읽어보고 편집자에게 추천하도록 할게요.

(교수: 당신의 후기도 꼭 들어보고 싶네요.)

결론 맺기 및 다음 계획 강조: 2분

"알겠습니다. 꼭 그렇게 하죠. 지금 바로 주문해서 읽은 다음 꼭 연락드릴게요.

제가 5월 말에 보스턴에 갈 계획인데 괜찮으시다면 제 친구와 함께 커피나 점심 식사 괜찮으실까요?

(교수: 좋습니다.)

감사해요. 즐거운 통화였습니다. 그럼 곧 봬요."

20분도 채 되지 않는 통화였지만 매우 많은 정보를 얻을 수 있었고 바로 연구해볼 만한 주제도 몇 가지 정리할 수 있었다. 그는 내게 아낌없이 자원을 공유해주었다. 또 나는 그를 돕겠다고 말함으로써 상대를 위한 가치를 제공했다. 전화 통화 후 교수는 내게 바로 이메일로 본인이 이야기했던 칼럼이나 기사의 링크를 보내주었고 통화가 매우 유익하고 재미있었다는 말을 남겼다. 이렇듯 차 한 잔 나눌 만한 짧은 시간에도 낯선 사람과 깊고 의미 있는 연결 고리를 찾아 관계를 형성할 수 있다.

상황 3. 일자리 문제로 '약한 연결'인 사람과 만났을 때
○

새로운 직장을 찾기 위해 관련 있는 사람을 만났다고 하자. 차 한 잔 나눌 동안 어떻게 하면 상대에게 좋은 인상을 남겨 그로부터 자원을 얻어낼 수 있을까?

함께 다음의 예화를 살펴보자.

친구 톰은 자신이 다니는 회사 상사의 업무 방식에 불만이 있었다. 회사의 비전이 밝지 않다고 느낀 그는 결국 사직서를 제출했다. 하지만 그는 좋은 일자리는 온라인으로 이력서를 제출하는 것보다 인맥을 통해 찾을 수 있다는 사실을 알고 있었다. 톰은 내게 이렇게 말했다.

"내가 만나는 사람(약한 연결)은 나를 직접 채용하려는 사람이 아니야. 만일 그런 사람이라면 그건 면접관이나 다름없지. 하지만 그들과 인맥을 다지는 게 나에게는 의미가 커. 나중에 분명 기회가 올 수 있거든. 그래서 매번 그런 사람들을 만날 때 사전에 충분히 공부하고 준비해서 가. 그리고 그 사람들에게는 딱 20분만 시간을 내달라고 말하지."

감사 인사 및 한담으로 연결 고리 찾아보기: 2~3분

톰은 그 사람들(친한 친구/예전 동료/이웃/자녀 친구의 부모/친구가 소개해준 친구 등)에게 먼저 바쁜 와중에 자신에게 시간을 내준 것에 감사 인사를 한다. 그런 뒤 아이는 어떻게 지내는지, 일은 어떤지, ×××(소개해준 사람)가 안부를 전해달라고 했다는 등으로 짧게 다른 이야기를 했다. 그리고 만남의 주요 목적을 간단히 설명했다.

"딱 20분만 시간을 내주세요. 저의 커리어에 관해 설명해드리고 모르는 부분은 여쭙고 싶습니다."

본인의 커리어와 특장점 소개하기: 1분

"저는 ×××회사의 제품 관리부에서 10년 동안 근무했습니다. 제품 매니저부터 시작해 부팀장까지 맡았습니다. 전자제품과 업계에 관해서는 경험이 풍부합니다."

"저는 펀드 관리팀에서 프리랜서로 6년간 일했습니다. 그 전에는 중소기업의 CFO를 맡았습니다. 주로 재무 관리와 기업 운영에 관한 일을 담당했어요. 지금은 기업으로 다시 돌아가 기업 운영 일을 해보려고 합니다."

이런 소개는 정말로 1분이면 충분하다. 왜냐하면 당신과 '약한 연결' 관계에 있는 사람은 사실상 당신을 채용하려는 고용주가 아니므로 당신의 모든 이력을 알 필요가 없다. 그에게는 당신의 특별한 재능이나 기술만 간단히 말해주면 된다.

상대 회사나 업계의 최근 동향에 관한 토론 및 조언 요청: 11~13분
이때는 적극적이고 활발한 상호 토론이 필요하다. 이를 위해서는 사전에 상대의 직업적 배경이나 그가 일하는 기업 및 업계에 관한 기본 지식을 미리 공부할 필요가 있다. 너무 상식적인 질문이나 당연히 미리 알아두어야 할 정보에 관해서는 묻지 않는 것이 좋고, 상대의 배경에 대해 지나치게 많은 질문은 삼가는 게 좋다. 당신은 그의 면접관이 아니다. 다만 사전에 몇 가지 질문을 준비해 가는 것이 좋다. 예를 들면 다음과 같다.

'기업 회계사로 일하고 계시죠? 회계 사무소에서 일하는 것과 기업에서 일하는 것의 가장 큰 차이점은 무엇인가요?' '변호사 사무실을 운영하다가 기업 인하우스 변호사로 전환하셨더라고요. 그러려면 사전에 어떤 준비가 필요한가요?' '개인 방송을 진행하는 데 가장 큰 도전은 무엇인가요? 어떻게 준비하셨는지 궁금합니다' '귀사와 같은 대기업 제품 관리 부서로 들어가려면 어떤 조건이 필요한가요?'

이처럼 업계나 회사, 직능 등에 관련한 내용 말고도 아래의 두 가지 중요한 질문을 놓치지 않도록 주의해야 한다.

먼저 "혹시 주변에 같은 업계에서 일하는 친구가 있으면 저를 소개해주실 수 있으신가요?"라는 질문이다. 이런 부탁을 건네면 상대는 짧은 시간 안에 당신에게 집중할 수 있으며 당신이 믿을 만한 사람인지, 소개해줘도 될 만한 사람인지를 판단하게 될 것이다. 만일 당신에 대한 인상이 정말 좋고 충분히 준비되어 있으며, 경력도 풍부하고 말투나 몸가짐도 단정하다고 생각되면 대부분 지인을 소개해줄 것이다. 설령 상대가 당장 그 자리에서 누군가를 소개해주지 않았다고 해도 실망하지 말자. 좋은 인상을 남긴다면 나중에 다시 기회가 왔을 때 반드시 당신을 생각하게 될 것이다.

다음으로 잊지 말아야 할 질문은 "제가 뭐 도울 일은 없을까요?"라는 말이다. 인맥을 쌓아서 일자리를 찾는 데 도움받으려는 건데 그 사람을 어떻게 도울 수 있냐고 묻는 사람이 있을 수 있다. 사실 이 질문은 감사의 마음을 나타내는 동시에 상대를 위해 가치를 제공하고 싶다는 의지를 전달하는 말이다. 혹시 또 아는가? 상대 회사에서 필요한 엔지니어를 소개해준다는 등 정말 도울 일이 있을지. 상대를 위한 도움을 주어 연결 고리가 생긴다면 그것이야말로 높은 가치를 제공하는 기회가 될 것이다.

결론 맺고 감사 인사: 2~3분

"오늘 이렇게 시간 내주시고 도와주셔서 감사합니다. 돌아가서 말씀해주신 방향대로 이력서를 수정한 다음 전송하겠습니다. 조언해주신 방향대로 노력하고 기술적으로 보충하면 좋은 결과가 있을 것 같다는 기대가 생기네요. 앞으로 모르는 게 있으면 또 연락드려도 되겠습니까? 그리고 말씀하신 ××의 연락처를 주실 수 있을까요? 친구에게 연락해서 도와드릴 수 있는지 물어볼세요."

차 한 잔 나눌 짧은 시간을 기억하고 준수하면서 대화를 끌어가도록 하자. 단 취지가 분명해야 하고 행동에는 목표가 있어야 한다. 상대에게 말한 시간을 정확하게 지키고 대화를 끝내면 오히려 그 사람이 당신과 더 많은 이야기를 나누고 싶어 할지 모른다. 짧은 시간 동안 그에게 깊은 인상을 남기면 서로 간에 신뢰를 형성할 수 있고 기꺼이 당신을 도와주고 싶어 하며 더 많은 연결 고리를 만들고 싶어 한다. 이것이 바로 차 한 잔의 사교가 가져올 최적의 결과다.

잊지 말아야 할 것은 모든 대화 속에 상대를 향한 감사의 마음을 전할 수 있어야 하며 도와줄 일이 없는지 물어야 한다는 점이다. 이것이 바로 앞에서 강조했던 '도움을 받으려면 먼저 남을 도울 수 있어야 한다'는 것과 일맥상통한다. '차 한 잔 사교'의 핵심은 의미 있는 연결 고리를 만드는 것이며 미래의 관계를 위해 기초를 다지는 일이라는 점을 명심하기 바란다.

3장

아는 사람에서
친구로

체계적인
인맥 관리의 시작

며칠 전 SNS를 보다가 한 친구가 다른 친구의 글에 '좋아요'를 남긴 것을 보았다. 둘은 직업적으로 아무 관련이 없는 일을 하기 때문에 어떻게 서로를 아는지 궁금해서 물었다. 그런데 친구의 말이 사실 다른 친구가 누구인지 잘 기억나지 않는다는 게 아닌가?

의식적이고 체계적으로 인맥을 관리해야 하는 이유는 무엇일까?

혹시 당신도 이런 경험이 있는가? 평소 각종 행사나 모임에 참여하면 여러 부류의 사람을 만나게 된다. 하지만 모임이 끝나고 나면 누구를 만났는지 잘 기억나지 않는다. 혹은 손에 수많은 사람의 명함이 들려 있지만 이름과 얼굴이 매치되지 않는다. 언제 어디서 만난 사람인지, 그 사람 이름이 왜 내 연락처에 있는지 도통 알 수가 없다. 그런데 그런 사람들이 SNS에 들어와 나의 일상을 보고 있다면 어떨까?

이런 상황은 체계적으로 인맥을 관리하지 않기 때문에 일어난다.

그 사람이 중요한 인물이 아니라서 별다른 연락을 하지 않았고, 그래서 '유령 인맥'이 된 거라고 반박하는 사람이 있을 수 있다. 그러면 나는 이렇게 대답하고 싶다.

"진정한 인맥의 의미를 잘 모르는군요. 당신에게 쓸모 있는 사람만이 인맥이 아닙니다. 당장은 쓸모없어 보이는 사람도 모두 인맥이에요."

영국의 진화인류학자 로빈 던바는 1990년대에 인간의 사회적 관계와 관련해 '150의 법칙'이라고 불리는 '던바의 수' 이론을 제시했다. 그는 인간의 뇌 용량은 한계가 있어서 친밀한 관계를 유지할 수 있는 최대치가 150명이라고 주장했다. 그러면 한번 생각해보자. 지금 당신과 친밀한 관계를 유지하는 사람은 몇 명이나 될까? 평소에 그 사람들과 어떻게 연락을 하며 얼마만큼 소통을 하는가?

내가 학생들에게 본인이 가진 150명의 인맥을 써보라고 했더니 "저한테 그런 인맥이 어디 있겠어요! 제가 무슨 연예인도 아니고!"라고 말하는 학생이 있었다. 내가 "사실 지금까지 당신이 알고 지낸 모든 사람이 인맥이에요"라고 말하자, "그렇게 따지면 수천 명이죠. 그렇게 많은 사람을 제가 어떻게 관리해요. 불가능한 일이에요!"라고 반박했다.

정말로 불가능할까? 그렇지 않다. 이어서 장기적으로 인맥을 관리하는 데 핵심이 되는 요소를 함께 살펴보도록 하자.

1. 핵심 기록하기

○

중국에는 "막상 필요해서 보니 책을 적게 읽었음을 한탄한다(書到用時
方恨少)"는 속담이 있다. 사실 인맥도 마찬가지다. 도움이 필요한 사람
에게 연락하려고 했더니 너무 오랫동안 왕래가 없었던 사실을 발견한
적이 있을 것이다. '그가 날 기억할까? 도와달라고 말하면 너무 속 보
이지 않을까? 어떡하지?'라는 생각에 머릿속이 복잡해진다. 이런 문제
를 해결하려면 평소 체계적인 인맥 관리가 필요하다.

　누군가의 소개를 통해서든 직접 알게 된 사람이든 명함이나 연락처
를 주고받은 후에는, 그 사람에 대한 구체적인 정보나 서로 나눈 대화
의 주요 내용을 명함 뒤에 써놓거나 연락처에 저장해두는 것이 필요
하다. 바로 다음과 같은 것들이다.

- 만난 시간
- 만난 장소
- 소개해준 사람
- 외모나 특징, 함께 찍은 사진이 있다면 휴대전화 연락처 프로필
  에 추가하는 것이 좋음
- 주요 대화 내용(업계 정보, 직업, 취미, 가족 사항, 자녀 근황, 최근 고민
  등등)
- 주요 공통점
- 상대의 관심사
- 따로 챙겨야 할 내용이나 구체적인 행동 사항

이렇게 많은 정보를 남겨두어야 하는 이유가 뭘까? 잘 잊어버리기 때문이다. 그 사람을 다시 만나거나 연락할 일이 있을 때, 만났을 때 나누었던 기록이나 정보가 있다면 재빨리 연결 고리를 만드는 데 도움이 된다.

2. 즉시 연락하기
○

누군가를 만나면 24시간 안에 이메일이나 문자메시지, SNS 메신저 등으로 사후 연락을 하는 것이 좋다. 여기에는 만나서 반가웠다거나 바쁜 와중에 시간을 내줘서 고맙다는 말이 들어 있어야 한다. 또 함께 나눴던 대화의 중요한 내용을 거론하거나 당신이 깨달은 점 등을 이야기해주는 것도 좋다. 동시에 점심 식사 약속을 정하는 등 다음에 이어지는 구체적인 행동에 관한 내용이 있어야 한다. 이로써 당신은 상대에게 믿음직한 사람이라는 인상을 남길 수 있다.

만남 이후에는 당사자뿐 아니라 소개해준 사람에게도 꼭 연락해야 한다. 편지나 메일, 문자메시지로 감사의 인사를 전하도록 하자. 단 24시간을 넘기지 않는 게 중요하다. 그러지 않으면 상대는 당신이 그 일을 잊었거나 별로 중요하게 생각하지 않는다고 오해할 수 있다. 심지어 급할 때만 찾고 볼일이 끝나면 모른 척하는 사람이라고 생각할지도 모른다.

그렇다면 만나고 헤어진 후에 언제쯤 연락하는 것이 좋을까? 미국의 작가 마샤 밸린저와 네이선 A. 페레스는 다음과 같은 상황에서 상대에게 연락하라고 조언한다.

- 관련 기사나 정보를 보다가 그것이 상대에게 정말 도움될 것 같 다는 생각이 들었을 때
- 상대가 직장을 옮겼거나 진급했을 때, 직위에 변화가 생겼다는 사실을 SNS 등에서 보았을 때
- 당신이 학위를 땄거나 이직을 하는 등 신변에 변화가 생겼을 때
- 갑자기 그 사람이 생각나 인사하고 싶을 때
- 누군가 상대와 관련 있는 사람을 당신에게 소개해주었을 때
- 상대와의 만남에서 나누었던 이야기를 더 깊이 나누고 싶을 때
- 당신과 상대가 모두 알고 있는 사람의 신변에 변화가 생겼을 때

3. '강한 연결'과 '약한 연결' 구분하기
○

미국의 사회학자 마크 그래노베터는 1973년 〈약한 연결의 힘(The Strength of Weak Ties)〉이라는 제목의 논문을 발표했다. 그는 하버드 대학교 박사과정 시절 각계 기업에서 온 282명의 MIT 학생을 대상으로 그들이 이직하거나 직업을 바꿀 때 어떻게 하는지 조사했다. 이 과정에서 사람들은 관계를 많이 이용한다는 사실을 알게 되었다. 그는 '관계'라는 개념을 사람들과의 '연결 강도'로 정의하고 이를 '연락 및 만남의 빈도'에 근거하여 구분 지었다(1주일에 최소 한 번=자주 / 1년에 한 번 이상=가끔 / 1년 혹은 1년 이상에 한 번=거의 안 함). 연구 결과 대인관

계를 통해 일자리를 찾은 54명 중 대다수(83.3%)는 가끔 만나거나 거의 연락하지 않던 사람을 통한 것으로 밝혀졌다. 다시 말해 대다수의 사람은 가까운 친구(강한 연결)가 아닌 별로 친하지 않은 사람(약한 연결)을 통해 직장을 소개받는 것이다.

상대와 알고 지낸 시간과 연락 횟수, 감정의 깊이와 서로 도움을 주고받은 정도 그리고 혈연관계나 가족관계 등이 '강한 연결'과 '약한 연결'을 구분하는 요소가 된다.

강한 연결에는 오랜 세월 알고 지낸 친구나 자주 연락하고 감정적으로 깊은 관계가 포함된다. 또 당신이 자주 도와주는 사람이거나 도움을 받는 친구 및 가족도 이에 포함된다.

약한 연결에는 알고 지낸 시간이 짧거나 자주 연락하지 않는 사이, 감정적으로 별 교류가 없고 서로 크게 도움을 주고받은 적이 없는 사이가 해당되며 가족이나 혈연이 아닌 사람들을 꼽을 수 있다. 만일 이런 사람들에게 무언가 부탁하려면 먼저 나서서 그 관계를 '활성화'시켜야 한다. 동창이나 스승, 자녀 친구의 부모나 가족의 친구 등을 예로 들 수 있다.

미국 워턴스쿨의 그랜트 교수의 연구에 따르면 '강한 연결'을 통해 일자리를 구하는 사람은 약 17%인 반면 '약한 연결'을 통해 찾는 비율은 28%에 달하는 것으로 나타났다. 약한 연결이 중요한 다리 역할을 한다는 걸 알 수 있는 대목이다.

강한 연결과 약한 연결은 절대 정적인 것이 아니다. 비록 사촌처럼 강한 연결에 있는 사람일지라도 오랫동안 연락을 하지 않고 아무런 왕래가 없으면 멀어질 수밖에 없다. 약한 연결은 체계적인 관리를 통해 서로 알고 지낸 시간이 오래되고 만나는 횟수가 많아지면, 도움을 주고받게 되어 자연스럽게 강한 연결로 전환이 가능하다.

　강약의 개념 말고 관계를 정의할 또 다른 개념이 있다. 바로 미국의 로버트 퍼트넘이 《나 홀로 볼링(Bowling Alone)》에서 제시한 '결속형 자본(Bonding Capital)'과 '연계형 자본(Bridging Capital)'이다. 결속형 자본이란, 당신과 배경이 겹치거나 기본적으로 비슷한 집단을 가리킨다. 가령 당신이 환경보호 영역에서 일한다면 이 업계에서 일하는 모든 사람은 '결속형 자본'에 해당한다. 더 다양한 인맥은 '연계형 자본'에 포함된다. 예술계나 금융업에 종사하는 친구들은 '연계형 자본'에 해당한다. '결속형 자본'과는 업계 안에서 깊은 관계를 형성할 수 있지만 '연계형 자본'의 경우 다른 업계나 영역까지 뻗어 나갈 수 있다. 만일 이직하거나 직종을 넘나드는 프로젝트를 진행할 경우 '연계형 자본'을 통해 다양한 인맥과 정보를 제공받을 수 있으며 더욱 풍부한 친구 관계를 형성할 수 있다.

　휴대전화 연락처나 SNS 친구에 수백, 수천 명의 이름이 저장된 사람이 많을 것이다. 그런데 이 중에 당신과 강한 연결을 맺은 인맥은 얼마나 되며 약한 연결의 사람들은 얼마나 되는가? 얼굴조차 기억나지 않는 유령 같은 인맥은 또 얼마나 되는가? 당신의 자본과 시간이 제대로 분산 투자되고 있는지 생각해보기 바란다.

4. 인맥 카테고리 분류 및 관리 하기

○

모든 인맥을 당신에게 중요한 정도에 따라 분류해보자. 중요한 업무 파트너는 한 달에 한 번 정도 연락을 하거나 만날 필요가 있다. 정말로 중요하게 생각하는 멘토나 스승의 경우 6~8주에 한 번 정도 연락하는 게 좋다. 꼭 물어볼 게 있어서라기보다는 간단한 문안 인사로 자신의 근황을 전하도록 하자. 그렇게 중요하지 않은 관계는 분기에 한 번 전화나 문자메시지로 연락하는 게 좋다. 예전에 한 번 만난 적 있거나 직급이 높은 상사에게는 1년에 한 번 정도 연락하면 된다.

'강한 연결'의 인맥에게는 연락 횟수를 정해놓고 하지 않아도 된다. 마음이 갈 때마다, 생각이 날 때마다 전화해서 수다를 떨거나 만나서 식사하면 된다. 분기에 한 번씩 모종의 형식으로 연락하면 문제없다. '약한 연결'의 인맥은 상대와 나의 직업적 연계성이나 중요성, 상대에 대한 나의 선호도를 고려해 누구를 '강한 연결'로 격상시켜야 할지 고민하고 분류한다.

모든 인맥의 중요도와 연락 횟수를 분류한 뒤 그들의 '등급'과 빈도수를 나누는 과정에 그것을 휴대전화 달력에 입력해서 알람을 설정하는 것이 좋다. 예를 들어 당신이 정말 중요하게 생각하는 사람의 생일이나 기념일 등은 꼭 알람을 설정해 축하 메시지를 보낸다. 시간이 없거나 바쁜 날에는 음성 메시지나 짧은 문자메시지를 보내서 기억하고 있다는 뜻만 전해도 좋다.

친구 한 명은 내 생일마다 CD를 선물로 보낸다. 클래식도 있고 대중음악도 있고 유명 인사의 강연도 있는데 모두 자기가 직접 구운 내용이다. CD에는 노래 제목도 적혀 있고 "네 마음에 들었으면 좋겠다" 는 문구도 쓰여 있다. 나뿐만 아니라 다른 친구들의 생일이 되면 그들 과 연관 있거나 좋아할 만한 CD를 보내준다. 정말 세심한 친구다. 몇 년 동안 그를 보지 못했던 친구도 있지만 매년 생일이 되면 그가 보낸 CD를 받고 있어서 늘 곁에 있는 듯한 생각이 든다고 한다.

1년에 한 번 연락을 주고받는 인맥의 경우 보통 명절에 메신저나 전 화로 인사를 건넨다.

그런데 분명 새해가 되면 복 많이 받으라는 메시지를 수도 없이 받 을 것이다. 모두 천편일률적이어서 계속 보다 보면 아무런 감동도 없 고 심지어 누가 보냈는지조차 잊어버린다.

일단 명절 인사를 단체로 보내는 것은 좋은 방법이 아니다. 아무런 성의도 느껴지지 않을뿐더러 설령 당신이 좋은 시를 써서 보낸다고 해도 그걸 자세히 읽어볼 사람도 없다. 그렇다면 어떻게 해야 마음에 남는 문안 인사를 건넬 수 있을까? 정답은 간단하다. 한 사람 한 사람 에게 마음을 다하는 것이다. 그래야만 상대방도 당신의 성의를 느낄 수 있다.

5. 오프라인 인맥 관리하기

○

인스턴트 메신저가 생긴 후로 사람들은 더 쉽고 편하게 연락을 주고 받을 수 있게 되었다. '좋아요' 누르거나 댓글 남기기, 채팅이나 단체 대화 나누기 등이 터치 하나만으로 전부 가능해졌다. 특별하게 시간을 내야 하는 것도 아니어서 인맥을 관리하는 시간과 비용 역시 엄청나게 줄었다. 그러니 어느 정도 온라인에서의 활동도 필요하다. 그런데 SNS 등이 발전하면서 사람들은 자꾸 인터넷 공간 안에서만 머무르려는 습성이 생겼다. 반면 진정한 의미의 사교에서는 전보다 훨씬 게으르고 나태한 모습을 보이고 있다.

그런데 강조하고 싶은 점이 하나 있다. 온라인에서의 연락이나 '좋아요' 등은 절대 얼굴을 보며 만나는 만남을 대체할 수 없다는 사실이다. 친구 목록을 업데이트하는 것이 사교의 전부는 아니다. 친구든 고객이든 일정한 시간을 할애해서 전화하고 직접 만나기도 해야 한다.

오프라인으로 할 수 있는 연락의 방식은 다양하다. 같이 밥을 먹을 수도 있고 차를 마셔도 된다. 함께 운동을 하거나 선물을 주는 방법도 있고 교외 소풍이나 음악회, 연극 관람 등 재미있는 이벤트에 상대를 초청할 수도 있다.

출장이나 여행을 간다면 현지의 친구와 만나거나 전화를 걸어 안부를 묻도록 하자. 여행에서 돌아온 때는 현지의 특색 있는 선물을 사 오는 것도 잊지 않도록 한다.

사실 장기적인 인맥 관리에 대한 노하우는 대학교 졸업 후 처음 들어간 회사에서 배웠다.

LG전자에 입사한 후 내가 맡은 업무는 대외 홍보팀에서 정부의 공공부문을 관리하는 일이었다. 중국에서 영업하는 외국 기업인 LG전자는 정부의 지원이나 지지가 없으면 일을 진행할 수 없었다. 홍보팀의 과장 및 사장과 함께 각 부처의 지도자들을 만나고 그들을 관리하는 게 나의 주된 업무였다.

상사는 나와 열두 살 이상 차이 나는 한국인이었다. 준수한 외모에 언어적인 재능이 있었다. 타이완에서 중국어를 공부한 그는 유창한 중국어 실력을 뽐냈다. 그와 전화로만 이야기를 나누면 절대 외국인 이라는 걸 눈치채지 못할 정도였다.

그는 사실 내성적인 성격이어서 사람 사귀는 걸 별로 좋아하지 않 았다. 그래서 전화로는 "형님! 주말에 같이 골프 치러 가시죠"라고 당 차게 말하지만 전화를 끊으면 도살장에 끌려가는 소처럼 보일 정도였 다. 왜 좋아하지도 않는 걸 그렇게 억지로 하냐고 물으면 "방법이 없 지 않나. 내가 잘하는 게 그건데. 이걸 안 하면 내가 또 뭘 하겠어?"라 고 대답했다.

1990년대 말, 그의 인맥은 두꺼운 명함 책 몇 권을 합칠 만큼 많아 졌다. 그는 미팅 때마다 상대의 정보를 간단하게 명함 뒷면에 적어놓 았다. '○○년 ○○월 ○○일, 부서 ○○와 동행해서 만남, 온라인 업계 수입관세에 관해 협의, 딸 하나' 등과 같은 내용이었다. 그런 다음 그 것을 상대의 부서나 해당 기관의 전용 명함 책 안에 끼워 넣었다.

"이걸 다 엑셀로 정리하는 건 어떠세요? 컴퓨터로 정리하면 이렇게 두꺼운 명함 책을 매번 가지고 다니지 않아도 되고 팀 전체가 정보를 공유할 수 있잖아요. 만날 때마다 더해진 정보를 추가해서 정리할 수 도 있고 중요한 내용은 따로 표시할 수도 있고요."

그는 내 의견에 동의했고 나는 그를 도와 그 내용을 정리하기 시작 했다. 엑셀로 이름, 연락처, 만남의 내용, 중요 정도, 연락해야 할 횟수 등을 일목요연하게 정리했다. 나 역시 이 방법으로 인맥 관리를 시작했다.

직장인이라면 회사 외부 고객의 관리도 중요하지만 내부 사람들과 인맥을 다지는 일도 결코 무시할 수 없다. 당시 한중 수교를 맺은 지 얼마 되지 않은 때였는데 한국에서 중국으로 파견 나온 임원은 모두 뛰어난 엘리트였다. 나는 LG전자 중국 본사에 입사했는데 전체 인력이 30명이 채 되지 않은 작은 규모로 팀원들 간의 사이가 매우 가까웠다. 덕분에 같은 부서의 상사와 동료뿐 아니라 다른 부서의 상사 및 동료와도 빨리 친해질 수 있었다. 매일 점심시간마다 함께 밥을 먹으러 나갔고 탕비실에서 마주치면 이야기를 나눴다. 한 달에 한 번은 팀 별로 회식을 하거나 본사 인력이 다 함께 외부로 나가 행사에 참여했다. 그때 나는 식당 예약과 행사 기획을 맡았는데 직원들의 입맛과 기호를 조율하는 과정에서 각 부서 사람들과 친해질 수 있었다.

입사 1년 뒤 내부적으로 감사팀을 신설했는데 나는 그 팀으로 들어가게 되었다. 덕분에 6개월 동안 각 지사와 오피스의 동료들, 그리고 한국 본사 동료들을 잘 알게 되었다. 출장을 가면 그들과 함께 현지 맛집을 방문하고 식사하며 각자의 경력과 가족 사항 등을 이야기했다. 단 며칠이었지만 정말 많이 가까워졌다. 지금까지도 나는 그들과 좋은 관계를 유지하고 있다. 20년이 훌쩍 넘었지만 아직도 친한 친구들이다.

미국에서 MBA를 졸업한 후에도 나는 매년 스승의날마다 예전 상사에게 감사의 메일을 보낸다. 나중에 일 때문에 한국으로 출장을 자주 가게 되었는데 그럴 때마다 그들에게 연락해(이제는 한국으로 귀임했다) 함께 식사하며 우정을 나눈다.

이 글을 읽은 당신도 체계적인 인맥 관리의 중요성을 깨닫고 기본적인 방법을 익혀 실천할 수 있기 바란다. 마음을 다해 진정성 있게 다가가되 방법에 주의를 기울이면 유령 인맥을 진정한 '내 사람'으로 만들 수 있을 것이다.

온라인 인맥을 위한 SNS 운영법

과거에는 주로 사람들이 전화나 이메일로 연락을 주고받았다. 하지만 인스턴트 메신저가 보편화되면서 명함을 주고받는 일은 그저 형식적인 인사치레가 되었다. 심지어 상대방에게 연락처를 물으면 즉시 메신저로 친구 요청을 보내기도 한다.

그렇다면 온라인과 오프라인에서의 대인관계는 주로 어떤 점에서 차이가 있을까?

- 온라인은 시공간의 제약이 없어서 계속해서 인맥을 넓혀가기 쉽다.
- 온라인 인맥 관리는 시간을 대폭 절약할 수 있다. '좋아요' 하나를 누르는 데 1초면 충분하다.
- 온라인에서는 상대의 표정이나 목소리를 듣거나 볼 수 없다. 텍스트로만 대화를 나누기 때문에 가끔은 오해하기도 한다. (음성 메

시지나 영상통화는 가족이나 정말 친한 사이에만 사용한다.)

- 어떤 이는 온라인과 오프라인에서의 퍼포먼스가 매우 다르다. 현실에서는 부끄러움을 많이 타지만 온라인에서는 거칠거나, 현실에서는 외향적이고 개방적인 사람이 온라인에서는 침묵하는 '방관자'가 되기도 한다.
- 온라인에는 꾸며진 것이 많다. 행복한 가족사진 뒤의 부부 싸움은 볼 수 없다. 멋진 여행 사진 뒤로 숙소에서 컵라면을 먹은 이야기는 알 길이 없다. 아름답게 만발한 꽃 사진에는 집안의 우환으로 근심하는 상대의 얼굴은 볼 수 없다.

이처럼 온라인 사교에는 여러 특징이 존재한다. 이런 특징들을 잘 활용하면 좋은 점이 많지만 과하게 사용하다가는 오히려 부정적인 결과를 가져온다. 그렇다면 온라인 세상에서의 인맥은 어떻게 관리해야 실패하지 않을까? 다음의 세 가지 방법을 기억하자.

1. 친구 수락

○

링크드인(LinkedIn, 마이크로소프트 산하의 세계 최대 직업 소셜네트워크-옮긴이)에 칼럼을 쓰기 시작한 후 정말 많은 사람들이 내게 팔로 요청을 보냈다. 그런데 거의 모든 사람이 링크드인에 옵션으로 나온 문구로 요청을 보내왔다.

사람들이 그런 요청을 보내왔을 때 프로필에 상대의 사진이 있고 그 사진이 무난해 보이면(동물이나 가면, 만화 캐릭터는 제외) 예의상 수락하는 편이 좋다.

하지만 그렇다고 해서 그들의 진정한 인맥이 될 수 있을까?

물론 그렇지 않다. 왜냐하면 그들과 연결 고리가 없기 때문이다. 친구 요청을 받아들여도 상대는 안부 인사조차 보내지 않는 경우가 허다하다. 그렇다면 온라인상의 팔로어는 어떤 의미를 지닐까? 설령 당신에게 수천 명의 팔로어가 있다고 해도 사실상 그들이 당신의 진정한 인맥은 아니다.

SNS로 사람을 사귈 때도 같은 문제가 발생한다. 어떤 행사나 모임에서 누군가를 만나 예의상 그 사람을 친구로 추가했다. 하지만 그다음 서로 인사도 나누지 않고 아무런 대화가 오가지 않았다. 그 사람이 SNS에 올린 글에도 아무런 대꾸를 하지 않았다. 이런 사람을 당신의 인맥이라고 할 수 있겠는가? 나는 이렇게 연락처에는 저장이 되어 있지만 아무런 연락이 없는 사람들을 '유령 인맥'이라고 부른다. 온라인이라는 가상공간에서는 이름과 프로필이 존재하지만 딱 그뿐이다. 이렇듯 아무런 생각을 거치지 않고 친구로 추가할 경우 서로의 시간만 낭비할 뿐 별 도움이 되지 않는다.

온라인에서 특별한 친구를 사귀고 싶은가? 그렇다면 직접 만난 사람이든 친구를 통해 인터넷에서 추천받은 사람이든, 아니면 SNS에서 알게 된 사람이든 소개 문구로 친구 요청을 보내는 것은 삼가길 바란다. 당신이 직접 쓴 문구로, 특히 그와의 연결 고리를 찾아서 작성한 뒤 보내는 것이 좋다. 예를 들면 이런 것이다.

'선생님, 안녕하세요? 올리신 글들은 빠짐없이 보고 있습니다. 특히 인맥 관리에 관한 글을 열심히 읽고 난 후 제 삶에 많은 변화가 생겼습니다. 혹시 저를 친구로 추가해주실 수 있을까요?'

'안녕하세요? ××에게 소개를 받아 연락드렸습니다. ×××업계 정보에 관해 함께 나눠보고 싶은 이야기가 있어서요. ××× 사이트에서 선생님이 쓴 글을 읽고 정말 탁월한 견해를 가졌다고 느꼈습니다. 꼭 선생님과 연락이 되어 상세한 이야기를 나눌 수 있었으면 합니다. 감사합니다.'

'안녕하세요? 선생님의 고등학교 후배입니다. 선배님께서 쓰신 글을 보니 즐거웠던 학창 시절이 떠오릅니다. 친구 수락을 해주시면 더 많은 걸 배울 수 있을 것 같습니다.'

비록 짧은 요청의 글이지만 이를 통해 상대와 연결 고리를 만들어 기꺼이 수락하고 싶은 마음이 생겨난다.

친구 요청을 수락하면 바로 인사해야 한다. 이때는 당신이 알고 있는 상대에 대한 정보와 인상을 함께 말하는 것이 좋다. 만일 만난 적이 있는 사람이라면 만나서 정말 반가웠다는 말을 하고 상대에 대한 인상이 정말 좋았다는 칭찬과 함께 식사 약속을 잡거나 더 많은 교류의 기회가 있으면 좋겠다는 뜻을 전하도록 하자.

그런데 친구 요청을 수락했다고 해서 상대의 SNS 게시물을 공개해달라고 부탁하는 것은 예의에 어긋나는 처사다. 상대가 아직 권한을 열지 않았다면 분명히 이유가 있어서다. 보통의 경우 실수로 그걸 닫아놓지 않는다. 만일 상대에게 무리하게 그런 것을 요구했다가는 도를 넘는다는 느낌을 주어 불편하게 만들고 말 것이다.

사실 업무적인 이유나 온라인에서 알게 된 관계의 경우 SNS 게시물을 비공개로 하는 것이 좋나. 보통 자녀의 사진이나 여행기 등 개인적인 내용을 많이 올리기 때문이다.

그렇다면 '약한 연결'의 사람에게는 언제쯤 게시물을 공개하는 게 좋을까? 상대와 나 사이에 깊은 연관이 있다는 걸 발견하게 됐을 때다. 예를 들어 상대가 동창이라든지 함께 알고 있는 친구가 있다든지 혹은 나와 연락을 자주 주고받게 되었다든지 등이다. 또는 상대의 게시물에 관심이 있다거나 나와 관심사가 같을 때(똑같은 취미 등) 공개로 전환하는 것이 좋다. 자기 게시물은 업데이트하지 않으면서 남의 글은 어떻게든 보려는 사람에게는 완곡하게 거절의 뜻을 표하면 된다.

2. 온라인 인맥 관리
○

SNS에서 친구 요청이 수락된 이후에는 어떻게 인맥을 관리하는 것이 좋을까? 먼저 상대와의 연락 시점을 잘 선택하는 것이 매우 중요하다. 당신이 상대를 잊지 않았다는 점을 알리되 그를 너무 귀찮게 해서는 안 된다.

SNS상으로 알게 된 인맥이라면 상대의 사생활은 볼 수 없을지도 모른다. 그렇다면 전체공개로 기사나 글을 올렸을 때 메시지를 쓰면 된다. 이때 기억할 것은 자동완성 문장 등 성의 없는 것을 사용하지 말고 한 자 한 자 직접 써서 보내야 한다는 점이다. 별것 아닌 듯한 작은 행동에도 상대를 향한 관심이 담기는 법이다.

이보다 친한 사이일 경우, 온라인에서는 더 사적이고 친밀한 관계 유지가 가능하다. 상대 게시물에 '좋아요'를 누르거나 언제든 댓글을 남길 수 있다. 이는 곧 그 사람의 생활에 관심을 가지고 있다는 뜻이다.

댓글은 어떻게 쓰는 게 좋을까? 반복적으로 말하지만 사람은 근본적으로 사회적인 존재라서 다른 사람의 관심을 받고 싶어 한다. SNS 게시물은 말할 것도 없다. 댓글을 남길 때는 상대의 심리를 헤아리면서 너무 지나치지 않게 진심을 담아야 한다. 그러므로 상대가 남긴 모든 글에 '좋아요'를 누를 필요는 없다. 그렇지 않으면 온종일 휴대폰만 붙들고 다른 사람이 새로운 게시물을 올릴 때마다 댓글을 남기느라 정신 없을 것이다. 절제의 미를 기억하자.

만약 친구가 신경 써서 찍은 셀카 사진을 올리면 거기서 칭찬할 만한 점을 찾아보자. '선글라스 진짜 멋지다' '셔츠 색이 너무 잘 어울려' 등 진심을 담은 칭찬을 남기되 특징이나 눈에 띄는 점을 콕 짚어 이야기하면 좋다.

온라인에서 연락을 유지하는 또 다른 방법은 다른 사람을 위해 연결 고리를 만들어주는 것이다.

대부분의 사람이 실제로 자주 만나지는 않는다. 하지만 지금은 온라인이라는 도구가 존재하므로 언제 어디서나 '중매자' 역할을 할 수 있고 인맥의 달인이 되는 건 온오프라인을 막론하고 모두 가능하다.

예를 들어보자. 하버드에서 공부하던 시절 많은 후배가 미국에서 부동산 투자 관련 일을 하는 사람을 아느냐고 물어왔다. 나는 바로 위챗으로 보스턴에서 부동산 투자기금업에 종사하는 고등학교 동창을 소개해주었다. 대학 동창 중에 오스트레일리아에서 와인 사업을 시작한 친구가 있었는데 상하이에서 요식업에 종사하는 사장들에게 그를 소개해주었다. 물론 이런 연결을 해주기 전에는 반드시 먼저 지인의 동의를 받아야 한다. 그런 뒤 그들 사이에 많은 시너지가 날 것 같다고 이야기하고 다리를 놓는 것이다. 이렇게 내가 가진 '강한 연결'의 인맥을 소개해주면 그들 사이에 또 다른 '약한 연결'의 관계가 생겨난다.

이렇듯 사람들을 도와 연결시켜주면, 주변에는 거미줄처럼 촘촘한 인맥 망이 형성되고 흥미로운 현상을 종종 보게 된다. 가령 내 SNS에서 대학교 동창이 내 이웃이 남긴 댓글에 '좋아요'를 누른다든지 대학원 후배가 중학교 동창 글에 댓글을 남기는 것이다. 파워블로거로 활동하는 셰프 친구가 우리 언니의 초등학교 동창 글에 '좋아요'를 남기기도 한다. 이런 것들을 보면서 온라인이 사람들을 얼마나 모일 수 있게 하는지 감탄한다.

그러나 온라인에서 교제를 나누는 것은 첫번째 단계에 불과하다. 그 후에 오프라인에서 실제로 만나고 깊은 교제를 이어가야 '강한 연결'로 이어질 수 있다. 나의 경우 누군가를 통해 온라인에서 중요한 인맥을 알게 되었으면, 몇 마디 대화를 이어가다가 직접 만나 차를 마시거나 점심 약속을 잡기도 한다. 물론 처음 만난 사이지만 사전에 온라인에서 주고받은 이야기가 있고 또 SNS 게시물로 근황을 알기 때문에 전혀 어색하지 않다. 오히려 나의 생각과 상대에 대한 호감을 마음껏 드러낼 계기가 된다.

3. SNS 게시물 운영법

○

SNS 게시물에 대한 사람들의 태도는 다음과 같은 몇 가지로 구분된다.

- 올리지 않고 보지도 않는다. 본인의 사생활을 철저히 관리하는 편이며 다른 단체 대화방에서도 자주 잠수를 탄다.
- 본인은 게시물을 올리지 않지만 다른 사람의 게시물은 본다. 단, 아무 댓글도 남기지 않는다.
- 재미있는 글이나 멋진 문장을 복사해서 올리거나 링크를 남겨 자신의 생각을 표현한다. 가끔씩 다른 사람 글에 '좋아요'를 누르거나 댓글을 남긴다.
- 업무와 관련된 정보나 업계 동향, 데이터 등만 올리고 개인적인 정보는 올리지 않는다. 동일 업계 사람들하고만 서로 '좋아요'를 주고받는다. (개인 계정이 있는데 사람들이 모를 수도 있다.)
- 가끔씩 가족사진이나 여행, 맛집 사진을 올리거나 날씨에 관해 이야기하고 일하는 사진을 올리기도 한다.
- 아름답고 재미있는 추억을 거의 올리는 편이다.
- 매일의 삶을 기록한다. 일하는 사진, 밥 먹는 사진, 쇼핑 사진, 본인이 운영하는 쇼핑몰 등 관련된 모든 것을 올린다.

당신은 어떤 유형에 해당되는가?

모든 사람은 사생활에 대한 민감도가 다르다. 안전을 생각해서 사생활은 철저히 비공개로 하고 SNS도 하지 않는 사람들이 있다. 그들의 생각 역시 존중한다. 사회생활을 시작하면서 알게 된 사람이 많아졌지만 친하지 않은 사람이 본인에 대한 정보를 알게 되는 게 꺼려지는 것은 충분히 이해할 수 있다. 하지만 누군가에게 친구 요청을 보내면 상대는 분명 SNS나 프로필로 그 사람의 근황을 보고 또 알고 싶어 한다. 그런데 페이지를 열었더니 아무런 내용이 없다면 실망감이 생긴다. 초대를 받아 집에 놀러 왔는데 모든 문이 닫혀 있는 것과 같은 느낌이다.

사실 자기표현을 완전히 제한하는 것보다는 친구를 분류해서 공개하는 게 더 낫다. 업무적인 이유로 친구 목록에 추가된 '비(非)사적인' 친구의 경우 나는 따로 메모를 남긴다. 이렇게 하면 개인 혹은 가족사진을 올릴 때 '비사적인 관계'의 사람들은 열람이 불가하도록 설정한다. 그러나 내 생각이나 좋아하는 글, 예를 들어 최근에 읽은 책이나 재미있게 본 영화, 화젯거리나 공익 행사, 공감되는 글 등을 올릴 때는 전체 공개로 한다.

효과적으로 인맥을 쌓고 온라인 자원의 편리함을 최대한 활용하고 싶다면 SNS 운영에서도 시간을 들일 필요가 있다.

나는 지인 회사의 채용 소식을 SNS에 잘 올리는 편이다. 친구 중에 '직장의 달인'이 많아서 그들을 도와 다른 사람에게 기회와 정보를 제공하는 것이 즐겁다. 그런데 언젠가 게시물을 올리지도 않고 보지도 않는 줄 알았던 동창에게 느닷없이 연락이 왔다. 개인적으로 연락을 주고받던 사이도 아니었는데 갑자기 내가 하는 일에 매우 흥미가 있다며, 한 친구를 소개해주고 싶다고 메시지를 보내왔다. 당시 나는 조금 황당했다. '설마 내 게시물을 몰래 보고 있었던 거야?'라는 생각이 들었다.

인맥을 넓히고 싶다면 부디 온라인에서 오랫동안 잠수 타는 사람이 되지 않기 바란다. 가끔이라도 게시물을 올리고 댓글도 남기는 것이 좋다. '좋아요'만 눌러도 괜찮다. 상대에게 '내가 당신의 글을 읽었다'는 것을 알릴 수 있기 때문이다. 혹은 가끔씩 마음 가는 대로 댓글을 남기고, 다음에 그 사람과 연락할 일이 있을 때를 위한 발판으로 삼으면 된다. 자고로 인맥은 필요할 때만 찾아서는 안 된다.

모든 사람은 독립적인 '브랜드'를 지녔다. 빛나는 청춘의 아름다움도 브랜드고 중년의 중후한 매력도 브랜드다. 저마다 자주적으로 브랜드를 경영할 수 있다. 이는 온라인에서도 마찬가지다. 브랜드를 어떻게 경영하느냐는 당신이 SNS를 어떻게 활용하느냐에 달려 있다.

사람들에게 자주 하는 말이 있다.

"당신의 부드러운 면모를 보여주지 않으면 사람들은 언제나 당신을 다가가기 힘들고 친해지기 어려운 사람이라고 여깁니다. SNS는 당신의 진실한 모습을 보여주는 곳이며 당신이라는 사람을 더 잘 드러내는 좋은 공간이고요."

직업훈련을 담당하는 한 친구는 SNS에 일 관련 정보를 올리기도 하고 가끔은 재미있던 일상이나 가족과 있었던 일을 올리기도 한다. 스토리텔링에 강해서 본인의 능력을 십분 발휘해 흥미롭고 다채로우며 사람을 끌어들이는 SNS를 운영해나가고 있다. 사람들은 그를 알고 싶어 하고 친해지고 싶어 하며 그의 수업을 듣고 싶어 한다. 이것이 바로 SNS를 잘 활용한 성공 사례 중 하나다.

그래서 풍부하고 다양하고 다채로운 SNS는 아름답게 가꾼 자기만의 브랜드와 같다. 그러니 어떻게 그것을 운영할지에 관해 조금 더 신경 쓰고 시간을 투자할 필요가 있다. 본인의 브랜드를 멋지게 잘 가꾸는 것 역시 인맥을 관리하는 데 많은 도움이 된다.

깊은 관계를 위한
5가지 원칙

오랜 친구 팡팡과 새로운 도시로 이사한 뒤 어떻게 하면 빨리 인맥을 다질 수 있을지에 관해 이야기를 나누었다. 나는 팡팡에게 말했다.

"너처럼 사람 사귀기 좋은 사람이 또 어딨니? 집에서 파티 하는 거 좋아하지, 요리 솜씨는 또 얼마나 좋아. 가는 곳마다 늘 주변에 사람이 많잖아. 새로운 도시로 갔으니 직장 동료나 아이들 친구의 부모부터 시작해봐. 빨리 사귈 수 있을 거야."

"그래. 다들 내가 좋은 사람이라고 하지. 친구가 많은 건 맞아. 그런데 문제가 하나 있어. 나는 사람을 사귄 다음 더 깊은 관계로 들어가는 게 어려워."

팡팡이 그렇게 이야기할 줄은 몰랐다. 서로 알고 지낸 세월이 이미 30년이라 그에 관해서 잘 안다고 생각했는데 정말 뜻밖이었다.

"왜 그렇게 생각해?"

나의 질문에 그는 이렇게 대답했다.

"내가 마음을 잘 열지 않아서 그런가? 모든 사람에게 항상 공평해야 한다고 생각하거든. 누군가에게 빚을 지면 반드시 갚아야 한다는 강박감이 있는 것 같아. 누구에게 빚지거나 감정적으로 상처 주고 싶지 않아. 그래서 어려운 일이 있어도 다른 사람에게 도움을 요청하는 게 싫어."

사실 모든 사람은 사회에서 독립적인 개체로 살아간다. 그러면서도 사람과의 친밀한 관계에 목말라 있다. 왜냐하면 친밀한 관계가 행복의 중요한 근원 중 하나이기 때문이다. 그렇다면 좀 더 깊은 차원의 친밀한 관계를 만들기 위한 다섯 가지 방법을 살펴보자.

1. 귀찮게 하는 걸 두려워하지 않는다

○

인맥 다지기에 관한 흔한 오해가 있다. 절대 다른 사람을 번거롭게 해서는 안 된다는 것이다. 어릴 때 받은 교육 때문에 모든 일은 혼자 해결해야 하고 다른 사람에게 부탁해서는 안 된다고 생각한다. 그래야만 뛰어나고 우수한 사람이 된다고 여긴다. 그러다 보니 점점 혼자만의 세계에 갇혀 다른 사람들과는 왕래하지 않는다. 주고받는 관계는 늘 똑같이 균형을 이뤄야 한다고 생각하는 사람에게 말하고 싶다. 친구는 원래 귀찮은 존재다. 다른 사람에게 먼저 무언가를 부탁하면 오히려 신뢰를 다지고 깊은 관계를 형성하는 데 도움이 된다.

가끔 오전에 일정이 겹쳐 아이들 등굣길을 배웅해주지 못할 때가 있다. 그럴 때 나는 친구에게 도움을 청한다. "미안해. 나 수업이 있어서 그러는데 오늘 우리 애들 좀 데려다주면 안 될까?" 미네소타의 아침은 정말 춥다. 그 추운 아침에 일어나 차를 몰아 아이들을 학교까지 바래다주는 건 번거로운 일이다. 하지만 그 부탁으로 친구와의 관계는 더욱 깊어졌고 연결 고리가 생겼다. 상대를 신뢰한다는 느낌을 주어 친밀감이 형성되기 때문이다. 나중에 그 친구에게 어려움이 생기면 나 역시 발 벗고 나서서 도울 것이다. 그러니 다른 사람에게 부탁하는 일을 두려워하지 말자. 당신의 부탁으로 오히려 그들은 남을 도울 기회를 얻게 된다.

하루는 앞집에 사는 이웃이 찾아와 물었다.

"올해 이집 마당 능금나무에 능금이 많이 열렸던데 혹시 우리 아이들이랑 같이 조금만 따 갈 수 있을까요?"

사실 미국에서는 능금을 잘 먹지 않는다. 과실을 먹으려고 따로 재배하는 나무가 아니기 때문에 열매도 매우 작고 신맛이 강하다. 공손히 부탁하는 그에게 나는 이렇게 대답했다.

"당연히 되죠. 우리 아이들하고 함께하면 되겠네요."

그날 아이들은 방과 후 사다리에 올라 과실을 따며 즐거운 시간을 보냈다. 나는 몇 개만 따서 집 안에 장식품으로 놓아두었지만 그들은 최대한 많이 따서 바구니에 담아 집으로 가져갔다. 며칠 후 앞집 아이들이 커다란 종이봉투를 들고 우리 집에 찾아왔다. 봉투 안에는 능금으로 만든 잼과 말린 능금, 그리고 감사 카드가 들어 있었다. 사실 인사해야 할 사람은 나였다. 맛있는 잼을 맛볼 수 있었으니 말이다. 그 후로 두 집의 사이는 가까워졌다. 내가 쿠키 상사를 보내면 다음 날 이웃은 집에서 기르는 닭이 낳은 달걀을 보답으로 주었다. 사람과 사람의 관계는 이렇게 조금씩 가까워지는 것이다.

자녀를 키워본 사람은 알 것이다. 자기가 낳은 아이는 누구보다 예쁘다. 그리고 몸이 힘들어도 함께하는 시간이 많아질수록 아이가 더 사랑스럽고 더 가까워진다. 사람과의 관계도 똑같다. 그 사람을 위해 많은 시간을 쓰고 돌봐주면 더 사랑하게 되고 관심이 간다. 그러니 부탁하고 귀찮게 하는 일을 두려워하지 말자. 서로 도움을 주고받는 과정을 통해 깊은 우정을 나눌 수 있다.

'그럼 무슨 일을 하든 남의 도움을 받아야 하나요?'라고 묻는 사람이 있을 수 있다. 물론 아니다. 만일 정말 그렇게 한다면 당신은 사람들이 가장 피하고 싶은 인물 1순위가 될 것이다. 다른 사람에게 부탁하는 일은 가끔이어야 하며 반드시 상대의 능력이 닿는 범위 안에서 정도를 지키는 수준이어야 한다. 만일 너무 번거롭고 도저히 하기 힘들어서 상대를 난처하게 만든다면 부탁을 안 하느니만 못하다.

독일에 사는 사촌 동생은 항상 화장품이며 명품을 대신 사다 달라는 사람 때문에 스트레스를 받는다.

"한두 번은 해줄 수 있어. 그런데 신상품이 나올 때마다 봐달라고 한다니까? 사실 우리 집은 완전 시골 동네여서 명품이라고는 찾아볼 수 없거든. 프랑크푸르트 같은 대도시로 몇 시간 차를 몰고 나가야 한단 말이야. 내가 곤란하다고 말하면 어려운 부탁도 아닌데 좀 들어달라고 한다니까? 정말 짜증 나!"

그 외, 친구에게 일자리나 이성을 소개해달라는 일은 평소 당신이 상대를 많이 도와주어 그 사람이 당신을 돕고 싶은 마음이 많이 있을 때 부탁하는 것이 좋다. 또 절대로 처음 만난 사람에게 이런 일을 부탁하거나 다른 사람이 당신을 도와주지 않았다고 불평하는 일은 없도록 하자.

2. 나의 연약함을 공유한다
○

본인의 연약하고 부족한 부분을 친구와 함께 공유한다. 당신이 진심으로 관심을 기울이는 문제나 걱정, 아픔을 공유하는 것이다. 자녀 교육 문제나 건강에 대한 고민, 부모에 대한 걱정 등 모든 것이 화제가 될 수 있다. 당신이 하는 걱정과 고민에 대해서 친구에게 의견을 물을 수 있다. 사업의 방향이나 동료 혹은 상사와의 소통, 자녀 교육 중 생긴 문제나 도전, 일상에서 일어난 문제 등등. 서로 마음을 열고 나누는 과정에서 더 깊은 감정을 공유할 수 있다.

지금 생각해보면 나와 일이나 자녀 교육, 부부 관계의 희로애락을 함께 나눈 친구와의 관계가 그렇지 않은 친구보다 훨씬 가깝다.

나눔은 좋은 것이다. 하지만 매일 반복해서 불만을 터뜨리고 원망이 섞인 부정적인 말을 하거나 이상한 소문을 퍼뜨린다면 사람들은 점점 당신을 멀리하게 될 것이다. 그리고 부부 싸움과 관련된 일은 다른 사람에게 말하지 않는 것이 좋다. 그 문제는 매우 사적이기 때문에 다른 사람에게 말하는 것은 배우자를 배신하는 것과 다를 바 없다.

3. 상대를 이해하고 서로에게 깨달음을 준다

○

상대를 깊이 이해하기 위해서는 먼저 그 사람에 대한 충만한 호기심이 있어야 한다. 진심으로 그 사람의 특징을 이해하려는 마음으로 상대가 좋아하는 일은 무엇인지, 어디서 동력을 얻는지, 취미는 무엇인지, 가장 중요하게 생각하는 것은 무엇인지 등을 물어야 한다. 앞에서도 계속 강조했듯 모든 사람은 다른 사람에게 관심받고 싶어 하며 누군가에게 중요한 존재가 되고 싶어 한다. 가치 있는 질문을 통해 당신은 진정으로 그에 대한 관심과 존중의 뜻을 전할 수 있다. 그래야만 진정으로 깊은 연결 관계가 형성된다.

다니는 교회에서 한 달에 한 번 교우를 찾아가는 전통이 있다. 가령 나와 다른 한 명이 세 집을 방문하는 것이다. 한번은 교회에 새로 나온 제니를 찾아가게 되었다. 미국 백인인 그는 60세 정도에 자식이 많았다. 나이도 배경도 나와 차이가 많이 나는 데다 전혀 알지 못했던 그와 어떻게 해야 깊은 교제가 가능할지 고민했다.

정말 제니에 대해 알고 싶었기 때문에, 그 집을 방문했을 때 그가 열정을 가지고 있는 것에 대해 물어봤다.

제니는 잠시 생각에 빠졌다.

"평생 가족을 돌보는 데 시간을 썼어요. 지금은 손주들을 돌보고 있고요. 제 열정은 가정에서 나오는 것 같아요. 모든 시간을 아이와 손주들에게 쓰고 있거든요."

"그럼 그 외에 또 어떤 일을 특히 좋아해요?"

내 질문에 그는 잠시 말문이 막힌 듯했다.

"첫째를 낳기 전에는 대형 백화점에서 의상 구매 일을 했어요. 나중에 패션에 흥미가 많다는 사실을 발견하고 의상 구매 쪽으로 보직 전환을 신청했죠. 그래서 정기적으로 뉴욕에서 열리는 패션 발표회에도 참석했었죠. 그때가 정말 좋았어요."

나 역시 패션에 관심이 많았기에 왜 그 일이 좋았는지 물었더니 그는 빛나는 눈으로 젊은 시절의 이야기를 해주었다.

"제니, 당신의 이야기를 책으로 쓰면 정말 재미있을 것 같아요. 많은 사람에게 도움될 수도 있을 것 같고요."

그는 나의 제안에 이렇게 대답했다.

"예전에 그런 생각을 한 적 있어요. 하지만 제가 그 일을 할 수 있을지 자신이 없었죠."

"얘기를 들어보니 당신은 필력도 정말 좋을 것 같아요. 지금이라도 한번 시도해보는 건 어때요?"

진정한 친구는 상대를 이해할 뿐 아니라 여러 깨달음을 주고 격려해줄 수 있어야 한다. 그의 전문 응원단이 되는 것이다. 모든 사람은 저마다 두려움이 있다. 특히 중대한 도전이나 결정을 앞두고 있으면 마음속에 혼란과 근심으로 가득하다. 실패에 대한 두려움 역시 커다란 걸림돌이 된다. 이때 친구가 긍정적인 의견을 제시하고 두려움을 극복하도록 도와준다면 깊은 우정을 맺게 될 것이다.

4. 진심으로 상대를 도와준다

○

누군가를 위해 도움을 주면 자연스럽게 관계가 가까워진다.

제니에게 책 쓰는 일을 격려한 후 그를 만날 때마다 진행 상황은 어떤지 이야기를 나누었다.

하루는 이미 원고를 완성했는데 자기가 좋아하는 편집자에게 보여주고 싶지만 오랫동안 연락하지 않아 지금은 연락처를 모른다고 전화가 왔다.

"걱정하지 말아요. 나는 그 편집자를 모르지만 이 세상에는 '6단계 분리 법칙(6단계의 사람들을 거치면 서로 모르는 사람끼리도 쉽게 연결될 수 있다는 정보 전달과 네트워크에 관한 개념을 의미하는 용어−옮긴이)'이라는 게 있잖아요. 중간에 최대 다섯 명만 거치면 당신이 찾고 싶은 사람을 꼭 찾을 수 있을 거예요."

나는 최대한 인맥을 동원해 그 사람을 찾아주겠다고 약속했다. 그 후로 여러 단계를 거쳐 마침내 제니가 찾던 편집자의 이메일 주소를 알아냈다.

상대를 위해 가치를 제공하면 별로 친하지 않던 사람과 친해질 수 있지만, 평범하게 알고 지내던 사람 또한 친한 사이로 만드는 중요한 계기가 되기도 한다. 자기 이익을 챙기려는 것이 아니라 진심으로 돕고자 하는 마음이 있을 때 진정한 친구를 사귈 수 있다.

5. 진실한 나의 모습을 보여준다

○

사람이 다른 사람을 끌어들이는 매력은 열정과 진실함에서 나온다.

하버드 경영대학원 시절 한번은 교수님이 수업 시간에 나를 지목해서 질문했다. 처음에는 술술 잘 대답했는데 교수님이 질문에 질문을 이어가자 답을 찾을 수 없었다. 결국 나는 다른 학생에게 도움을 요청해도 되는지 물었고 교수님은 다른 학생에게 질문을 돌렸다. 수업이 끝나고 뜻밖에도 교수님이 메일을 보내왔다.

"오늘 수업 시간에 정말 감동했습니다. 스스로 답을 찾을 수 없을 때 용기 내어 그것을 인정하고 다른 사람에게 도움을 요청하는 모습이 인상 깊었어요. 다른 학생들처럼 아는 듯이 포장하거나 가식적인 모습을 보이지 않더군요. 교실에 좋은 기운을 불어넣어주어 고맙습니다."

완벽한 모습을 보여야만 좋은 친구를 사귈 수 있다고 생각하는 사람이 있다. 못나거나 실수하는 모습을 보이면 다른 사람에게 무시받는다고 생각하기 때문이다. 그래서 차라리 입을 닫고 있으면 실수를 줄일 수 있으니 아무 말도 하지 않는 게 낫다고 여긴다. 다른 사람의 시선과 평가를 지나치게 의식한 나머지 자신을 너무 통제한다. 그래서 자신을 닫아버리고 표현하지 않으며 섣불리 소통하지 못한다. 사람들 마음속에 완벽한 이미지로 남고 싶기 때문이다.

하지만 이 세상에 완벽한 사람은 없다. 모든 사람은 자기만의 장점이 있지만 단점도 존재한다. 진실한 나의 모습을 솔직하게 드러내면 오히려 사람들과 더욱 가까워질 수 있다. '당신도 나와 똑같이 실수하는 부족한 사람이었군요. 우리 친구가 될 수 있겠어요'라고 생각하기 때문이다.

온라인 생방송 강의를 할 때 나는 하버드 경영대학원에서 배운 교습 방식처럼 갑자기 학생들의 이름을 지목해 질문을 던진다. 그러면 수업이 끝나고 그 학생들에게 "죄송해요. 핵심을 잘 대답하지 못한 것 같아요"라는 메시지가 온다. 이렇듯 많은 이가 쉽게 자기 비하의 함정에 빠진다. 하지만 사실 나는 그 학생들의 대답이 아주 훌륭하다고 생각한다. 그들의 생각이 내게 많은 깨달음을 선사하기 때문이다.

진실한 내 모습을 있는 그대로 보여줄 때 상대가 나를 더욱 잘 이해하고 깊은 관계로 나아갈 수 있다. 가식적이고 꾸며진 나의 모습은 눈속임에 불과해서 깊은 관계를 만들지 못한다. 아무리 다른 사람에게 보여주고 싶은 모습이 있다고 해도 그게 진실하지 않으면 언젠가는 탄로나게 되어 있다. 다른 사람을 평가해서도 안 되지만 내가 다른 사람의 평가를 받는 걸 두려워해서도 안 된다. 나의 장단점을 정확히 인식하기만 해도 내면에서 우러나오는 진정한 힘과 자신감을 얻을 수 있다.

인맥은
'점'이 아닌 '선'이다

　　많은 이들이 내게 평소에 늘 사람들을 만나 식사하고 그 내용을 모두 기록하고 일일이 다 챙기면서 관리까지 하면 너무 바쁘지 않느냐고 묻는다. 실제로 그렇다. 출근해서 물 한 모금 마실 시간 없이 정신없이 지나가는 날이 태반이고, 퇴근하면 아이들을 돌보고 주말에는 부모님 댁에도 방문해야 한다. 그럼 대체 언제 어떻게 시간을 내서 인맥을 관리할까?

　　사실 인맥 다지기는 일종의 생활 방식이자 습관이다. 아마 매일 아침 일어나 세수하고 양치질하는 시간을 모두 계산하고 기록하는 사람은 없을 것이다. 왜일까? 이미 습관으로 굳어졌기 때문이다. 그렇다면 어떻게 해야 인맥 다지기를 습관으로 만들 수 있는지 다음 일곱 가지 방법을 살펴보자.

1. 점심시간을 활용한다.

○

퇴근 후 혹은 주말 시간은 당연히 가족이 우선시되어야 한다. 그러니 평일 점심시간을 활용해 인맥을 다지는 것이 가장 효과적이다. 같은 팀 동료 혹은 다른 팀 동료나 상사, 선배나 업무 파트너와 약속을 잡아 점심을 함께하도록 하자. 온라인으로만 연락하는 사람과 약속을 잡아 함께 식사하는 것도 좋은 방법이다.

보통 점심시간은 한 시간 정도로 정해져 있다. 이는 상대를 이해하기에 충분한 시간이며 화젯거리가 떨어질 때쯤 마무리할 수 있는 적당한 시간이다. 함께 먹는 요리부터 시작해 주말 계획이나 업무 내용, 취미생활 등에 관해 사적인 자리에서 이야기를 나누다 보면 자연스럽게 연결 고리를 강화할 수 있다. 누구와 만나든 식사 전에는 화제를 넉넉히 준비해 가는 것이 좋다. 그렇지 않으면 상대가 말이 없는 사람일 경우 정말 밥만 먹다 오는 수가 있기 때문이다.

일대일로 식사하면 융통성 있게 시간을 조율할 수 있고 상대에 대해 더 깊이 이해할 수 있다.

네 명 정도와 함께 식사하는 것도 괜찮다. 네 명이 대화를 주고받는 과정에서 서로 다른 화학적 반응이 일어난다. 대화의 범위가 훨씬 넓어지고 순식간에 공동체로 결속될 수 있다. 그중 당신이 특히 더 좋아하는 사람이 있다면 나중에 따로 만나서 식사하자는 제안을 할 수도 있다.

'서너 명까지는 감당할 수 있는데 열 명이 넘어가면 어떻게 해야 할지 모르겠어요'라고 말할 수도 있지만 만일 당신이 그 모임의 주최자 혹은 약속을 잡은 사람이라면 충분히 감당할 수 있다. 여덟 혹은 열 명 정도가 모이는 자리라면 참석자 대부분이 아는 사람일 것이다. 아니면 당신이 아는 다섯 명 정도에게 재미있는 친구를 데려오라고 해도 좋다. 만일 조건이 되어 집에 손님을 초대할 수 있다면 파티를 여는 것도 매우 좋은 방법이다. 가구나 인테리어, 책꽂이에 꽂힌 책이나 주방 도구 등에 관해 이야기를 나눌 수 있고 사람들에게 당신의 더 많은 면모를 보여줄 수 있다. 집에서 식사를 하든지 밖에서 하든지 참석자들의 적극성을 동원할 수 있는 화제나 게임 등을 준비해 가는 것도 좋은 방법이다. 나는 식사 모임에 부부를 초대하는 걸 좋아한다. 그러면 커플의 연애사를 들을 수 있어서 자연스러우면서도 편하게 그들을 이해할 수 있다.

2. 행사를 활용한다

○

직장에 다니는 사람이라면 업계 회의나 포럼 등에 참석할 기회가 있을 것이다. 이런 행사에 참석할 때는 업계 지식을 이해하는 게 중점이 아니다. 그런 지식은 평소 공부를 통해서도 충분히 얻을 수 있다. 더 중요한 것은 인맥을 다지는 일이다.

행사 전에는 어떤 사람들이 참석하는지 알아야 한다. 어떻게 참석자 명단을 얻을 수 있을까? 행사 전에 사람들을 많이 끌어들이기 위해 주요 참석자의 명단을 공개하는 곳이 있다. 아니면 조직위원회를 찾아가 도울 것은 없냐고 물어보면서 명단을 얻어내는 것도 방법이다. 행사 준비로 정신없고 힘든 스태프에게 도움을 주거나 좋은 의견을 제시하면 덕분에 가장 먼저 자료를 받아볼 수 있다. 그런 다음 참석자들에 대해 사전에 정보를 검색해 어떤 대화를 나누면 좋을지 생각해보도록 하라.

얼마 전 미네소타 주 무역 사무실에서 연례 수자원 포럼을 개최했다. 무역 사무실 과학기술 담당자인 '조'와는 예전에 행사에서 한 번 만나 그 뒤로 몇 번 식사를 같이하면서 가까워졌다. 이번에도 그는 나를 연례행사에 초대해 수자원기술 관련 기업을 소개해주었다.

행사장에 도착하면 전략적으로 의미 있는 장소가 어디가 될지 먼저 둘러봐야 한다. 예를 들면 강단이나 식당, 간식 부스 같은 곳이다. 중간에 쉬는 시간이 되면 그런 장소가 가장 쉴 수 없는 공간이 된다. 사람들 모두 그곳에 모여 서로 인사와 이야기를 나눈다. 음식으로 이야기를 시작해 본인은 어떤 일을 하고 또 상대는 어떤 일을 하는지 서로 묻고 대답하며 명함이나 이메일 주소를 주고받는다.

점심식사가 나오면 같은 테이블에 앉은 일고여덟 명과 좀 더 상세하게 이야기를 나눌 수 있다. 예를 들어 이번에 행사에서는 옆에 앉은 사람이 미네소타 주립대학교 과학기술 부처에서 일했다. 나는 그에게 최근 주로 어떤 부분에서 과학기술 관련 성과를 이뤄냈는지, 만일 그 기술을 중국으로 유치하려면 어떤 부처의 사람과 연락해야 하는지 등을 물어봤다. 그는 아주 기쁘게 관련 정보를 알려주고 많은 부분 도움을 주었다. 내가 같은 테이블에 앉은 사람들에게 등산을 좋아하며 경치를 감상하는 걸 좋아한다고 말했더니 하나둘씩 생각나는 장소를 말해주며 주립공원을 소개해주기도 했다. 이렇듯 테이블의 대화 주제는 점점 더 다양해졌다. 행사가 끝나고 나는 그들에게 만나게 되어 매우 기쁘며 이렇게 연락할 수 있게 된 것과 좋은 장소를 소개해준 것에 감사하다는 내용의 메일을 보냈다. 아울러 시간이 되면 다음에 함께 점심을 먹자는 말도 덧붙였다. 집에 돌아와 나는 그 사람들을 어디에서 알게 되었는지, 주로 어떤 이야기를 했는지, 그들의 취미는 무엇인지 명함 뒤에 적어놓고 인맥 데이터베이스에 정리해두었다. 물론 조에게도 메일을 보내 오늘 행사에 초대해주어 감사하며 곧 만나자고 했다.

이처럼 행사가 있을 때마다 나는 최대한 많은 사람을 사귀려고 노력한다. 중요한 건 유명한 사람과 동석하는 게 아니다. 물론 그런 사람들과 악수하고 단체 사진을 찍을 수는 있겠지만 그렇다고 그들이 진짜 나를 기억하는 것은 아니다. 개인 휴대전화 번호가 찍힌 명함을 쉽게 주지도 않을 것이다. 하지만 비서나 부서 매니저 같은 유명인의 주변 사람에게 다가가 인사를 나눌 수는 있다. 이런 사람들과는 의미 있는 인맥 관계를 형성할 수 있다.

회의나 포럼이 있을 때마다 "또 재미없는 행사에 참석해야 해!"라고 불만을 터뜨리는 친구에게 늘 이렇게 충고한다.

"절대 재미없다고 생각하지 마. 얼마나 많은 인맥을 쌓을 수 있는데. 정말 중요한 기회야!"

한편 행사나 회의에 참석할 때는 앞줄에 앉기를 권한다. 또 질문을 미리 생각해 가는 게 좋다. 그 이유는 첫번째, 먼저 앞줄에 앉으면 집중하기 쉽다. 어릴 때도 그런 경험을 해봤을 것이다. 교실에서 가장 앞줄에 앉아야 선생님 말씀에 집중하기 쉽다. 뒤쪽에 앉을수록 자꾸만 딴짓을 하게 된다.

두번째, 앞줄에 앉으면 사회자나 강연자, 귀빈의 주의를 끌기 쉬워 그들과 소통하기 쉽다. 하지만 회의 내용이나 연설자에 대한 조사 등 사전 준비를 잘해 가는 것이 좋다. 당일 연설 혹은 회의 의제에 관해 미리 몇 가지 질문을 준비하면 연설자와 심도 있는 대화를 진행할 수 있다. 또 발표를 듣는 과정에서 깊이 생각할 수 있고 좋은 질문이 떠오를 수도 있다. 일반적으로 이런 포럼이나 회의에는 질의응답 시간이 있기 마련이다. 이 순서를 잘 활용해 손을 들고 질문해보도록 하라.

회의 후에는 연설자에게 가서 당신을 소개하고 질문에 대답해준 것에 감사 인사를 전하면서 많은 깨달음을 얻었다고 말한다. 가능하다면 명함이나 전화번호를 주고받아도 되고 식사 약속을 잡아도 좋다.

3. 자투리 시간을 활용한다
○

시간과 정력을 아끼면서 많은 정보를 얻을 수 있는 인터넷이 보편화된 이상 우리는 이 자원을 적극적으로 활용할 필요가 있다. 온라인을 통해 사람을 사귀고 인맥을 강화하는 것이다.

SNS 게시물에 '좋아요'를 누르는 것은 어느 때고 할 수 있는 일이다. 댓글을 남길 때는 친구의 특징이나 칭찬할 만한 점을 찾아 이야기해주고 문제가 있을 때는 개인적으로 메시지를 주고받는다. 이 모든 것은 오랜 시간을 필요로 하지 않는다. 버스나 지하철, 혹은 택시를 기다리는 등 잠시 짬 나는 시간에 충분히 할 수 있다.

인터넷서핑에만 시간을 보낸다면 별로 득 될 게 없다. 공부되지도 않고 소중한 시간이 하릴없이 지나가버린다. 하지만 만일 이런 시간을 활용해 틈틈이 SNS를 보거나 사람들과 소통한다면 효과적으로 인맥을 관리할 수 있다.

4. 나에게 맞는 사교 단체를 찾아 활동한다
○

나에게 맞는 사교 단체를 찾아 정기적으로 참여하는 것도 효율적으로 인맥을 다질 좋은 방법이다.

'일하기도 바쁜데 사교 활동까지 어떻게 하나요?'라고 물을 수 있다. 매일 하라는 게 아니다. 그럴 필요도 없다. 하지만 1년에 한 번 열리는 대형 행사의 봉사자로 참여하는 것은 어떠한가? 몇 주만 잠깐 바쁘게 지내고 끝낼 수 있다. 그렇지만 그것을 준비하는 몇 주 동안 다양한 사람과 질 높은 교제가 가능하다.

나는 5년에 한 번씩 열리는 하버드 경영대학원 행사에 스태프로 자원해 활동하고 있다. 행사 3개월 전에 한두 번 컨퍼런스콜을 통해 행사의 세부적인 부분만 논의하면 끝난다. 학생들도 모집해야 하고 만찬과 기념품까지 챙겨야 하며 자국 교우만을 위한 행사도 따로 기획해서 정말 바쁠 것 같지만 사실은 그렇지 않다. 왜냐하면 다른 봉사자들과 일을 분담해서 진행하기 때문이다. 이 짧은 준비 과정을 통해 기획자와 봉사자 그리고 행사에 참여하는 동문과 좋은 관계를 맺고 우정도 다질 수 있다. 다른 사람을 위해 기꺼이 봉사하는 사람은 좋은 인상을 남긴다.

같은 배경이나 비슷한 취미를 가진 사람을 모아 행사를 기획할 수 있다면 한번 시도해보자. 취미도 즐길 수 있고 모임을 기획한 사람이 본인이기 때문에 온전히 자신의 의도대로 시간을 정할 수 있어서 융통성을 발휘할 수 있다.

나의 하버드 동문이자 'Happy Sharing'(쓰지 않는 물건을 서로 교환하는 플랫폼-옮긴이)의 창시자 중 한 명인 스티븐은 500명이 한꺼번에 참여하는 단체 대화방을 두 개나 운영 중이다. 대화방 이름은 '재능 나누기'로 모든 사람의 재능을 모아 의미 있는 일을 해보자는 취지로 만들어졌다. 그가 운영하는 단체 방에는 세 개의 규칙이 존재한다. 첫째, 돈 되는 일만 이야기할 것. 둘째, 럭키머니(위챗페이로 주고받는 용돈-옮긴이)는 거절하지 않을 것. 셋째, 방장에 관해서는 칭찬하지 말 것. 사람들은 이 세 가지 규칙을 매우 좋아한다. 만일 규칙을 위반할 경우 3달러 정도의 벌금을 내야 한다. 이 단체방 사람들은 매주 식사 모임을 하는데 매번 딱 12명씩만 참가할 수 있고 식사비는 모두 각자 계산한다. 하지만 매번 모일 때마다 그날의 연사를 하나씩 세워 재미 있는 주제로 토론을 한다. 인공지능부터 시작해 국제학교, 부부 관계와 개인의 열정 등에 이르기까지 모두가 관심 있고 또 걱정하는 주제를 다룬다. 정말 의미 있고 재미있는 모임이 아닐 수 없다.

5. 도와준 사람에게 꼭 감사 인사를 전한다

○

만일 누군가 당신을 도와줬는데 그에 대해 감사 인사를 하지 않았거나 오랜 시간이 흘러서야 생각났다면 그 인맥은 버려진 것과 같다. 필요할 때 그 사람에게 다시 도움을 요청하려면 전보다 훨씬 더 많은 에너지를 쏟아야 가까스로 신뢰 회복이 가능하다. 사실 나를 도와준 사람에게 바로바로 감사의 인사를 표현하는 건 많은 시간을 필요로 하지 않는다. 전화나 문자 한 통 혹은 작은 선물을 보내는 것으로 끝낼수 있다. 감사 인사를 전하는 건 인맥 은행에 저금하는 것과 같다. 이예금이 많이 쌓일수록 필요할 때 바로바로 꺼내서 쓸 수 있다.

누군가에게 도움을 주고 싶을 때는 당신의 선의를 전하고 도와주면 된다. 당신은 쉽게 한 일이지만 누군가에게는 인생의 큰 문제가 해결된 것일 수도 있다. 어렵게 생각하지 않아도 된다. 작은 것부터 시작해보자. 누군가 어려운 문제를 만나 고민하고 있는 걸 보았다면 위로의말을 전해줘도 되고 누군가 궁금해하는 것이 있으면 잘 듣고 아는 만큼 대답하면 된다. 당신의 인맥을 활용해 필요한 사람을 소개해도 좋다. 이런 작은 일들은 몇 분만 있으면 할 수 있다. 하지만 상대는 매우고마운 선의로 느낄 것이다. 선의가 쌓이면 당신 인맥 계좌의 예금도늘어나는 셈이다.

'인맥은 원래 귀찮은 것'이라고 자주 이야기한다. 주고받는 것은 균형을 이뤄야 한다. 그래야 인맥 계좌가 마이너스통장이 되지 않을 것이다.

6. 인맥은 '점'이 아닌 '선'이다

○

나는 베이징이나 상하이로 가끔 출장을 가는 편이다. 갈 때마다 일정은 짧은데 만나고 싶은 사람이 너무 많아서 함께 봐도 좋을 사람들은 같이 만나는 편이다. 지난번 베이징에 갔을 때는 온라인 강의를 함께 진행 중인 주요 인력과 밥을 먹었다. 동시에 셀프미디어 콘텐츠를 운영하는 친구와 아동교육 센터를 운영하는 친구를 불렀다. 그 모임에서 나는 콘텐츠를 운영하는 친구가 온라인 강의를 운영하는 사람들에게 다양한 제안을 해주기 바랐고, 아동교육에 종사하는 친구가 콘텐츠를 운영하는 친구에게 일부 과목을 개설해주기 바랐다. 온라인 강의로 교육 센터를 홍보할 수 있을 거라고 생각했다.

상하이에 갈 때면 서로 잘 아는 하버드 동문들에게 연락해 함께 밥을 먹으며 최근의 삶이나 자녀 교육과 같은 문제에 관해 이야기한다.

미네소타에서는 해마다 절기에 맞춰 세 번 정도 파티(정월대보름, 중추절, 추수감사절)를 연다. 내가 아는 현지의 모든 친구들을 초대해 함께 식사를 나누고 절기를 축하한다. 그 자리를 통해 사람들에게 인맥을 쌓고 우정을 다질 무대를 마련하는 셈이다. 우리 집 파티에서 서로 알게 된 사람들은 서로 업무적으로 협력을 이어가기도 하고 우정을 쌓고 있다.

7. 사후 관리는 지속적으로 한다

○

사람을 만나서 악수하고 명함을 받은 뒤 돌아서서 잊으면 안 된다. 회의나 면담 중에 새로운 사람을 알게 되었다면 명함을 받고 이야기를 나눈 뒤에 만남의 시간이나 장소, 상대의 특징과 대화의 주요 내용, 상대방의 취미나 관심사를 명함 뒤 혹은 휴대전화 연락처 비고란에 기록해야 한다. 이로써 당신만의 인맥 데이터베이스를 만들어보자. 집에 돌아간 후 24시간 안에 상대에게 오늘 만나 즐거웠으며 다음에 다시 만나게 되기를 바란다는 메시지를 보낸다. 만일 해당 인맥에 특별히 관심이 있거나 그 사람과 공동의 관심사가 많았을 때, 혹은 비즈니스 기회가 있을 것 같다고 판단되면 일대일로 만나 식사할 기회를 마련한다. 이로써 상대를 더 깊이 이해하고 진정한 당신의 인맥으로 만들 수 있다.

앞에서 언급했던 조와 처음 일대일로 점심을 먹었을 때, 그는 얼마 전 배우자를 잃었다는 슬픈 소식을 내게 전했다. 나는 이 정보를 놓치지 않고 기록해두고 다시 그를 만났을 때 요즘 혼자 지내는 건 괜찮은지 물었다. 그는 최근에 재혼해서 행복하게 살고 있고 아이들은 어떤지 등을 말해주었다. 내가 정말 똑똑해서 그 사람들의 근황을 다 기억하는 것은 아니다. 그저 기록하는 게 습관이 되었을 뿐이다. 기록은 정말 몇 분 걸리지 않지만 그것을 통해 사람과의 거리를 좁힐 수 있다. 당신이 그 사람의 삶에 관심이 있다는 증거이기 때문이다.

세상의 모든 사람에게는 동등한 시간이 주어진다. 바쁘게 돌아가는 현대사회에서 사람들은 야속하게 흘러가는 시간을 원망한다. 허지만 그 가운데서 삶의 우선순위를 정하기 바란다. 모든 걸 다 해내려고 하지 말자. 매일 최소한 중요한 일 세 가지만 완성하면 성공한 것이다.

외국인이 미국 사회에
진입하는 법

미국에서 생활한 지도 이제 19년이 되었다. 어느 날 한 친구가 미국에서 사람을 사귀는 것은 중국과 어떤 차이가 있는지 물었다. 결론적으로 말하자면 그리 다르지 않다.

기본적으로 물질적 측면에서 미국인과 아시아인은 다음과 같은 공통점이 있다.

- 맛있는 음식을 먹는 것을 좋아한다.
- 건강을 유지하고자 한다. 운동, 건강보조식품, 피부 관리 등에 관심이 많다.
- 아름다운 것을 좋아하고 이에 대한 갈망이 있다. 대자연의 아름다운 풍경이나 집 안 인테리어, 패션이나 장신구, 미녀 혹은 미남 등이 포함된다.

이어서 정신적인 측면이다.

- 호기심이 있으며 새로운 지식에 대한 갈망이 있다. 기적 같은 일을 보면 감동한다.
- 새로운 사람에게 인정받고 수용되고자 하는 갈망이 있다.
- 결혼, 가정, 친구 관계를 중시하며 친밀한 관계를 통해 행복을 얻고자 한다.
- 다른 사람을 도와주는 과정에서 만족감과 즐거움을 느낀다.
- 일정한 커뮤니티나 사회적 지위에 속하고 싶어 한다.

인맥 쌓기에서 나는 진심으로 사람들에게 다가갈 것을 계속 강조한다. 따뜻하게 사람을 대하고, 상대와 나의 공통점을 찾으려 노력하면서, 그들에게 가치를 제공하는 것은 국가를 막론하고 누구에게나 통용된다. 위에서 말한 공통점은 가정이나 자녀, 건강이나 음식, 여행이나 스포츠 등 공동의 화제를 찾아 대화를 나누는 데 많은 도움이 된다.

하지만 문화나 전통, 습관이 달라서 미국인과 아시아인 사이에 일부 차이점이 존재하는 건 사실이다. 그러나 이러한 다름을 인정하고 나면 그들과 어울리는 데 큰 도움이 되며 오히려 그들의 특징과 장점을 잘 이해할 수 있어 효과적인 방법으로 관계를 맺고 깊은 우정을 쌓을 수 있다.

처음 미국에 오면 사람들이 매우 친절하다는 인상을 받는다. 특히 대도시가 아닌 곳에서는 길을 가면서도 맞은편에서 걸어오는 사람에게 인사하거나 최소한 눈인사를 한다. 하지만 어느 정도 살다 보면 미국인이 다소 형식적이고 자기를 잘 드러내지 않는다는 느낌을 받는다. 예를 들어 사람을 만나면 'How are you?'라고 묻지만 사실 그건 정말로 당신이 어떻게 지내는지 궁금해서 묻는 게 아니다. 만일 '요즘 잘 못 지내요'라고 말한다면 그건 선을 넘은 말과 같아서 상대는 어찌할 바를 모른다.

미국인은 대부분 다른 사람을 돕기 원한다. 예를 들어 큰눈이 내려 자동차 바퀴가 도랑에 빠졌다면 뒤에 오던 차량이 가던 길을 멈추고 도움이 필요한지 물어올 것이다. 이웃도 먼저 도움을 주는 문화가 형성되어 있다. 가령 집 앞에 쌓인 눈을 아침 일찍 쓸어내지 못한 경우에는 앞집 사람이 자기 집 앞의 눈을 다 쓸고 난 후 우리 집 앞도 쓸어준다. 또 일주일 동안 휴가를 가면 매일 배달되는 신문을 현관문 안으로 넣어주어 빈집이라는 것이 알려지지 않게 도와준다. 중국인은 낯선 사람에 대해 많이 경계하는 편이라서 미국 이웃과의 상호 교류에서는 주도성이 다소 부족한 편이다.

미국인은 사생활에 대한 경계가 매우 분명하다. 본인의 나이나 체중, 경제적인 수입이나 혼인 관계, 성적 취향 등을 모두 개인의 사생활로 간주하며 쉽게 다른 사람에게 잘 말하지 않는다. 하지만 중국인은 다른 사람의 수입을 잘 물어보는 편인데 이는 미국인에게는 매우 실례다. 중국 친구에게는 밤 10시에 전화를 걸어도 큰 문제가 되지 않지만 미국인은 보통 밤 9시를 넘으면 연락을 잘 하지 않는다.

미국인은 각종 커뮤니티 활동에 참여하는 것을 좋아한다. 학교 학부모 위원회에 많은 부모가 매우 적극적으로 참여한다. 각종 자선 기구나 공익단체에도 적극적으로 참가해서 활동하는 편이다. 그것이 자기 의견을 말하는 것을 좋아한다는 뜻은 아니다. 참여하는 주목적은 다른 사람을 위해 봉사하고 자신의 생각을 다른 사람이 듣고 알아주기 바라는 것이다. 미국에 사는 중국인은 보통 자기 가정에 더 많이 신경 쓰는 편이어서 학부모 위원회 같은 곳에서는 확실히 미국인보다 적극성이 떨어진다.

미국인은 감사 표현을 잘한다. 만일 미국 친구를 집에 초대해서 음식을 대접하면 보통 감사의 카드를 써 온다. 아이의 경우 생일선물을 받으면 꼭 감사의 카드로 답장을 보낸다. 미국 부모는 아이가 감사하는 습관을 기르도록 가르친다. 누군가에게 도움을 받았으면 꼭 감사 카드를 보내는데 이는 어릴 때부터 길러진 습관이다. 감사 카드 말고도 미국인은 상품권으로 감사의 마음을 잘 표현한다. 매년 새해가 되면 보통 많은 사람이 아이들 선생님이나 자기를 도와준 사람들에게 스타벅스나 주변 레스토랑, 혹은 월마트 같은 슈퍼마켓의 상품권을 선물한다. 금액은 10달러에서 20달러 정도로 받는 사람도 부담이 없고 주는 사람도 감사의 마음을 표현하기에 적당한 액수다. 친구가 결혼하면 보통 25달러에서 100달러 사이의 축하 선물을 건넨다.

미국인은 불의를 보면 참지 못한다. 새치기하면 큰소리로 제지한다. 미국에 온 지 얼마 되지 않았을 때였다. 한번은 슈퍼마켓에 들러 우유를 사려는데 시간을 아끼려고 남편이 차를 입구에 대고 나를 기다렸다. 그런데 한 미국인이 걸어와 창문을 두드리면서 공중도덕을 지키지 않는다며 차는 주차장에 대라고 경고했다. 또 한번은 아이를 등에 업고 무단횡단을 했더니 옆에 있던 미국인이 크게 소리를 질렀다. 처음 미국에 왔을 때는 다소 '오지랖'처럼 보이는 행동에 적응이 잘 안 됐지만 지금은 정의감 넘치는 미국인의 모습에 오히려 감탄한다.

미국인은 금전 관계가 발생하는 걸 좋아하지 않는다. 미국인 고객 한 명이 중국 회사와 업무 협력에 관한 협상을 하면서 중국 기업 관리층을 미국으로 초대했다. 그중 중국의 프로젝트 매니저가 주방 기구에 관심이 많았는데 인터넷으로 2천 달러 정도의 칼 세트를 사고 싶어 했다. 그런데 아쉽게도 본인의 중국 신용카드를 사이트에서 사용할 수 없어서 내 고객에게 대신 구매해주면 중국에 돌아가서 돈을 보내주겠다고 말했다. 사실 이건 중국인 사이에서는 지극히 정상적인 일이다. 심지어 돈을 받지 않고 그냥 선물로 줄 수도 있다. 하지만 미국인의 눈에는 너무 복잡한 일이다. 미국인 고객은 내게 전화로 그 돈을 정말 받을 수 있냐고 물었다. 나는 걱정하지 말라고, 분명히 돈을 갚을 거라고 대답했다. 그러자 그는 "난 정말 그 사람과 친구가 되고 싶어요. 그래서 금전적인 분쟁이 일어나지 않길 진심으로 바라요"라고 말했다. 이 일로 나는 미국인의 금전관을 알게 되었다. 보통 그들은 상대와 금전적인 갈등이 일어나는 걸 원하지 않는다.

이상은 내가 관찰한 미국인의 특징이다. 그렇다면 미국인과는 어떻게 어울리고 인맥을 쌓을 수 있을까? 다음의 몇 가지 방법을 함께 살펴보자.

첫째, 목소리 내는 법을 배운다. 아시아인은 보통 자기 마음을 속에 잘 담아놓는다. 그래서 가끔 소통에 문제가 발생하기도 한다. 전통적으로 내성적이고 함축적인 걸 아름다운 것으로 보기 때문에 목소리를 내거나 생각을 명확히 표현하는 데 익숙하지 않다. 하지만 미국 사회에서는 목소리를 내지 않으면 누구도 들어주지 않고 의견을 피력할수 없어 아무에게도 관심받지 못한다. 만일 회사에서 조용히 일만 열심히 하다가는 상사와 잘 소통하지 않는다는 인상을 주고 그렇게 되면 승진의 기회도 없다. 미국 사회에서는 목소리를 내고 자기 의견을 표현하는 법을 배워야 한다. 말솜씨를 늘려 언어적인 교류 능력도 키울 필요가 있다. 그렇지 않으면 무시당하기 십상이다. 오스카 최우수 다큐멘터리상 후보에 올랐던 영화 〈아바쿠스: 감옥에 가기엔 너무 사소한(Abacus: Small Enough to Jail)〉을 보면 잘 알 수 있다. 미국 사회에 소수자가 목소리를 내 자신의 권리를 보호하는 내용이다.

둘째, 사회 활동과 봉사활동에 적극 참여한다. '자기 집 앞만 청소한다'는 이미지는 없앨 필요가 있다. 학교 내 학부모 위원회 등과 같은 활동에도 많이 참여하도록 하자. 그러면 아이의 학교생활에 관해 더많이 발언하고 참여할 수 있다. 또한 다른 학부모들과 많이 교류하고 인맥을 쌓을 수도 있다. 각종 사회 활동에 참여하는 것도 좋은 방법이다. 자선사업이나 업계 협회, 교우회 등과 같은 모임에 많이 참여한다. 이런 모임을 조직하면 다른 사람을 위해 봉사할 수도 있고 사람들을 사귀어 인정받을 좋은 기회를 얻을 수 있다.

셋째, 본인의 특장점을 발휘한다. 미국 사회에서는 '도광양회'(韜光養晦, 자신을 드러내지 않고 때를 기다리며 실력을 기른다는 뜻−옮긴이)의 미덕은 버려도 좋다. 본인의 능력과 장점을 발휘하되 우쭐대거나 경거망동하지 않고 겸손한 모습을 유지하면 된다. 미국에서는 자신감 넘치는 사람을 더 좋아한다. 거짓말을 하라는 게 아니다. 모든 사람은 자기만의 장점이 있다. 그것을 잘 발휘해서 겉으로 드러내라는 말이다. 본인의 장점과 특기를 발휘해 시선을 끌면 더 많은 사람이 당신 주위로 몰려들 것이다.

넷째, 적극적으로 다른 사람을 도와준다. 사람은 누구나 자기만의 가치를 지니고 있다. 이국땅에 살고 있을지라도 자기만의 가치를 발휘해 다른 사람을 도울 수 있다. 이때 필요한 건 진실함과 성실함 그리고 귀찮은 것을 피하지 않는 태도다. 적극적으로 다른 사람을 도우면 반드시 친구를 얻을 수 있다. 친구의 자녀가 결혼한다고 하면 당신의 집을 손님 대기실로 사용해도 좋다. 이제 막 출산한 친구가 있으면 작은 선물을 준비하거나 집으로 먹을 걸 보내주고 아이를 돌봐주면서 잠깐 눈을 붙일 수 있게 해주어도 좋다. 이런 도움은 당신의 진실한 마음을 잘 드러낼 수 있고 특별히 귀찮은 일도 아니다. 또 다른 사람을 도와줌으로써 진정한 기쁨을 얻을 수 있고 국가를 막론하고 친구를 사귈 수 있다.

다섯째, 감사한 마음을 표현한다. 누군가의 도움을 받았다면 반드시 그 사람이 알 수 있도록 감사함을 표현하는 것이 좋다. 미국 친구들의 감사법을 잘 보고 배우면 된다. 그들은 어릴 때부터 감사의 카드로 본인의 마음을 표현하며 새해나 절기 때마다 상품권으로 전달한다. 한번은 미국 친구에게 사격을 배운 적이 있었다. 회사 임원이었던 그는 점심시간에 나를 사격장으로 데려가 가르쳐주었다. 정말 고마운 마음에 훈련이 끝나고 사격장에서 사용할 수 있는 75달러 정도의 상품권으로 마음을 전했다.

여섯째, 사회질서와 공중도덕을 잘 지킨다. 무단횡단을 삼가고 공공

장소에서는 크게 떠들지 말자. 아이들이 식당에서 뛰어다니거나 떠들지 못하게 주의를 주고, 상점 안에서 사지 않는 물건은 제자리에 가져다 놓도록 한다. 물건을 구매한 후 쇼핑 카트는 제자리에 가져다 놓고 공공자원이나 자연경관 등을 훼손하지 않도록 한다. 또 기본적인 예의나 질서는 반드시 준수한다. 분리수거를 철저히 하고 쓰레기수거일 전날 쓰레기통을 내놓는 등 기본적인 규칙은 잘 지키도록 하자. 집 앞 정원의 잔디나 나무를 잘 가꿔 단지나 마을 경관을 훼손하는 일이 없도록 한다. 사회질서 및 공공도덕을 준수해야만 다른 사람의 존중을 받을 수 있다.

일곱째, 주도적으로 사람을 사귀고 자신만의 커뮤니티를 구축한다. 나는 아이들이 학교에 입학한 뒤 아이들 반 학생들을 집에 자주 초청했다. 또 아이들과 친한 친구들의 엄마들을 정기적으로 초대해 함께 점심을 나누었다. 그들을 통해 학교에 관한 정보도 얻을 수 있었고 자녀 교육에 관한 방법도 배웠다.

새로운 이웃을 보면 먼저 찾아가 같은 단지에 온 걸 환영했다. 또 그들을 집으로 불러 함께 식사를 나누었고 이웃과 함께하는 독서회나 크리스마스 행사 같은 것을 만들어 진행했다. 가까운 이웃이 생기면 편안함을 누리며 안전하고 즐거운 생활을 이어갈 수 있다.

회사에서 점심시간에 혼자 먹지 말고 팀원이나 다른 팀 사람과 함께 식사하도록 노력하면 상대를 더 잘 이해하고 인맥을 넓히며 소통할 좋은 기회를 얻을 수 있다. 동료들과 소통해 공감대를 형성하면 업무 환경도 더욱 따뜻하고 우호적으로 바뀌며 팀워크도 좋아진다.

미국 친구를 집으로 초대해 여러 이벤트를 기획하는 것도 좋은 방법이다. 집에서 모임을 하면 교류도 더 활발해지고 친밀감도 높일 수 있다. 삶의 즐거움을 함께 나누며 식사를 하는 사람들은 그렇지 않은 사람들보다 훨씬 가깝게 지낼 수 있다.

미국은 완전히 다른 나라지만 사람과 사람 사이의 관계와 교제는 똑같이 우리 삶의 행복을 좌우하는 중요한 바로미터 역할을 한다.

4장

·
·
·

직장에서
인맥 다지기

당신의 상사를
관리하라

　　《하버드 비즈니스 리뷰》의 유명한 글 중 하나인 〈당신의 상사를 관리하라(Managing Your Boss)〉에서 존 코터와 존 가바로는 다음과 같이 제언한다.

　"어떻게 하면 업무를 더 효율적으로 처리할 수 있을지 생각해보라. 당신은 어떤 방식으로 업무에 필요한 자원과 정보, 제안과 허락을 얻어낼 것인가? 이에 대한 답은 항상 권력과 영향력을 지닌 사람, 즉 당신의 상사에게 달려 있다. 만일 상사와 상호 존중과 이해의 관계를 형성하지 못한다면 업무에 커다란 차질을 빚게 될 것이다."

　내가 여기서 말하고자 하는 상사에 대한 '관리'는 무조건 입에 발린 말로 아부하거나 상사의 말에 복종하라는 것이 아니다. 서로에 대한 존중과 신뢰를 바탕으로 상사에게 도움받아 업무를 조금 더 효율적으로 진행하고 이로써 더 큰 성취감과 만족감을 얻으라는 뜻이다.

1. 업무 습관을 이해한다

○

새로운 직장에 들어가기 위해 면접을 보면 최종적으로 상사를 직접 만나 면담할 기회가 생긴다. 보통 상사가 당신에게 물어보고 마지막에 궁금한 게 있으면 질문하라고 하는데, 이 기회를 잘 활용하면 그를 이해할 수 있다. 또 정말 그 일을 시작할지 말지 결정할 근거를 마련할 수 있다. 사실 그 누구도 자기와 맞지 않는 상사와는 일하기 싫어한다.

그렇다면 어떤 질문을 하는 게 적절할까? 나는 다음의 것들을 물어본다.

- 올해 팀의 업무 목표는 무엇입니까?
- 현재 중점적으로 생각하는 업무는 무엇입니까?
- 저와 같은 직급의 사람을 채용했을 때 1년 안에 기대하는 성과나 요구 사항은 무엇입니까?
- 어떻게 이 업계에서 일을 시작하게 되었는지 말씀해주실 수 있습니까? 이 일을 하며 가장 보람을 느낄 때는 언제입니까?
- 당신을 잠 못 들게 하는 일은 무엇입니까? (가장 큰 업무 스트레스는 무엇입니까?)
- 제가 맡게 될 일의 사업적 비전은 무엇입니까?

이 질문들에 관한 상사의 대답을 듣는 과정에서 매우 중요한 정보를 얻어낼 수 있다. 그의 사고가 명확한지, 목표는 확실한지, 일에 대한 열정이 있는지, 부하 직원의 성장에 관심이 있는지 등을 알 수 있다. 만일 상사가 유능하면 자연스럽게 그에게 많은 것을 배우고 커리어를 계발하는 데도 도움을 받을 수 있다.

입사 후에는 상사의 업무처리 방식을 어떤 식으로 이해하면 좋을까?

출근 첫째 날 혹은 최소 일주일 안으로 상사와 함께 점심을 먹도록 한다. 회사 구내식당이나 공공장소가 적합하다.

이때 상사에게 듣는 것과 보는 것 중 어떤 업무 방식을 더 선호하는지 물어본다. 미국의 경영학자 피터 드러커의《피터 드러커의 자기 경영 노트》에 바로 이 두 가지 업무 방식에 관한 내용이 나온다.

'보기 위주'의 관리자는 먼저 파일이나 데이터, 요약을 본 다음 업무를 보고받기 원한다. 이런 리더에게는 복도에서 마주쳤을 때 어떤 의제에 관해 결정해달라고 부탁하면 안 된다. 먼저 데이터를 보고 자세히 분석한 후 그 일에 관해 깊이 토론하는 걸 좋아할 것이다.

'듣기 위주'의 관리자는 보고서 내용을 직접 듣고 소통한 뒤 텍스트를 보기 원한다. 만일 그에게 보여주기 위해 정말 오랜 시간 공들여 보고서를 준비했다면, 아마 그걸 한쪽에 제쳐두고 중점적인 문제는 무엇이며 해결 방안은 무엇인지 바로 물어올 것이다.

상사의 업무 방식을 이해하고 나면 먼 길을 돌아가지 않아도 된다.

2. 기대치를 이해한다
○

부하 직원의 주요 업무는 상사의 결정과 계획에 따라 진행해야 한다.

집행력은 상사가 부하 직원에게 요구하는 가장 기본적 요소다. 이를 위해 먼저 상사의 기대 사항을 명확히 이해해서 실수하는 일이 없도록 한다.

임무를 부여받으면 먼저 그 업무의 마감일은 언제이며 어떤 자원이 필요한지, 챙겨야 할 주요 수치는 무엇이며 핵심 인력은 누구인지를 정확히 알아야 한다.

보통 나는 노트에 핵심 정보들을 적으면서 제시간에 업무를 완성하겠다고 다짐한다. 만일 어떤 문제가 예상되거나 일이 너무 많아 시간 안에 완성할 수 없을 때는 상사와 소통하여 중요한 일과 급한 일을 구분하고 더 많은 자원과 지원을 요청한다.

일단 일을 진행하는 과정에서 통제할 수 없는 문제가 생긴다고 해도 절대 은폐하거나 모른 척 넘어가서는 안 된다. 해결을 미루는 것도 결코 좋은 방법이 아니다. 이런 일은 즉각 상사에게 보고해야 한다. 하지만 문제만 들고 상사를 찾아가지 말자. 보고할 때는 본인이 생각한 몇 가지 해결 방안을 함께 제시하여 상사의 결정을 듣는 것이 좋다.

사실 아무리 큰일이 난다 해도 세상이 무너지지는 않는다. 어떤 문제든 상응하는 해결 방안을 찾을 수 있다. 완벽하지는 않아도 당시 허락된 조건에서 최적의 방안을 찾을 수 있다.

만일 다른 팀원과 일하면서 장애물을 만나면 과감하게 상사에게 도움을 요청하는 것이 좋다. 모든 것은 업무를 더 잘 완수하기 위한 것이다.

3. 본인의 생각을 과감하게 말한다

○

대다수의 상사는 두뇌 회전이 빠른 직원을 좋아한다. 단순하게 명령만 좇아서 일하는 로봇 같은 사람은 좋아하지 않는다.

똑같은 임무라도 어떤 스킬을 사용하느냐에 따라 결과는 완전히 달라진다. 많이 생각하고 좋은 아이디어가 떠올랐다면 상사와 소통해 공감대를 형성하도록 하자. 상사가 당신의 아이디어에 동의하지 않는다고 좌절하지 말고 그의 의견을 존중하도록 하라. 그의 의견에 따라 일을 진행한다고 해서 전혀 문제될 건 없다.

한 친구는 입사했을 때 회의에 들어가면, 다른 사람들처럼 가만히 듣기만 하지 않고 회의에서 나온 정보들을 정리해놓고 상사가 물어봤을 때 어떻게 대답하면 좋을지 생각하는 연습을 했다. 어느 날 회사의 최고 책임자가 정말 그의 생각을 물었고 그는 자신의 의견과 제안을 정리해서 말했다. 이로써 그의 능력과 지혜는 한순간에 상사의 인정을 받게 되었다.

4. 능동적이고 긍정적으로 일한다

○

신입 사원 시절 나는 상사가 지시한 업무는 무조건 빠른 시간 안에 처리했다. 하릴없이 시간을 보내는 것을 좋아하지 않아서 바쁘게 지내는 것이 오히려 좋았다. 나는 상사에게 더 많은 업무 요청을 했고 상사는 그런 적극적인 태도를 좋아했다. 업무 범위가 넓어지고 완수하는 일이 복잡해질수록 업무 능력과 인맥 역시 디 늘어났다.

근무한 지 오래된 사람일수록 지시받은 업무만 처리하는 데 안주하지 말고 본인이 어떤 일을 더 할 수 있으며 어떤 문제를 해결해 회사를 위해 가치를 제공할 수 있을지 고민해야 한다. 이때는 본인이 지닌 자원을 지혜롭게 운영해야 하며 상사가 미처 생각하지 못한 부분을 해낼 수 있다면 더할 나위 없이 좋다. 적극적인 모습은 전염성이 강해 주변 사람들과 상사에게 좋은 인상을 남긴다.

5. 상사의 성공을 위해 힘쓴다

○

대학 졸업 후 처음으로 들어간 회사는 한국 기업이었다. 이제 막 입사한 직원은 모두 복사나 커피 타기부터 시작한다. 베이징 대학교, 칭화 대학교 같은 명문대를 졸업한 사람도 모두 똑같다.

입사 후 상사는 면담에서 간곡하게 부탁했다.

"자네가 일을 잘해야 내가 일을 잘할 수 있다네. 내가 일을 잘해야만 우리 중국 총괄도 잘될 수 있고. 그러니 자네 일이 절대 사소하다고 생각하지 말게."

그의 말은 내게 큰 사명감을 안겨주었다. 비록 명함을 만들고 회사 파일함을 정리하는 등 아주 단순한 일이었지만 나는 대충대충 하지 않았다. 내부감사팀으로 팀이 전환되었을 때는 밤을 새우며 회사 영수증을 하나라도 놓치지 않으려 눈에 불을 켜고 살펴보았다. 정부와 관계된 일을 담당했을 때는 외부 행사나 미팅을 순조롭게 진행하기 위해 세세한 부분까지 많은 신경을 썼다. 이로써 회사 상사가 칭찬을 들으면 상사는 내 일솜씨를 진심으로 칭찬했고 특별 보너스까지 챙겨주었다. 나중에는 진심이 담긴 추천서를 써주어 하버드 MBA 과정을 신청하는 데 큰 도움이 되었다.

6. 변명하는 사람이 되지 않는다
○

이 세상에 완벽한 사람은 없다. 모든 사람은 실수하기 마련이다. 모르고 그럴 수도 있고 능력이 되지 않아 그럴 수도 있다. 하지만 그렇다고 변명거리만 늘어놓거나 다른 사람을 탓하지 말자. 본인의 일은 스스로 책임져야 한다. 예방책과 해결책을 적극적으로 모색하여 손실을 최소화한다. 이것을 해낼 수 있다면 상사는 당신을 신뢰할 만한 직원이라고 생각하고 더 많은 기회를 줄 것이다.

7. 상사와 좋은 관계를 맺는다
○

펀드매니저 H는 업무 능력이 매우 탁월하다. 매주 투자한 기업에 출장을 나가 돌아보고, 투자 기업의 사장이나 주무 담당자와 관계도 좋다. 기업을 위해 방안을 제시하기도 하고 좋은 솔루션으로 기업의 혁신을 도와주고 필요한 인력을 보완해준다. 그런데 연말 고과에서 그는 상사에게 생각보다 낮은 점수를 받았다. 인정받지 못했다는 생각에 억울함을 느낀 그가 상담을 요청했다.

"상사에게 매주 당신이 한 일을 보고하나요? 뭘 했는지, 어떤 성과를 얻었으며 어려움은 무엇이 있었는지 상사가 다 알고 있나요?"

"저는 기업 운영 관리와 임원들 관리에 아주 익숙해요. 하지만 제 상사는 그쪽 출신이 아니라서 도움을 요청하거나 상담할 일이 없어요."

"모든 상사는 부하 직원이 무슨 일을 하는지 알고 싶어 해요. 일을 잘해내면 무조건 믿고 맡길 수는 있지만 부하 직원의 책임 중 하나는 본인이 무슨 일을 하는지 상사에게 알리는 거예요. 상사와 소통하지 않으면 그는 당신이 자신이 아닌 고객에게 칭찬받고 인정받는 걸 좋아한다고 생각할 거예요. 최소한 일주일에 한 번은 상사에게 보고해 하세요. 일대일 구두 보고가 가장 좋아요. 그러면 상사의 피드백도 들을 수 있고 그 사람의 기분도 헤아릴 수 있어요. 중요한 건 둘 사이에 오해가 생기지 않는 거죠. 만일 시간이 없다면 최소한 전화나 이메일로 무슨 일을 했는지, 진전은 얼마만큼 있었는지, 어떤 어려움이 있는지, 도움이나 지원이 필요한지 등을 이야기하세요. 그래야 상사는 당신에게 존중받는다는 느낌을 받고 책임감을 느껴서 당신의 일에 더 관심을 갖고 필요한 지원을 해줄 거예요. 적극적으로 당신의 성공을 도울 거고요. 소통하지 않으면 신뢰를 쌓을 수 없어요. 더 성공하고 싶다면 최소한 6개월에 한 번은 상사와 마주 앉아서 당신 업무의 성과를 보고하고 그의 피드백을 들어야 해요. 그리고 더 높은 목표를 부여받고요."

이렇게 상담한 후 H는 매주 본인의 업무 상황을 정리해 이메일로 상사에게 보고하는 것으로 업무 방식을 바꾸었다. 이로써 둘은 소통에 큰 진전을 이루었다.

그런데 여기서 주의할 점이 있다. 소통할 때는 상사의 업무처리 방식을 먼저 알아야 한다. 데이터 등 세부적인 것을 보고받기 좋아하는 사람이라면 구체적인 상황을 세세하게 정리해서 보고하는 것이 좋다. 반대로 그렇지 않은 사람이라면 현재 프로젝트가 문제없이 진행 중이라는 걸 알리고 중점 사항은 무엇인지 제목만 정리하는 식으로 보고하면 된다. 조금만 시간을 들여서 상사의 회의 방식이나 이메일 쓰는 스타일을 관찰하면 어떤 방식을 선호하는지는 쉽게 알아낼 수 있다. 그렇게 상사가 선호하는 스타일대로 보고하면 된다.

그렇다면 상사와 심각한 의견 차이가 있을 때는 어떻게 소통하는 것이 좋을까? 나의 경험을 소개하고자 한다.

예전에 다닌 기업의 CEO는 영업자 출신이어서 영업에 뛰어난 사람이었지만 내부 관리에는 그렇지 못했다. 특히 욕을 입에 달고 살았는데 장소나 사람을 막론하고 내부 회의를 할 때마다 늘 입에 담기 민망한 욕을 했다. 화가 난 날은 욕을 더 심하게 했지만 직원들은 이미 습관이 된 상태였다.

나는 영어가 모국어가 아닌데도 정말 듣기 힘들었다. 하루는 혼자 그의 사무실로 찾아가 말했다.

"마이클, 한 가지 말하고 싶은 게 있어요. 저는 당신의 리더십을 매우 존경해요. 납품업체가 기한에 맞춰 물건을 주지 않으면 얼마나 초조하고 다급할지도 이해합니다. 생산팀에서도 전력을 다해 그 일을 챙기고 있어요. 모두가 한마음으로 조급해하죠. 하지만 당신이 사용하는 욕은 문제를 해결하지 못해요. 게다가 여자인 저로서는 그런 말을 들으면 마음이 매우 불편하고 무시당하는 느낌입니다. 표현 방식에 주의를 기울여주면 좋겠어요."

그는 매우 당황한 얼굴이었다. 내가 사무실까지 찾아와 그런 말을 할 거라고는 생각 못 한 눈치였다.

"미안해요. 그저 내 표현 습관일 뿐인데 당신에게 그런 불쾌감을 줬다면 사과하죠. 앞으로는 주의할게요. 하지만 다시는 그러지 않을 거라는 보장은 못 하겠어요."

그 후로 그는 회의 시간에 정말 화나는 일이 생겨 욕을 하게 되면 내게 먼저 사과했다.

"미안합니다. 나도 모르게 당신에게 무례한 짓을 했네요. 하지만 정말 참을 수 없었어요."

확실히 세상에는 각양각색의 상사가 존재한다. 많은 부분은 대화로 해결할 수 있지만 정말로 참지 못할 때는 이직하거나 보직을 전환할 수 있다. 그러나 회사에 다니는 동안에는 상사와 소통해야 상호 신뢰와 이해의 관계를 형성할 수 있다. 이는 개인의 커리어를 계발하는 데도 큰 도움이 된다.

8. 직장 생활의 멘토를 찾는다

○

IT업계에 종사하는 한 친구가 중년의 나이가 되고 보니 사업적으로 많은 성과를 이루지 못했다는 걸 깨닫고 착잡한 마음에 내게 조언을 구해왔다.

먼저 나는 그에게 상사와 면담을 잡아서 요즘의 걱정이나 고민을 나눠보라고 했다. 상사의 도움으로 교육받을 수 있고 업무 범위가 넓어지거나 다른 부서와의 협업 기회가 생겨 양적이나 질적으로 성장할 계기가 될 수 있으니 말이다.

좋은 상사는 직원이 잠재력을 발휘하여 스스로 성장하도록 돕는다. 그래서 상사와 면담할 때는 먼저 본인의 진로에 대해 계획을 세워놓는 것이 좋고 또 주도적으로 화제를 찾아 이야기하는 것이 좋다.

만일 상사가 이런 문제에 관해 생각해본 적이 없다면 당신이 내놓은 질문이 그의 생각을 자극할 것이다. 나중에 인사팀과 협의할 수도 있고 다른 부서와 함께 고민해볼 수도 있다. 그리고 그런 기회를 준 것에 대한 감사 인사를 편지나 메일로 보내도록 한다. 식사를 대접하거나 감명 깊은 책을 선물하는 방법도 있다. 모두 상사와 좋은 관계를 맺는 방법이다.

다른 한 친구는 최근 몇 년간 정말 열심히 일했지만 진급하지 못해 고민이라고 상담해왔다. 나는 그녀에게 먼저 상사를 찾아가 직접적으로 이야기하라고 조언했다. 만일 상사가 잘 모르고 있다면 지금까지 거둔 실적을 데이터로 나열해 보고하라고 알려주었다. 또 적절한 진급을 원하며 혹시 불가능하다면 어떤 점이 부족한지, 어떤 점을 개선해야 하는지를 물어 진급의 기회를 마련하라고 알려주었다.

이런 협상을 할 때는 개인적인 반항심이나 자기변호의 자세를 내려놓아야 한다. 객관적이면서 상대에게 배우겠다는 태도로 문제를 이야기하도록 하자. 상사의 의견을 수렴한다는 생각으로 임하고, 상사에게는 당신의 성장에 일련의 책임감이 있다는 생각이 들도록 이야기한다.

회사 안에서는 다른 팀의 상사와 두루두루 알고 지내면 좋다. 또 높은 직위에 있는 동성 상사와 가까이 지내면서 멘토로 삼으면 많은 것을 배울 수 있고 인맥도 넓힐 수 있다. 혹은 평생 친구가 될 수도 있다.

동료와 잘 지내는 법

매일 회사에서 동료와 지내는 시간이 가족과 함께하는 시간보다 더 길다. 때문에 동료들과 조화로운 관계를 유지하느냐 아니냐는 업무 성과와 삶의 행복 지수에 직접적인 영향을 준다.

동료는 협력자다. 그들의 협조가 있어야만 순조롭고 효율적으로 업무를 진행할 수 있다. 때로는 그들이 당신의 잠재적인 상사일 수도 있다. 당신의 자원이 되기도 하고 직장 멘토가 되기도 한다. 당신의 전문 지식이나 사무실 안의 정치도 모두 그들의 도움과 지도가 있어야 하니 말이다. 동료는 일생에서 매우 중요한 인맥에 해당한다. 설령 직장을 옮기더라도 계속 당신을 위해 다리를 놔줄 수 있으며 중요한 방패막이 되기도 한다.

동료와 잘 지내기 위해서는 단기적·장기적 목표가 모두 필요하다. 함께 있을 때 마음이 잘 맞아야 하고 우정을 쌓아야 이것을 당신만의 인맥 자원으로 승화시킬 수 있다. 이를 위해 필요한 여덟 가지를 살펴보자.

1. 맡은 임무를 성실히 한다
○

사실 모든 사람은 일하는 과정에서 알게 모르게 다른 사람의 업무 능력이나 기술을 평가하게 된다. 같은 일이라도 누가 빨리 습득하고 잘 처리하며 깔끔하게 마무리하는지 조금만 주의를 기울이면 금방 알아챌 수 있다. 물론 상사가 좋아하고 신뢰하는 사람에게는 자연스럽게 눈이 더 가기 마련이다. 하지만 주변 동료들이 그 사람을 어떻게 평가하는지가 그 사람의 됨됨이를 이해하는 데 더 중요하게 작용한다.

업무 능력은 먼저 본인이 맡은 임무를 얼마나 잘해내는지에 달려 있다. 본인의 일을 출중하게 해내면 팀과 상사에게 인정받을 수 있고 신뢰를 얻는다. 만일 계속 업무를 미루거나 결과가 좋지 않다면 누구에게도 신뢰를 얻을 수 없을 것이다.

2. 다른 동료를 존중한다
○

타인을 존중하는 건 사람과의 관계에서 지켜야 할 가장 기본 중의 기본이다. 사무실 정치는 어디에나 존재한다. 이때 흘러가는 상황을 보면서 이해만 하고 절대 그 속으로 들어가서는 안 된다. 듣기만 하고 말을 전하지는 말자.

한 중국 드라마에서 주인공이 동료의 추문을 듣고도 모른 척하고 소문 퍼뜨리는 일에 가담하지 않아 나중에 상사에게 인정받는 장면이 나온다. 어딜 가나 이상한 소문을 만들어 퍼뜨리고 다니는 사람이 꼭 있다. 그런 사람은 멀리하고 절대 부정적인 일에 엮이지 않도록 주의하자.

3. 칭찬을 아끼지 않고 공로를 함께 나눈다
○

다른 사람의 성공을 진심으로 축하하고 그를 인정해주자. 동료가 맡아 진행한 프로젝트가 성공적으로 완료되었으면 그에게 축하한다고 말하거나 구체적이고 실질적인 표현으로 칭찬하도록 하자. 'PPT 정말 잘 만들었더라고요. 논리도 뛰어나고 디자인도 훌륭해요' '오늘 프레젠테이션 정말 감동적이었어요' 등의 말로 동료를 지지하고 인정해줄 수 있다.

팀이 함께 이룬 성과라면, 설령 당신이 주력군이었다고 해도 다른 사람과 함께하여 맺은 열매임을 잊지 말고 모두의 공헌이 있었음을 인정하자. 업무 보고를 하거나 공적인 대화를 나눌 때 '나'라는 단어 말고 '우리'라는 단어를 사용하자. 공로를 모두에게 돌리면 사람들은 당신의 좋은 점을 기억할 것이며 상사도 당신이 속한 팀의 팀워크를 인정할 것이다.

4. 도움을 주고 자원을 공유한다

○

동료가 어려움에 처했을 때 먼저 나서서 도움을 주도록 한다. 당신에게 좋은 자원이 있다면 함께 나누는 것도 좋은 방법이다. 인맥은 나누면 나눌수록 확대된다. 나만의 새장에 갇혀 있지 말라. 동료가 포럼을 준비하는데 당신이 필요한 자원을 가지고 있거나 소개할 만한 강연자를 알고 있다면 같이 기획하고 연결 고리를 만드는 것이 좋다. 덕분에 그 행사는 더욱 원만하게 치러질 것이다.

당신보다 자원이 적은 동료를 보면 손을 내밀어 잡아주고 성장하도록 도와주자. 나보다 어린 사람들이 나를 뛰어넘지는 않을까 걱정하지 않아도 된다. 당신의 풍부한 경력과 넓은 마음가짐이 오히려 그들에게 본보기가 될 것이다. 물론 당신이 모르는 일이나 잘 못 하는 것은, 그들에게 배움으로써 스스로 성장할 기회를 마련하는 것도 잊어서는 안 된다.

5. 적당히 사적인 관계를 유지한다

○

여기서는 '적당히'라는 표현을 강조하고 싶다. 본인을 너무 베일에 꽁꽁 싸두지 말라. 업무 외에 동료와 사적인 왕래가 없다면 그 동료를 장기적인 인맥으로 바꾸기 매우 어렵다. 장기적인 인맥은 우정을 기반으로 형성되기 때문이다.

주말에 동료와 함께 재미있는 행사에 참여하거나 그들을 초대하는 등 적당히 나를 오픈해보자. 혼자 먹지 말고 점심에 함께 식사하고, 마음 맞는 동료가 있으면 배우자를 함께 초대해 당신의 배우자와 같이 식사하는 약속을 잡는 것도 좋다.

그런데 현재 같이 일하는 동료와의 사적인 관계는 반드시 '정도'를 지켜야 한다. 당신의 모든 생각과 일상을 상대와 나누는 건 부적절하다. 과도한 나눔은 공과 사의 경계를 흐리게 만들어 서로에게 부정적인 영향을 준다. 심지어 우정이 변해 업무에도 영향을 줄 수 있다.

기억하자. 동료 관계이니 공적인 일이 우선되어야 한다. 사적인 생활에서는 적절한 초대와 함께하는 행사를 통해 우정을 키울 수 있다.

만일 같이 일하던 동료가 전 동료로 바뀌면 그때는 진정으로 우정을 발전시켜나가도 된다.

6. 갈등에 직면해도 된다

○

일하다 보면 동료와의 갈등은 피할 수 없다. MBA를 졸업하고 처음으로 들어간 회사에서 나는 CEO의 비서 및 회사 프로세스 경영을 담당했다. 상사는 내게 '6시그마'(six sigma, 기업이 고객 만족을 달성하기 위해 실행하는 품질 혁신 전략─옮긴이)의 방법으로 회사 각 부서의 운영 상황을 조사하고 어떤 부분을 고쳐야 할지 생각해보라는 업무 지시를 내렸다. 이 업무는 정말 많은 양의 데이터를 수집해야 했다. 재무팀을 예로 들자면 매일 몇 개의 주문을 처리하고 영수증을 발행하는지, 처리 결과는 어떠하며 얼마만큼이 미처리 상태로 남았는지 등을 모두 알아야 한다. 물론 이 과정에는 반드시 재무팀의 협조가 있어야 하다. 당시 회사 재무팀에는 나와 나이가 비슷한 세라라는 직원이 있었다. 내가 세라에게 데이터를 요청하자 그는 나를 등지고 "What? What?"이라고 말하고는 귀찮다는 얼굴로 자리를 피해버렸다. 몇 번이나 요청했지만 매번 똑같았다. 내가 크게 잘못한 것도 아닌데 그런 태도로 나오는 것은 부적절하다는 생각이 들었다.

하루는 아침 일찍 출근해서 세라를 기다렸다. 나는 할 말이 있으니 잠깐 보자고 말했다.

회의실에 앉아 나는 세라에게 본론부터 이야기했다.

"세라, 혹시 내가 당신에게 무례하게 굴었나요? 아니면 내가 당신을 불편하게 한 일이라도 있나요?"

"전혀요!"

"그렇다면 당신이 내게 매우 우호적이지 않다는 생각이 들어요. 지금 내가 하는 일은 회사의 업무 프로세스를 효율화해서 고객에게 더 나은 서비스를 제공하려는 거예요. 그래서 당신이 주는 정보가 매우 중요해요. 물론 번거롭긴 하겠지만 이 프로젝트를 잘 수행하기 위한 것이니 이해해주면 좋겠어요. 당신의 협조가 필요해요. 당신의 도움이 있어야만 이 일을 잘 끝낼 수 있으니 먼저 감사하다는 말을 전할게요."

세라는 "OK" 하고 대답했다. 나는 그와 악수하며 앞으로 잘 부탁한다고 말했다.

그 후 세라의 태도가 바뀌어서 나를 보면 환하게 웃어주었고 업무적으로도 적극 도움을 주었다. 점심시간에 우리는 주말에 뭘 했는지 가벼운 대화도 나누었다.

동료와 문제나 충돌이 일어났을 때는 그 일에 관해서 정면으로 대화를 나누면 된다. 먼저 자세를 낮춰 본인이 잘못한 게 있는지 확인한 다음 당신과 상대가 이익공동체라는 것을 강조하면 긍정적인 결과를 얻을 수 있을 것이다.

7. 리더십을 발휘한다
○

직급이 올라간 뒤에 리더십을 발휘해야 한다고 생각하지 말자. 그런 자리에 있지 않아도 상황에 따라 사람은 얼마든지 리더십을 발휘할 수 있다. 프로젝트 책임자가 아니라고 해도 좋은 아이디어를 제시할 수 있으며 부분적으로 책임질 수 있다. 다른 업무 파트너와의 관계를 조율하는 일을 맡을 수 있고 복잡한 프로젝트에서는 리더십과 조율 능력을 발휘할 수도 있다. 일을 진행하다가 문제가 생기면 본인의 생각을 과감히 개진하고 적극적으로 해결책을 모색해 다른 팀과의 협의를 진행할 수 있다. 그런 적극적인 태도는 다른 사람에게 전염된다.

8. 회사 내부 인맥을 넓힌다
○

많은 사람이 자신이 속한 부서 안에서만 인맥을 다지는 데 집중한다. 본인과 같은 직급의 동료나 부하 직원 혹은 직속 상사와의 관계에만 신경 쓰고 다른 부서의 동료나 상사와 알고 지낼 생각은 하지 않는다.

다른 부서 사람까지 알고 지낼 필요가 있냐고 묻는 사람이 있을 수 있다. 그런데 그렇게 하면 몇 가지 좋은 점이 있다. 첫째, 다른 부서의 협조가 필요한 일을 진행할 때 인맥을 통해 더욱 순조롭게 진행할 수 있다. 둘째, 현재 주어진 일 때문에 힘들고 지친 나머지 다른 부서나 직위로 전환하고 싶을 때 인맥이 있으면 조금 더 쉽게 보직을 바꿀 수 있다.

다른 부서의 사람들과는 어떻게 사귈 수 있을까? 가장 자연스러운 방법은 부서 간 프로젝트에 참여하는 것이다. 협업하면서 자연스럽게 상대와 연결되고 우연한 업무 관계를 본인의 인맥으로 전환할 수 있다. 이때 상대에게 먼저 다가가 점심을 먹자는 둥의 말을 건네는 태도가 필요하다.

회사 엘리베이터나 휴게실, 출퇴근길이나 통근 버스, 혹은 교육이 있을 때도 다른 부서의 동료와 가까워질 수 있다. 먼저 다가가 말 걸 수 있는 기회를 놓치지 말자. 미소와 안부, 수다 몇 마디가 관계를 맺는 시작이다. 요즘은 상대 부서에서 무슨 프로젝트를 진행하는지, 교육은 어땠는지, 주말 계획은 무엇인지, 최근에 어떤 영화를 봤는지 등을 이야기하면 자연스럽고 편하게 대화를 나눌 수 있다. 사람은 누구나 다른 사람과 관계를 맺고 싶어 한다. 회사에서 이익을 공유할 수 있는 관계라면 더 말할 나위 없다.

회사에서 보내는 시간을 잘 활용하기 바란다. 매일매일 작은 노력이 쌓이다 보면 동료를 당신만의 장기적인 인맥으로 만들 수 있다.

나만의 지원군을
가졌는가

앤토니오는 상무이사로서 북미 기업에 자본을 투자한 뒤 3년 동안 해당 기업의 운영 관리와 모니터링을 담당했다. 그가 관리한 기업의 실적은 2억 달러에서 시작해 10억 달러까지 성장했다. 실적이나 능력을 감안하면 올해는 승진할 수 있으리라 생각했지만 연말 평가에서 유일하게 진급한 사람은 영국에 있는 상무이사였다.

앤토니오는 도저히 그 상황을 이해할 수 없었다.

첫째, 자신은 영국 동료보다 업무 경력이 훨씬 풍부했다. 그는 명문대 MBA를 졸업하고 세계 10대 글로벌기업과 3대 사모펀드 그룹에서 고위 관리직을 담당했고 창업 기업을 관리했다. 그런데 영국 동료는 회계 사무소에서 3년 일한 뒤 이 투자회사에서 10년 일한 것이 전부였다. 이력으로만 보자면 절대적으로 본인과 견줄 수가 없었다.

둘째, 자신이 미국에서 관리한 자산 규모가 이미 10억 달러를 돌파

했다. 또 재직 3년 동안 빠른 속도로 성장했다. 그의 손에서 아직 몇 개의 새로운 인수합병 프로젝트가 진행 중이었으므로 전체적으로 따지자면 사업이 상승하는 시기였다. 영국의 기금관리 자산 역시 10억 달러를 넘었지만 이는 10년 넘게 운영한 결과였고 최근 들어서는 새로운 투자 동향도 없었다. 영국이 브렉시트를 선언하면서 전체적인 사업도 쇠퇴기에 들어가 있었다.

셋째, 자신의 업무 능력이나 리더십은 직속 상사와 고객, 부하 직원들과 회사 외부에서 접촉했던 수많은 관리 컨설턴트가 모두 인정하고 있었다.

영국 동료의 유일한 무기라면 이 투자회사에서 자기보다 오래 일한 것밖에는 다른 게 없었다. 설마 연공서열의 기업문화 때문에 그가 진급하지 못했던 걸까?

왜 보증인이 필요할까?

○

앤토니오의 불만을 듣고 나서 물었다.

"회사 안에 당신만의 보증인이 있어요?"

"보증인? 지도 선배를 말하는 거예요? 지금 퇴직을 준비하는 대표이사가 내 지도 선배 격이긴 해요. 무슨 일이 생기면 그에게 가서 물어보고 상담하곤 해요."

그의 대답을 듣고 내가 다시 설명을 덧붙였다.

"아니요. 제가 말하는 건 당신의 진급이나 임금 조정, 혹은 더 많은 기회나 좋은 프로젝트를 따내는 데 결정적인 작용을 하는 사람이 있냐는 거예요. 그러니까 회사 고위층과 연말 평가에 관해 토론할 때 결정적 작용을 하는, 당신을 대신해서 이익을 쟁취해줄 사람이 있냐고요."

"내 지도 선배는 나를 잘 이해하는 사람이에요. 분명히 날 위해 기꺼이 쟁취해줄 거예요. 아쉬운 건 지금 퇴직을 준비하고 있다는 거죠. 그래서 이제는 회사 경영이나 직원 평가에는 참여하지 않아요. 내 직속 상사가 아마 그런 역할을 할 수 있겠죠. 하지만 그는 영국 동료의 상사보다 직급이 낮아요. 날 위해서 싸워주려면 영국 임원들과 충돌이 일어날 텐데 그렇게까진 해주지 않을 것 같네요."

"어쩐지! 지도 선배가 없다고 해도 당신의 실적에는 바로 큰 타격이 없을 거예요. 하지만 보증인이 없다면 회사에서 승진은 어려워요."

누가 보증인이 될 수 있을까?
○

첫째, 의사 결정권을 지닌 사람이어야 한다. 그래야 회사 고위직 인사권 회의에서 힘 있는 발언을 할 수 있다.

둘째, 당신의 능력과 재능을 이해하고 신뢰하는 사람이어야 한다.

셋째, 당신을 위해 기회를 쟁취해주고 회사 내부의 정치나 사회적 자본을 이용해 기꺼이 당신을 지지해주고자 하는 마음이 있는 사람이어야 한다.

위의 세 가지 조건을 갖춘 사람이 당신의 보증인이 될 수 있다.

모건스탠리 은행의 칼라 해리스 부사장이 내게 해준 조언은 매우 실용적이었다.

"회사 면접을 보러 갔을 때 면접관 중에서 당신에게 투자할 사람은 누구인지, 누가 당신의 성공을 도울 수 있을지 살펴봐야 해요."

만일 그런 사람을 만나지 못했다면 최종적으로 그 회사에 들어가기 전에 해당 회사의 동료나 면접에 참여한 상사들을 최대한 많이 알아두는 것이 좋다. 입사 초기에는 두 명 정도의 보증인을 확보하는 게 좋다. 그리고 당신의 성공에 함께해달라는 뜻을 명확히 밝히고 그들에게 당신을 지도해줄 것을 부탁해야 한다. 그래야 직장 생활의 성공을 위한 초석을 닦을 수 있다.

왜 두 명이 필요할까? 한 명으로는 부족한 걸까? 직장 내 모든 사람의 직무와 직위는 늘 유동성이 있고 불확실성이 존재하기 마련이다. 한 명만 확보했는데 그가 이직해버린다면 당신도 같이 회사를 그만두겠는가? 그게 아니라면 두세 명의 보증인을 확보해야 통제 불가능한 리스크를 피해 갈 수 있다. 그러니 동시에 다수의 보증인과의 관계를 다지는 것이 가장 좋은 방법이다.

보증인은 어떻게 찾을까?

○

'상사가 정말 내 보증인이 되어줄까?'라고 생각할 수 있다.

자신에 대한 의심은 그만두자. 당신의 보증인이 된다고 해서 그에게 손해될 건 하나도 없다.

회사에서 당신을 고용한 이유는 다른 경쟁자보다 당신이 그 직위에 잘 어울린다고 판단했기 때문이다. 그렇다면 이 좋은 기회를 잘 살려 면접관이나 상사를 당신의 '보증인단'에 들어오게 만들자. 당신을 입 사시킨 이상 그들에게도 당신의 성공을 도울 일련의 책임이 있다.

만일 당신이 성공하면 상사의 얼굴에도 빛이 날 것이다. 상사 본인 의 능력을 증명할 수 있기 때문이다. 어떤 상사가 부하 직원이 무능하 기를 바라겠는가? 게다가 상사의 든든한 도움을 받는 직원이라면 열 정을 다해 일할 수 있다. 설사 훗날 당신이 성공해서 다른 회사에 스 카우트된다고 해도 그에게는 '강한 연결'의 인맥이 생기는 셈이다.

내가 처음으로 면접을 봐서 들어갔던 곳은 한국 기업이었다. 면접에 는 입사 후 직속 상사가 되었던 총무과장과 인사과장 그리고 기획부 장과 중국 현지 직원, 이렇게 네 명이 들어왔다. 입사 초기에 나는 총 무·인사팀에서 근무하면서 총무과장과 인사과장의 관리 지도를 받았 다. 상사와 적극적으로 소통했고 주도적으로 일을 찾아서 했다. 그랬 더니 직속 상사들의 인정을 빨리 받을 수 있었다.

대학교에 다니면서 한국어를 독학했고 회사 안에서도 계속 한국인 이나 조선족 친구들과 한국어로 소통하면서 배운 덕분에 2년 안에 한 국어로 PPT 보고서를 만들 수 있을 만큼 실력이 성장했다. 또 모르는 것은 전혀 부끄러워하지 않고 바로 물었다. 상사들은 내가 열심히 배 우고 성장하는 사람이라고 생각했다. 그래서 모두 친절하고 우호적으 로 대해주었다. 가끔씩 한국 상사들에게 중국어 회화나 시, 문화를 알 려주기도 했다. 그래서 상사와 직원 관계뿐 아니라 선생님과 학생 같 은 관계도 유지할 수 있었다.

입사 1년 뒤에 회사에서는 내부감사팀을 신설해 각 팀에서 인력을 모집했다. 기획부장이 팀장을 맡았는데 내게 성장할 수 있는 좋은 기회라며 나를 팀원으로 추천했다.

감사팀은 출장이 잦았고 6개월 정도를 밤낮없이 일했다. 당시 직속 상사였던 기획부장과 출장을 자주 같이 다녔던 차장과 과장은 내 직업 정신과 일 처리 수준을 눈여겨보고 단체로 나의 보증인이 되어주었다. 덕분에 입사 2년 차에 나는 대리로 파격 승진할 수 있었다.

20년 전 직장 안에서 나는 아무것도 모르는 신참에 불과했고 보증인이라는 개념에 대해서는 더더욱 알 리가 없었다. 하지만 열정적이고 적극적인 태도와 강한 책임감, 그리고 원활한 소통력으로 나도 모르게 보증인을 확보할 수 있었다. 이는 나의 커리어 계발에 엄청난 도움을 주었다. 나중에 그들이 써준 추천서 덕분에 나는 하버드 경영대학원에 입학할 수 있었다.

진급이나 임금 상승은 개인의 능력만으로는 해결할 수 없는 것들이다. 할 수 있는 걸 다 했지만 당신을 위한 보증인이 뒤에서 당신을 위해 이익을 쟁취해주지 않는다면 기회는 보증인을 확보한 다른 사람에게 돌아가버릴 것이다.

직장에서 당신을 위한 보증인을 확보하고 누구에게나 인정받을 만한 실력을 보여주어서 그들이 기꺼이 당신을 도울 수 있도록 하자. 그러면 반드시 당신에게 기회가 올 것이다.

인정받는 사람의
5가지 비밀

직장 생활을 한 지 얼마 되지 않은 신입의 경우, 어떻게 해야 회사 안에서 입지를 다지고 커리어를 계발할 수 있냐고 많이 물어온다.

그 길을 지나온 사람이라면 모두 자기만의 답을 가지고 있을 것이다. 투철한 직업 정신과 겸손한 태도라고 말하는 사람이 있을 수 있고, 누군가는 끊임없이 배우는 자세와 강한 호기심이라고 대답할 수도 있다. 소통력과 표현력이라고 말하는 이도 있을 것이다.

링크드인이 중국에서 '직장 안에서 갖춰야 할 스킬'이라는 제목으로 조사를 진행한 결과 가장 많은 사람이 부러워하는, 자신은 잘하지 못한다고 생각하는 항목은 대인관계 및 소통에 관한 기능인 것으로 나타났다.

대인관계와 소통을 이야기하면 제일 먼저 협상, 강연, 영업 등의 능력을 떠올릴 수 있다. 하지만 강조하고 싶은 직장 내 필살기는 '질 높은 인맥 자원을 개척하는 능력'이다.

이해를 돕기 위해 내 이야기를 해보고자 한다.

대외무역에 종사해본 사람이라면 잘 알 것이다. 납품업체와 메이커 사이에 가장 큰 불신은 대금 지불에서 잘 드러난다. 납품업체의 경우 물건을 이미 배에 실었는데 대금이 들어오지 않으면 상당히 큰 위험을 떠안는다. 만일 메이커가 물건을 잘 팔지 못하거나 대금 지불을 차일피일 미루면 엄청난 손실을 입는다. 그래서 업체는 대금이 들어온 뒤에 납품하는 경향이 있다. 그러니 메이커는 업체가 물건을 보내기 전에 미리 대금을 지불해야 한다. 그런데 소매업체에서 돈을 받아오기까지는 3개월 정도 혹은 그보다 더 걸릴 때도 있다. 그래서 메이커의 중간상들은 자금회전에 엄청난 부담과 압박을 느낀다. 그러니 납품업체로부터 소매업체와 똑같은 지불 조건(동등한 결산 기한)을 얻어오느냐 아니냐는 기업에게 생사를 판가름하는 중요한 문제다.

10여 년 전, 미국의 한 전자 기업에서 일할 때였다. 당시 나는 납품업체의 여신 기한 때문에 골머리를 앓고 있었다.

하루는 신문에서 중국 수출신용 보험회사에 관련한 보도를 읽게 되었다. 중국 기업의 수출을 장려하고 대금 리스크를 줄이기 위해 보험사에서 수출업체들의 재무 리스크를 진단한 뒤 재정 상황이 건전하다고 판단되면 보험을 적용해준다는 내용이었다. 그렇게 되면 제조업체는 소액의 보험비만 지불하게 되어 외국 업체에게 상당히 좋은 대금 지불 조건을 줄 수 있었다. 결과적으로 수출 규모를 확장할 수 있고 고객의 계약 위반 위험을 줄일 수 있을 것으로 내다보았다. 외국 기업은 여신이 생겨 현금 흐름에 대한 압박이 크게 줄고 보험사는 수입이 늘어 중국 수출업을 지원해줄 수 있으니 일단 보험 관계가 성립되면 삼자가 윈윈할 수 있는 구조였다.

그래서 나는 114로 전화해 해당 보험사의 번호를 알아내어 전화를 걸어 물었다.

"안녕하세요. 미국 전자 회사에 근무하는 코니라고 합니다. 매년 중국에서 대량의 전자제품을 수입하고 있습니다. 귀사의 미국 업무에 관해 알아보고 싶은데 누구와 이야기하면 될까요?"

곧바로 미국 담당자에게 전화가 돌아갔고 미국 포스트의 처장직을 맡고 있던 사람이 전화를 받았다. 그는 내 뜻을 알아듣고 자기 밑의 동료를 소개하고 구체적인 사항에 관해 협의할 수 있게 해줬다. 그들의 요구에 따라 팩스로 관련 파일을 보내고, 미국 업무를 전담하고 있는 A와 전화로 업무에 관해 단독으로 상의해나갔다.

여기서 잘 모르는 상대를 나만의 자원으로 만들 수 있었던 다섯 가지 방법을 말하려 한다.

첫째, 정보를 나누어 상대와의 공통점을 찾아내 연결 고리를 만든다.

업무적인 내용 말고도 나는 A의 학력과 경력에 관한 것들을 물어보았다. 학교와 종교, 커리어에 이르기까지 그의 이야기는 흥미로운 것으로 가득했다. 나는 타인에 대한 칭찬에 전혀 인색하지 않은 사람이다. 정말로 감동받은 일이 있으면 아낌없이 칭찬하고 상대를 높여준다. 내 인생 경험에 대해서도 나눌 수 있었다. 둘 다 외국에서 공부한 경험이 있고 같은 종교여서 몇 번 대화하니 친구처럼 지낼 수 있었다.

둘째, 자주 대화를 나눠 신뢰를 쌓는다.

보험사에서 우리 회사를 이해하고 신뢰할 수 있도록 하는 게 중요했다. 나는 보험사의 핵심 임원과 담당자들을 미국으로 초청해 우리 측 총무 업무를 사찰하고 고객을 만나볼 것을 권했다. 소매업체 대표와 주요 투자자도 만나서 이야기해볼 것을 권했다. 또 우리의 시장전략과 브랜드 인지도, 유통 채널과의 친밀도, 과거 실적과 성장 속도 등을 브리핑했다. 그 결과 마침내 우리에 대한 그들의 걱정과 의심을 없애고 지원을 약속받을 수 있었다.

공적으로 나는 주요 책임자였다. 먼저 나서서 보험사와의 소통을 강화해 우리 업무를 이해하게 하고 정보를 투명하게 운영하는 것이 매우 중요했다. 그래서 매달 여러 상황과 정보를 적극적으로 공유하여 우리에 대한 그들의 믿음이 더욱 깊어졌다. 가끔 소매업체의 대금을 밀리는 탓에 납품업체에게 돈을 제때 주지 못하는 상황이 발생하기도 했지만 신용도 근거에 정확히 판단을 내려 한도를 낮추거나 수출을 제한하지 않았다.

함께 일했던 몇 년간 나와 보험회사의 주요 책임자들은 매우 적극적이고 순조로우며 투명한 소통의 관계를 유지했다. 휴가 기간에도 돌발 상황이 생기면 새벽에도 바다 건너의 보험사로 전화하여 문제를 해결했다. 이로써 직업 정신과 일에 대한 책임감을 인정받을 수 있었다. 동시에 상대 회사의 주요 책임자와는 비즈니스 파트너에서 친구가 될 수 있었다.

셋째, 사람에게 초점을 맞춰 깊은 우정을 만든다.

비즈니스 관계에서 친구가 되는 첫걸음은 밥 먹는 시간을 활용해 상대와 개인적인 이야기를 하는 것이다. 어느 대학을 나왔는지, 직장은 적응할 만한지, 자녀는 몇 살이며 어떤 걸 좋아하는지, 고향은 어디인지, 어떤 음식을 좋아하는지 등등 화제는 무궁무진하다. 보통 개인의 생활과 관련된 화제야말로 사람들이 진정으로 관심 갖는 것들이다. 이렇게 개인과 연관된 화제로 이야기를 나누다 보면 상대를 한층 더 깊이 이해할 수 있다.

상대를 한 사람으로 인지하면 그의 관심사와 가정, 배경이나 행복, 어려움 등에 관심이 가고 하나의 개체로 인정하여 이해하게 된다. 그런 자세로 다가가야만 상대도 비즈니스 파트너라는 이름표를 떼고 당신과 친구가 되려고 할 것이다.

넷째, 상대에게 가치를 제공한다.

상대를 이해했다면 그다음으로 그 사람을 위해 가치를 제공할 수 있어야 한다. 우선은 일을 잘 처리해서 상대가 맡은 일이 원만하게 끝나도록 도와야 하며 그 업무를 통해 실적을 올릴 수 있도록 도와야 한다. 그런 다음 개인적인 생활 속으로 들어가는 것이다. 파트너가 직장에서 어려움을 겪었을 때 의견을 주거나 상담해주고 아픈 경우에는 병문안을 가서 의료 정보를 소개해도 좋다. 나는 사람들에게 씩씩하고 호탕한 면도 있지만 따뜻하고 세밀한 면도 있다는 이야기를 많이 듣는다. 친구들의 감정을 잘 살피고 진심으로 위로해주기 때문이다.

다섯째, 장기적인 인맥 관리는 호의에서 비롯된다.

인맥은 비겁하고 이기적인 것이라고 생각하는 사람이 많다. 필요할 때는 열심히 인맥을 다지지만 필요 없어지거나 직장을 옮기면 상대와 연락하지 않기 때문이다. 그러니 인맥을 다질 때는 절대 이익에 얽매

여서는 안 된다. 장기석인 각도에시 보고 이타저이면서도 서로가 윈윈할 수 있어야 한다.

나는 2008년에 전자제품 회사를 나오면서 보험사와는 더 이상 업무적으로 왕래할 일이 없어졌다. 하지만 퇴사하면서 내 잠재 고객들을 그들에게 소개해주었다. 중국에 갈 일이 있을 때는 늘 그들과 식사 자리를 가졌고 매년 새해가 되면 전화나 문자로 안부 인사를 전했다. 지금까지도 위챗으로 활발히 대화를 주고받고 있으며 좋은 소식이 들려오면 진심으로 축하해준다. 그중 몇몇 사람은 이미 보험사를 떠나 다른 일을 하고 있다. 비록 각기 다른 도시와 국가에서 일하고 있지만 여전히 그들과는 좋은 관계를 유지하고 있으며 그중 한 명도 잃지 않았다.

내가 절실히 느끼는 건 인맥을 쌓을 때는 항상 한 사람 한 사람 진실되게 교제해야 한다는 점이다. 이런 관계야말로 깊이, 오랫동안 유지할 수 있으며 진정한 우정을 이어갈 수 있다. 그렇게 당신은 상대에게 '질 높은' 인맥 자원이 될 수 있을 것이다.

왜 회사에서
마지막 모습이 중요한가

훼이라는 친구는 이전에 다니던 회사를 달가워하지 않았다. 직속 상사가 능력이 없었던 데다 온종일 참견만 했던 탓에 마음고생이 심했다. 하루는 회의 중에 훼이가 준비한 보고서를 상사가 자기가 한 것처럼 이야기해서 공로를 인정받았다. 너무 화가 난 나머지 결국 그는 그해가 가기 전에 사직서를 제출했다.

새해가 오기 전, 친구를 만나 물었다.

"이번에도 회사 상사랑 동료들에게 신년 카드는 보냈지?"

작년에 그녀가 회사 모든 동료에게 신년 카드를 보냈다고 했던 이야기가 떠올랐다. 미국에서 유행하는 풍습 중 하나다. 그런데 친구의 대답은 의외였다.

"아니. 하나도 안 보낼 거야."

"정말? 란란한테도 안 보낼 거야?"

훼이는 생각도 하기 싫나는 듯 손사래를 쳤다. 란란은 친구가 다녔던 회사의 대표이자 창설자로 줄곧 그를 많이 챙겨주었고 일적으로도 조언을 많이 해주었다. 친구는 란란을 늘 롤모델이라고 말했다.

그런데 상사와의 갈등으로 사직을 결심하면서 훼이는 그 일을 란란에게 보고하지 않았다. 대표도 분명 소문으로 들어서 알고 있을 텐데 아무 말이 없었다는 것이다. 그래서 친구의 마음속에는 대표에 대한 원망도 있었다. 보아하니 이제 더는 연락하고 싶지 않은 듯했는데 그건 미처 생각지 못한 일이었다. 그렇지만 나는 이렇게 조언했다.

"그래도 란란에게 신년 카드 보내. 아니면 이메일로 그동안 아껴준 것에 고맙다고 인사하는 건 어때? 정말 인사도 안 하고 그렇게 떠날 거야?"

"됐어. 어차피 할 말도 없어. 떠나면 그냥 떠나는 거지, 뭐."

새해가 되고 2주 정도가 지났을 무렵 친구에게 좋은 소식이 들려왔다. 이전 회사보다 규모도 크고 잘나가는 회사에서 연락이 왔다고 했다. 몇 차례의 면접을 거쳐 양측은 서로에게 만족했다. 그리고 순서에 따라 그곳에서는 훼이의 배경을 조사했다.

친구는 그들에게 예전 회사에서 같이 일했던 동료와 상사를 배경 조사의 참고인으로 제출했다. 하지만 인사팀에서는 직전에 일했던 회사의 인물을 요구했다. 그런데 이전 직속 상사는 찾아갈 수 없었고 원래 란란에게 부탁할 수 있었지만 그럴 수가 없었다. 인사도 제대로 하지 않고 나와서 크리스마스나 새해에 카드 한번 보내지 않은 게 훼이는 갑자기 후회가 되었다.

그래도 어쩔 수 없었다. 새로 찾은 직장이 너무 마음에 들었기 때문이다. 만일 유력한 참고인이 없으면 입사도 할 수 없는 노릇이었다. 훼이는 도살장에 끌려가는 것처럼 억지로 란란에게 도움을 청하는 메일을 보냈다. 그런데 재미있게도 란란이 싱가포르에서 휴가 중임에도 필요한 자료를 바로 보내줬다는 것이다. 친구는 너무 고마워 눈물이 날지경이었다. 그리고 시간이 갈수록 본인이 잘못했다는 것을 깨달았다.

생각대로 일이 순조롭게 진행되면 합격 통지서를 받는 게 맞았지만 어찌 된 일인지 회사에서 통 연락이 없다가 한참 뒤 연락이 왔다.

'당사에 보여준 귀하의 관심과 열정에 감사드립니다. 이 과정을 통해 귀하를 알게 되어 매우 기쁩니다. 그러나 유감스럽게도 현재 우리는 해당 직위에 인력을 고용할 계획이 없습니다.'

다 잡은 줄 알았던 기회였는데 왜 그렇게 허망하게 날아간 걸까? 속상한 마음을 안고 훼이가 나를 찾아왔다.

"내 배경 조사에서 문제가 있었던 걸까?"

나는 그를 도와 문제를 분석하기 시작했다.

"네가 자료를 제출한 예전 동료들과는 관계가 좋은 편이야?"

"응!"

"그럼 다른 참고인을 제출하고 한 번 더 그 회사에 가서 3차 면접을 봤던 거야?"

"응! 게다가 면접관들이 내가 배경 자료를 잘 제출했다고 했었어. 면접 분위기도 아주 화기애애했었고. 거의 날 채용할 것처럼 이야기했다니까."

"너도 너무 마음에 담아두지 마. 너라는 사람을 거절한 게 아니라 직위를 거절한 거니까. 오히려 그런 자리보다 너에게 더 잘 어울리는 회사에 들어가는 게 낫잖아."

훼이는 내 위로 덕분에 기분이 조금 풀린 것 같았다.

"그래. 더는 신경 쓰지 않을게. 그런 회사는 나도 필요 없어."

그런데 그 말을 듣자 갑자기 떠오른 게 있었다.

"그런데 말이야. 너 면접 끝나고 회사에 감사하다는 메일은 보냈어?"

"이렇게 시간을 오래 끌고 면접도 세 번이나 보고서는 결국 불합격 통지를 보냈는데 뭘 감사하라는 거야?"

나는 그를 진정시키며 말했다.

"그 사람들을 또 언제 어디서 보게 될지 모르잖아. 설사 상대가 잘못한 점이 있다고 해도 프로다운 모습을 보여야지. 메일 받았으면 어쨌든 답장을 보내는 게 좋아. 시간 내서 면접을 봐준 것, 이번 면접을 통해 그들을 알게 된 것 등등이 고맙다고. 그러면 나중에 기회가 생겼을 때 다시 연락 줄 수도 있잖아. 길게 쓰지 않아도 돼. 그냥 너의 직업 정신과 책임감을 보여주면 너를 더 잘 기억하게 될 거야. 다른 데서 만나게 될지 누가 알아?"

우리는 모두 상대를 거절하거나 거절당하는 일을 겪는다. 그렇다면 이런 상황을 어떻게 처리해야 할까? 분노에 차서 연락을 끊거나 상대에게 심한 말로 본때를 보여야 할까?

어느 직장이든 마무리를 어떻게 하느냐에 따라 그 사람의 됨됨이와 마음가짐 그리고 지혜를 판가름한다. 일은 끝낼 수 있어도 사람과 사람의 관계는 끊을 수 없다.

상사와 동료, 고객과 헤드헌터, 심지어 면접관까지도 우리의 중요한 인맥이 될 수 있다. 일이 끝났다고 해서 그들도 같이 사라지는 게 아니다. 특히 같은 업계에 종사하고 있다면 포럼이나 회의, 행사에서 예전 동료들을 볼 수도 있다. 설령 같은 회사가 아니더라도 그들은 여전히 당신의 중요한 인맥 자원이며 당신의 정보망과 데이터베이스, 추천인이나 보증인 혹은 멘토가 될 수 있다.

20년 전에 나는 두 상사 밑에서 일했다. 그동안 나도 그렇고 그들도 이미 몇 번 이직했지만 아직도 잊지 않고 메일이나 문자로 감사의 인사를 전하며 나의 근황을 이야기하고 문안 인사를 한다. 정말 가끔이지만 상담할 일이 있거나 부탁할 일이 있으면 연락하는데 그때마다 그들은 진심을 다해 도와준다.

'6단계 분리 법칙'을 잘 아는 사람이라면 인맥이 지닌 힘에 관해서도 잘 알 것이라 생각한다. 나이가 들어감에 따라 업무적 성과가 예전만큼 중요하게 느껴지지는 않는다. 그만큼 좋은 자원을 자연스럽게 갖추게 되기 때문이다. 그런데 인맥 자원만큼은 시간이 지남에 따라 더 중요하게 작용한다.

일생의 모든 경험은 인맥 자원을 쌓기 위한 준비 과정이다. 인맥은 다리와 같아서 기회가 충만한 곳으로 당신을 데려다줄 것이다. 이미 이직했거나 거절당한 회사라고 해도 우호적인 방식으로 업무 관계를 마무리 지어야 하며 우정을 이어가야 한다.

전업주부나
프리랜서를 위한 팁

미국 노동부에서 2016년 발표한 보고서에 따르면 미국 여성의 43%는 결혼 후 회사를 그만두고 전업주부로 전환한다고 한다. 이런 사람들은 관련 증명서 직업란에 'Home Maker'라고 쓴다.

전업주부라고 해서 단순히 청소나 밥, 육아만 하는 게 아니다. 집 안의 먹고 입는 것과 관련된 모든 일을 포함해 가정의 수입 및 지출을 관리하며 정원을 보살핀다. 아이들 학교에서는 자원봉사를 하기도 하고 여러 사회봉사 등을 한다. 주부의 임무와 직책은 셀 수 없이 많으며 많은 경우 집안일이 회사 일보다 더 힘들다고 느낀다. 집에서 며칠간 아이를 돌본 경험이 있는 워킹맘이나 워킹대디는 모두 공감할 것이라고 믿는다. 내 남편도 직장을 그만두고 6개월 정도 휴식기를 보낼 예정이었지만 3일 동안 아이들을 돌보고는 재빨리 다음 직장을 찾아 나섰다.

경제가 발전하면서 중국도 점점 더 많은 남성이 혼자서 집안을 부양할 수 있을 만큼의 돈을 벌기 시작했다. 그러다 보니 정부의 다자녀 정책에 힘입어 점점 더 많은 가정에서 자녀를 한 명 이상 낳기 시작했다. 또 부모가 자녀 양육을 전담하는 것이 아이 성장에 훨씬 긍정적이라는 인식이 생기면서 직장을 그만두고 전업주부로 전환하는 여성이 예전보다 많아지고 있다.

솔직히 말해 매일 똑같이 반복되는 것 같은 일상이지만 엄마는 집에서 매우 바쁘다. 가정교사부터 운전기사, 요리사, 심리 지도교사 등 역할은 전방위적이지만 그에 반해 성취감을 느끼기란 쉽지 않다. 자녀에게 쏟아붓는 정성은 단기간에 보답받을 수 없다. 직장에서는 성과를 내면 상사의 칭찬과 고객의 피드백, 인센티브가 있지만 집에서는 그렇지 않다.

전업주부인 엄마도 사람이고 여자다. 그다음에 부인이자 엄마의 역할을 감당해야 한다. 그렇지 않으면 가족만 돌보느라 자기 자신을 잃어버릴 수 있다. 내면의 성취감과 정신적인 충만함, 자기 가치 실현에 대한 만족감이 있어야만 우리는 행복을 느낄 수 있다. 행복해야 즐겁고 그래야 가족을 잘 돌볼 수 있다. 또 자신을 충분히 사랑해야만 그 사랑이 다른 사람에게 돌아간다. '나 자신'으로 잘 살아가기 위한 방법에는 어떤 것들이 있을까?

1. 끊임없이 배워 내면 채우기
○

우리는 매일 바쁜 삶을 살아간다. 하지만 바쁘다는 게 변명이 될 수는 없다. 자신이 흥미를 느끼는 영역은 무엇인지 찾아보자. 요리, 꽃꽂이, 심리학, 경영학, 아로마 오일, 외국어 등등에 관한 서적을 찾아 체계적으로 공부해보자. 인터넷 정보는 효과가 떨어질 수 있다. 매일 시간을 정해 자리에 앉아서 관련 방면의 책을 보거나 온라인 동영상 강의를 듣도록 한다. 목표가 있어야 효과도 좋고 성과를 낼 수 있다. 그렇게 공부하다 보면 분명히 6개월 안에 눈에 띄게 발전한 당신을 발견할 것이다. 정말로 너무 바쁘면 라디오방송이나 오디오 파일 등을 들으며 틈나는 시간을 활용해 공부할 수 있다.

2. 취미 계발하기
○

어린 시절에는 기회나 자원이 부족했던 탓에 취미로 무언가를 배울 수 없었지만 성인이 된 후에는 상황이 다르다. 어떤 것이든 처음부터 시작할 수 있다.

나는 2년 전에 유화를 배웠다. 정말 아무런 재능도 없이 기초부터 시작했지만 꾸준히 그린 결과 현재는 많은 친구가 내 그림을 주목하고 있고 심지어 구매하는 사람도 있다. 단 한 번도 내가 화가로 성장할 수 있을 거라고 생각해본 적 없지만 나는 나 자신을 제한하고 싶지 않다.

친구는 마흔이 넘었지만 아들과 스케이트를 배우더니 단숨에 여섯 번의 기본 수업을 다 수강하고는 얼음 위에서 자유와 편안함을 만끽하게 되었다. 그녀는 "사람은 죽을 때까지 배워야 해. 그래야 아름다운 인생을 살 수 있어"라고 말한다.

3. 사회와 남을 위해 봉사하기

○

전업주부는 가정을 돌보는 일 외에도 사회와 타인을 위해 봉사할 수 있다. 나의 경우 SNS 공공 계정에 글을 쓰거나 수업을 하고 학교를 도와 면접을 봐주거나 동문들에게 사업적인 조언 등을 해주고 있다. 친구 중 하나는 기금회 활동에 참여해 빈곤 지역 학생들에게 서적을 발송하는 일을 돕고 있고 다른 한 친구는 방학 기간에 아이들과 함께 빈곤 지역을 방문해 현지 선생님에게 영어를 가르치는 일을 하고 있다. 모두 사회와 타인을 위한 아름다운 헌신이자 선행이다.

4. 외부와의 교류 줄이지 않기

○

집에서 세 살 이하의 아이를 돌보는 대다수 전업주부의 경우 어린아이를 돌보는 것이 주된 일로, 스트레스가 엄청나고 대인관계 반경이 좁으며 쉽게 좌절감을 느낀다. 어떻게 해야 정신없고 힘든 육아 생활에서 한숨 돌리고 예전의 경력을 이어갈 수 있을까?

전업주부인 내 친구는 늘 공부하는 태도로 아이와 함께 성장하려고 노력한다. 그는 가장 먼저 신생아에게 젖먹이는 일부터 시작해 각종 아동 서적을 연구했고 심리학 과정까지 독학으로 마쳤다. 또 본인의 친한 친구와 단지 안에서 아이들을 산책시키다 알게 된 엄마들을 모아 사회단체를 만들었고, 마을회관을 하나 빌려서 매주 엄마들과 함께 아동 서적·유아 심리·아동교육·지능 계발 등에 관해 함께 토론하고 공부한다. 가끔씩은 수채화를 그리거나 작문을 해서 엄마와 아이들이 함께하는 작은 파티를 열고 자신의 집에 다 같이 모여 식사하기도 한다. 그는 이제 주변 엄마들에게는 없어서는 안 될 핵심 인물이며 그들이 참여하는 행사를 조직하거나 기획하면서 리더십도 계발할 수 있었다.

그런데 주의할 점은 엄마 무리에만 머무르면 부족하다. 이미 직장을 떠나 있긴 해도 예전 동료나 상사, 고객과 계속해서 연락을 주고받도록 하자. 그들과의 연락을 통해 최근 직장 동향을 알아볼 수도 있고 새로운 관리 이론이나 좋은 서적을 서로 추천해줄 수 있다. 그래야만 완전히 사회에서 분리되지 않는다. '그 사람들이 나랑 할 이야기가 뭐가 있겠어요? 저는 이미 직장인이 아닌데!'라고 말하는 사람도 있겠지만 너무 좁은 생각이다. 많은 사람이 꼭 일 때문에 함께 어울리지는 않는다. 당신의 인품 또는 당신의 삶을 이해하고 싶어 하는 사람이라면 계속 연락을 이어갈 것이다. 그들과 다시 연락을 주고받으면 자신의 가치를 재발견할 수 있다.

전업주부로서 중요하게 생각하는 가치에는 어떤 것이 있을까? 육아 방면에서는 이미 반전문가나 다름없을 것이다. 아이들 취미반을 만들거나 교육심리학 토론 등을 통해 워킹맘을 도와주거나 조언해줄 수 있다. 최근에 배운 교육 과정이나 읽었던 책의 내용을 나누는 것으로 그들에게 깨달음을 줄 수 있다. 요리에 재능이 있다면 간단한 레시피를 적어 짧은 시간 안에 워킹맘도 쉽게 만들 수 있도록 나눠주는 것은 어떨까? 최근에 계발한 취미를 직장에 다니는 사람과 연계할 방법은 없을까?

사회 활동에 적극적으로 참여하면 삶을 충만하게 만들 수 있을 뿐 아니라 즐거운 마음도 유지할 수 있고 인맥을 넓힐 수 있다. 아이가 아직 너무 어리면 집안 어른에게 잠시 부탁하거나 다른 엄마들과 순서를 정해 돌아가면서 서로 돌봐줄 수도 있다. 외부의 자원과 도움을 적극 활용해야 자기만의 시간을 누릴 수 있다.

아이가 유치원에 가기 시작하면 어느 정도 연달아 시간을 활용할 수 있기 때문에 체계적인 공부가 가능하다. 또 매일의 점심시간을 낭비하지 말자. 매주 하루 이틀 정도는 다른 친구를 만나 함께 밥 먹는 시간을 정해두고 연락하면서 서로 공부하고 우정을 나누어보자. 이로써 당신이 새로운 일자리를 찾고 있다는 소식도 주변인에게 알린다. 특히 새로 알게 된 '엄마 친구들'은 당신과 완전히 다른 직업적 배경이나 인맥 자원을 지니고 있을 것이다. 그러니 그들을 통해 새로운 인맥을 소개받아 새로운 자원을 만들자.

결론적으로 말하자면 전업주부도 자기만의 커뮤니티를 찾고 인맥을 다원화해야 한다. 아울러 이미 가지고 있는 인맥 자원의 장기적이고 지속적인 관리도 잊지 않도록 하라. 다른 사람들을 적극적으로 연결해주면 본인의 인맥도 넓힐 수 있다. 만약 이런 인맥 관리를 주부의 일상 속으로 가져올 수 있다면 훗날 다시 직장으로 돌아갈 초석을 닦아놓을 수 있으며, 열정적으로 하고 싶은 일을 위해 기반을 닦을 수 있다. 또 삶을 더욱 충만하게 만들 것이며 사회로부터 단절되었다는 느낌을 없앨 수 있다. 나아가 자녀의 대인관계 능력을 위한 본보기가 되어줄 수 있다.

5장

:
:
:

세계 최고의 엘리트
곁에는 누가 있는가

타인의 도움을
기꺼이 받는 사람

성공한 사람은 늘 귀인의 도움을 받는다. 행복함을 느끼는 사람 역시 그 주변에는 항상 긍정적 에너지를 가진 사람들이 있다.

그렇다면 어떻게 해야 이런 '행운아'가 될 수 있을까? 다음의 몇 가지 예화를 읽으며 함께 생각해보자.

꿈에 동참할 사람을 모으다

○

내게는 요리를 정말 좋아하는 샤오린이라는 친구가 있다. 예전에 나는 그를 도와 지인의 레스토랑에서 실습할 수 있도록 해주었다. 친구는 매일 오전 10시에 출근해 오후 10시가 되어서야 퇴근했고 가끔은 다섯 시간 연속으로 앉을 시간도 없이 바쁘게 일했다. 하지만 그에게 주방은 너무 매력적인 곳이었다. 부지런하고 겸손하며 배우려는 자세로 빠른 시간 안에 메인 셰프와 동료들의 인정을 받았고, 동료들은 그가 더 많은 경험을 할 수 있도록 추천서를 써주었다. 또 메인 셰프는 그를 한 유명 호텔 레스토랑에 추천해서 실습할 수 있도록 도와주었다.

6개월 정도가 지나고 친구는 레스토랑 실습뿐 아니라 부단히 영어 공부도 열심히 해서 우수한 시험 성적을 거두었고, 마침내 뉴욕의 CIA 요리학교 합격 통지서를 받았다. 그리고 2018년 3월에 드디어 진정한 셰프가 되기 위한 길에 올랐다. 도전과 좌절이 가득한 길이지만 열정으로 충만한 그에게 나는 진심 어린 축복을 전했다.

샤오린이 꿈을 향해가는 과정에서 다른 사람의 도움을 받을 수 있었던 이유는 무엇일까?

열정이 있었기 때문이다. 그 열정은 다른 사람에게도 전염되었다. 아직도 그가 자기소개서에 썼던 글이 생각난다.

나와 셰프 친구 모두 그가 셰프라는 직업을 얼마나 사랑하고 열정을 지녔는지 느낄 수 있었다. 그런 그를 본 사람들은 모두 힘들고 어렵지만 그 길을 씩씩하게 걸어갈 수 있도록 그에게 용기를 주고 싶었고 꿈을 이루도록 도와주고 싶었다.

샤오린은 대학 입학 통지서를 받은 후 즉시 나와 자신의 스승 셰프들에게 소식을 알렸다. 그리고 계속해서 지도와 도움을 받고 싶다고 말했다.

살면서 귀인의 도움을 받았다면 계속해서 그들이 당신의 성공에 참여하도록 요청해야 한다. 더 넓은 무대에서 그들에게 큰 가치를 제공하도록 힘껏 노력하는 것이 바로 장기적으로 인맥을 유지하는 비결이다.

더 높은 비전을 권유받다

○

친구 메리 베이커는 47세에 남편이 갑자기 병으로 쓰러지면서 식구들을 혼자 부양해야 하는 상황에 부딪혔다. 전문 기술이나 업무 경험이 부족했던 탓에 그는 부잣집에서 청소 도우미를 할 수밖에 없었다.

그는 정말 세심하게 일했다. 청소에 대한 기준이 매우 엄격했고 진짜 자신의 집처럼 깨끗하게 청소했을 뿐 아니라 직원들도 하나씩 세심하게 가르쳐서 모든 고객이 만족했다.

메리가 다니는 교회에 대기업 CFO로 일하는 친구가 있었다. 그는 본인의 회사에서 진행하는 각종 교육 프로그램을 메리가 무료로 수강할 수 있도록 도와주었다. 그는 열심히 필기하고 들으면서 수업 시간에 배운 비즈니스 이념을 자기의 청소 업무에 적용했다.

메리의 고객 중에는 대기업의 CEO도 있었다. 하루는 그가 메리에게 가정집이 아닌 큰 기업 빌딩에 가서 일해야 할 것 같다고 말했다. 집만 청소하기에는 능력이 너무 아깝다고 했다. "하지만 저는 빌딩과 같이 큰 건물을 청소해본 적 없어요"라고 말하자 그는 작은 건물을 하나 소개해줄 테니 먼저 거기서 경력을 쌓아보라고 권했다. 그렇게 메리는 기업 부동산을 청소하는 업무로 순조롭게 전환할 수 있었고 이후 영업 수익도 수백 배로 뛰어올랐다.

이렇듯 메리가 일하는 과정에서 많은 기업 총수들의 도움을 받을 수 있었던 이유가 뭘까? 메리의 겸손함과 노력하는 모습이 그들의 눈에 들어왔고 도와주고 싶다고 생각하게 만들었기 때문이다.

메리는 자기를 도와준 모든 사람에게 늘 잊지 않고 감사의 카드를 보냈다. 또 매년 그들의 생일에 잊지 않고 초콜릿을 보낸다. 비록 아주 작은 것들로 감사의 마음을 전하지만 이것이야말로 인맥을 다지는 중요한 원칙 중 하나다.

감동과 연결의 선순환

○

실제로 만난 적은 없지만 기억에 많이 남는 학생이 한 명 있다.

H는 조별 토론에서도 긍정적 에너지를 많이 발산했을 뿐 아니라 모든 과제를 열심히 작성해서 제출했다. 같은 문제도 여러 각도에서 다양하게 해석하고 연구하는 열정이 있었고 그의 사례는 조원들에게 많은 깨달음을 주었다. 조장으로서 조원들의 토론을 이끌어내고 함께 생각을 나누고 과제를 완수하는 데 많은 시간과 에너지를 쏟았으며 할 수 있는 역할을 최대한으로 해냈다.

그리고 온라인 강의가 끝날 때마다 내게 진심이 담긴 피드백을 쪽지로 보냈다. H의 피드백으로 나는 바로 수정 가능한 것들을 조정했고 이로써 더 유익한 콘텐츠를 만들어낼 수 있었다. 나는 그가 참 고마웠고 그 열정에 감동했다.

이후 H가 직업을 정해야 하는 선택의 기로에 서게 되었는데 나의 의견을 들어보고 싶다는 쪽지를 보내왔다. 그래서 나는 그에게 도움될 만한 지인을 소개했다.

한 번도 만나본 적 없는 사람이지만 도움을 요청해 오면 나는 할 수 있는 범위 내에서 전력을 다해 돕는다. 그런데 만일 내 인맥을 소개해야 할 때는 조금 더 신중하게 생각한다. 상대에 대해 아무것도 모르는 상태에서 나의 사회적 자원과 인맥 그리고 신뢰라는 자원을 나누려면 신중해질 수밖에 없다. 왜냐하면 그 사람이 믿을 만한 사람이 아닌 경우, 현명하지 못한 선택을 할 수도 있기 때문이다. 불필요한 번거로움을 초래하거나 본인의 명예에 먹칠하게 될 수도 있다.

그런데 나는 왜 H를 도와 일자리와 지인을 소개해주었을까?

첫째, 그의 언행에서 진실함과 따뜻함을 느꼈기 때문이다. 또 수업에 참여하는 태도와 소그룹 활동을 통해 H가 믿을 만한 사람이라고 판단했다.

둘째, 나와 공통점이 있었다. 학사과정을 같은 학교에서 공부했고 H도 온라인으로 하버드 경영대학원의 수업을 수강하고 있어서 내가 잘 아는 교수님에 관해 서로 이야기를 나눌 수 있었다. 이를 통해 나는 그와 어느 정도 연결되었다는 느낌을 받았다.

셋째, 다른 사람을 위해 가치를 제공하는 긍정적인 모습이 내게도 좋은 영향을 주었다. 비록 학생들에게 수업에 대한 피드백과 감사하다는 메시지를 받지만 모든 수업에 대해 그렇게 열심히, 객관적이면서 건설적인 피드백을 준 건 H가 처음이었다. 이런 행동은 내게 큰 가치를 제공했다.

그래서 진실함과 따뜻함은 마음의 문을 여는 열쇠와도 같으며 상대를 위해 가치를 제공하는 것은 인맥 쌓기의 등불과도 같다.

사람을 끌어당기는 정성

○

10년 전, 베이징의 한 명문 고등학교에 재학 중인 1, 2학년 학생 세 명이 미네소타 주에 교환학생으로 온 적이 있었다. 나는 그들을 집에 초청해 며칠 묵을 수 있게 했다. 세 학생 모두 학교에서 손꼽히는 인재였다. 우리 집에 묵는 동안 아이들과 함께 식사하고 교제를 나누며 정말 즐거운 시간을 보냈다. 이미 그 시기를 지나온 인생 선배로서 그들에게 내 경험을 많이 이야기해주었다. 아이들이 떠날 때는 내 이메일 주소를 알려주고 계속 연락을 주고받자고 약속했다.

그 후, 그중 동아리 회장이라는 친구 J 하나만 자기들을 돌봐준 것과 많은 가르침을 주어 고맙다는 메일을 보내왔다. 그리고 매년 새해가 될 때마다 그는 내게 메일로 안부를 전했다. 나는 그 학생을 특별히 눈여겨보았다. 고등학생인 아이가 이메일로 관계를 관리할 줄 안다는 것이 신기했다. 분명 그 아이는 대인관계에 천부적인 소질을 지니고 있는 것 같았다.

그렇게 계속 메일로 연락을 주고받으면서 J의 학업과 일상을 관심 있게 지켜보았다. 나중에 그는 대입 시험에서 높은 점수를 받아 베이징 대학교에 입학했고 졸업 후에는 유명 은행에 취직했다. 미국의 저명한 경영대학원에서도 J에게 프러포즈하며 장학금을 주기도 했다. 나는 어땠을까? 그가 대학에 입학할 때, 직장을 찾을 때 그리고 배우자를 택할 때도 함께 고민하며 의견을 나눴다. J가 홍콩, 뉴욕, 런던을 오가며 일할 때는 현지 친구를 소개해주어 인맥을 넓힐 수 있도록 도와주었다.

잠재력이 뛰어나고 긍정적 에너지가 충만하여 사람들을 끌어모으는 사람이 있다. 이런 사람을 보면 누구나 최대한 그 잠재력을 발휘하도록 기꺼이 도와주고 싶다는 생각이 든다.

인맥을 다질 때는 스킬에만 집중하지 말고 진정한 됨됨이에 더 주목해야 한다. 그래야 인맥 쌓기의 핵심을 손에 넣을 수 있다.

나와 마윈 사이는
얼마나 가까울까

어린 여학생들을 대상으로 인맥에 관한 수업을
한 적이 있었다. 수업을 시작하자마자 나는 열몇 살의 미국 소녀들에
게 물었다.

"여러분이 중국 부자 마윈에게도 연락할 수 있을까요?"

아이들은 불가능하다는 듯 고개를 저었다.

"사실 중간에 딱 다섯 명만 거치면 여러분도 마윈과 연락할 수 있다
는 것을 믿겠어요?"

나는 그들에게 하버드 대학교의 심리학 교수 스탠리 밀그램이 1967년
에 진행한 '작은 세상 실험'에 관한 이야기를 들려주었다. 밀그램은
미국에서 가장 고립된 지역이라고 여기는 네브라스카 주에 거주하는
160명의 주민에게 무작위로 편지를 보냈다. 편지를 받은 사람들에게
는 연구 목적과 함께 최종적으로 편지를 받을 매사추세츠증권 중개인

에 대한 설명을 간단히 제공하고 릴레이 형태로 지인에게 편지를 전달하여 중개인에게 도착할 수 있도록 부탁했다. 사람들은 증권중개인과 가장 가까이 연결되어 있을 것 같은 지인에게 편지를 보냈다. 동시에 연구진이 편지의 전달 상황 및 경로를 파악할 수 있도록 매개인에게 편지를 보낼 때 하버드 대학교 연구실에도 편지를 함께 보내도록 요청받았다. 그 결과 편지는 2명에서 10명의 중간인(평균 5명)을 거쳐 최종 목적지에 전달되었다. 그는 이 실험을 통해 '6단계 분리 법칙'을 입증했다.

수학적인 공식을 적용해 우리가 각각 150명의 사람을 알고 있다고 가정하면 '6단계 분리 법칙'에 따라 150의 6제곱이 되므로 총 11조 4천억 명이 된다. 중복되는 부분을 제한다고 하더라도 지구의 전체 인구수를 훨씬 초과하는 수치다.

'6단계 분리 법칙'은 우리에게 어떤 의미가 있을까? 먼저 인맥 다지기에 자신감을 가질 수 있다. 새로운 사업을 한다거나 이직해야 할 때, 혹은 좋은 유치원에 아이를 입학시키고 싶을 때 중간에 몇 단계만 거치면 최종 목표 인맥에게 연락할 수 있기 때문이다.

그렇다면 정말 아무 사람이나 다섯 명만 거치면 그 누구든 찾아낼 수 있는 것일까? 물론 아니다. 내 수업을 들으러 온 여학생들을 한 바퀴 다 돌았지만 그중에는 마윈과 실제로 알고 지내는 사람은 한 명도 없었다. 그렇다면 나는 어떻게 다섯 명만 거치면 마윈을 찾아낼 수 있다고 그토록 확신한 것일까? 왜냐하면 고등학교 동창이 알리바바의 부회장으로 일하고 있기 때문이다. 그러니 나를 알게 된 이상 중간에 두 명만 거치면 마윈과 연결될 수 있다. 그래서 6단계 분리는 중간에 아무 사람이나 거치는 게 아니다. 핵심적인 중간인, 즉 강력한 연계 능력을 지닌 인맥의 달인을 거쳐야 가능하다.

인맥의 달인이란?

○

맬컴 글래드웰이 쓴 《티핑 포인트》에는 커넥터(누군가를 만났을 때 연결해주고 싶은 사람들이 생각나는 것), 전문가(책을 많이 읽고 정보를 많이 수집하면 그 영역의 '포털사이트'가 될 수 있다) 그리고 세일즈맨과 같은 세 종류의 사람이 나온다. 우리는 이 세 가지 유형에 주목할 필요가 있다.

먼저 첫번째 유형이다. 친구 페기는 중국과 미국의 에너지 조직을 연결하는 비정부기구의 총장직을 맡고 있다. 만날 때마다 그는 나를 지인에게 소개해준다. 지난번에는 함께 차를 마시는데 내가 금융 방면에서 고문 역할을 하고 있다니까 남동생이 요새 대출을 알아보고 있다며 그를 연결해주었다. SNS 공식 계정에 내가 아동교육에 관한 글을 올린다고 말한 날은 바로 교육 플랫폼을 운영하는 사람에게 전화를 걸어 소개해주었다.

우리는 이러한 유형의 사람을 커넥터라고 부른다. 이런 사람들의 특징은 호기심이 강하고 자신감이 넘치며 다른 사람과의 교제를 즐기고 활력이 넘친다. 사람들 사이에서 접착제 같은 역할을 하기 때문에 이들을 기점으로 인맥 네트워크가 계속 확대된다. 이들은 쉽게 친구를 사귀고 또 많은 사람을 알고 있다. 나아가 사람을 사귈 수 있는 교제의 기회를 절대 놓치지 않는다. 그들은 진정으로 사람에 대해 관심이 많고 흥미가 있어서 온갖 종류의 사람을 다 알고 있다.

두번째로 친구의 남편 브라이언은 방사능과 전문의다. 만약에 차 한 대를 사고 싶다고 하면 그는 모든 브랜드의 각종 스타일을 철저히 연구한다. 그는 특별히 많은 정보를 알고 있으며 이 정보를 다른 사람과 나누기 즐겨 한다. 다른 물건을 살 때도 마찬가지다. 그는 정보를 수집하는 데 상당히 많은 시간을 투자하며 다시 그 정보를 분석하고 판단한다.

이런 유형의 사람은 전문가에 해당한다. 이들은 호텔이나 레스토랑, 자동차나 재테크 등 많은 방면의 다양한 지식을 보유하고 있다. 그들은 자신이 연구한 결과나 경험을 다른 사람과 나누는 것으로 즐거움과 보람을 느낀다. 그들의 역할은 다른 사람을 교육하거나 도와주는 것이다. 이들은 선생님인 동시에 배움을 즐기는 학생이기도 하다. 또 자신의 정보를 남들과 교환하기 때문에 정보의 허브 역할을 하기도 한다.

마지막으로 친구 그레그는 부동산 중개인이다. 예전에는 홈쇼핑채널의 쇼호스트였다. 말재주가 뛰어나고 스토리텔링에 강해서 설파하고 싶은 것이 있으면 사람들이 귀 기울이는 이야기를 풀어내 자신의 주장을 어필한다.

이런 사람들은 성공적으로 구매를 이끌어내는 세일즈맨으로 분류할 수 있다. 하지만 그들은 뛰어난 말재간만으로 사람들을 매료시키는 것이 아니다. 자신이 지닌 에너지와 열정, 매력과 긍정적인 태도로 사람들을 끌어들인다. 그들은 청중을 완전히 자기 이야기 속으로 들어오게 해서 한마음이 되게 하는 능력을 지녔다.

인맥의 달인을 찾아내는 법

○

눈을 들어 세심히 관찰해보면 당신 주변에도 분명 인맥의 달인이 있을 것이다. 만일 그런 사람과 친구가 된다면 당신의 자원은 순식간에 확대될 수 있다.

동창이나 동료 중에서 이런 사람이 누구인지 쉽게 분별해낼 수 있다. 왜냐하면 그들은 사업이 날로 번창하고 적극적으로 모임을 만들며 당신에게 자주 연락하거나 정보를 공유하기 때문이다. 만일 무슨 문제가 있어서 연락했냐고 물으면 그들은 아주 적극적으로 당신에게 자신의 이야기를 들려줄 것이다.

사실 일상 속에서 쉽게 만날 수 있는 금융 컨설턴트나 보험설계사, 부동산 중개인이나 헤드헌터, 레스토랑 사장, 미디어 인사 등이 인맥의 달인이다. 그들은 여러 업계에 두루 존재한다. 진실하고 열정적이며 겸손하고 다른 사람을 위해 봉사하고 도와주는 걸 즐겨 한다. 또 자원을 통합하는 데 능하며 소통력이 강하다는 공통점이 있다. 당신에게도 이런 친구가 있다면 소중히 여기기 바란다. 언젠가는 그들의 인맥 자원이 필요한 날이 올 것이므로 늘 겸손한 태도로 배우는 것이 좋다.

인맥의 달인 사귀는 법

○

인맥의 달인은 네트워크가 두루 뻗어 있어서 중요할 때 당신에게 필요한 도움을 줄 수 있다. 그러면 그들과 어떻게 사귈 수 있을까? 내가 아는 요식업계 인맥 달인의 이야기를 함께 나누고자 한다.

미식에 관심이 많은 나는 몇 년 전 중국의 유명한 미식 평론가 둥커핑 선생 블로그를 팔로 했다. 그가 블로그에 남긴 미식 평론과 레스토랑 후기에 내가 종종 댓글을 남기면 그가 내 댓글에 답글을 남기고는 했다. 그가 어떤 요리에 대한 글을 올리면 나는 그 특색 있는 요리를 먹어봤다고 댓글을 남겼고 그가 어떤 레스토랑에 관해 글을 남기면 나는 그 레스토랑에 관해 질문을 올리거나 내 경험을 소개하기도 했다. 그러면서 그는 나를 기억하게 되었다. 매번 베이징에 출장 갈 때마다 둥 선생이 추천한 레스토랑에 가서 식사하고 메인 셰프와 인사를 나눌 때 둥 선생의 추천으로 오게 되었다고 말했다. 사실 이런 셰프는 모두 인맥의 달인이며 매우 예의 바르고 우호적이다.

한번은 둥 선생이 블로그에 베이징에서 새로 출간하는《100위안의 미식 탐방—베이징 편》의 발표회가 있을 예정이라는 글을 올렸다. 마침 베이징에 있던 나는 바로 그 발표회로 달려가 그를 만나 내 아이디와 이름을 알리고 인사를 나누었다. 그리고 그 자리에서 둥 선생이 블로그에서 자주 이야기하는 셰프들, 특히 내가 직접 방문해서 먹어본 레스토랑의 셰프들을 만났다. 나는 그들에게 특별히 미식에 관심이 많다고 이야기하면서 미국에 살고 있지만 베이징에 방문했다 하면 맛집을 탐방한다고 했다. 미식이라는 것이 사람과 사람을 얼마나 효과적으로 연결해주는지 알게 된 계기였다.

나중에 둥 선생이 출판 기념회를 열었을 때 나는 비행기를 타고 날아가 참석했다. 그는 친구들에게 나를 소개했으며 내게 팬 대표로 발언하는 기회를 주기도 했다.

하지만 이건 일차적인 관계에 불과했다. 둥 선생을 봉해 유녕 셰프들도 나를 알게되었고 서로를 SNS 친구로 추가하는 등 파생적인 관계가 생겨났다. 그 후 SNS에서 셰프들과 서로 '좋아요'를 누르고 게시물을 공유해 나의 지인들도 그들이 운영하는 레스토랑을 알게 되었다. 중국 출장을 갈 때마다 그들의 식당에서 밥을 먹고 작은 선물도 건넨다. 가끔은 그들의 부탁으로 미국에서 물건을 사다 주기도 했다. 나는 귀찮은 것을 마다하지 않아서 누가 부탁해오면 성심성의껏 돕는다. 그렇게 한두 번 왕래가 있다 보니 그들과도 개인적인 연결 고리가 생겼다.

미식은 사람과 사람을 이어주는 중요한 매개다. 아름다운 삶을 향유하고자 하는 사람의 특성은 맛있는 음식에 대한 욕구와 갈망으로 나타난다. 만일 세상의 사람을 두 종류로 나누라고 한다면, 미식을 좋아하는 사람과 먹고 마시는 것에 아무런 감흥이 없는 사람이라고 이야기할 정도다. 미식을 좋아하는 사람은 음식물에 관심이 많고 요리에 대한 자기만의 기준과 입맛을 지녔다. 또 레스토랑에 대한 요구 사항도 따로 있다. 미식을 정말 좋아하는 사람을 만났다면 당신이 좋아하는 레스토랑이나 요리에 관해 이야기를 나눠보라. 그러면 그들의 환심을 사고 거리를 좁힐 수 있다. 그들과 함께 밥을 먹으며 이야기를 나누면 미식을 좋아하는 사람이 훨씬 쉽게 가까워질 수 있다는 걸 알게 될 것이다.

좋은 셰프는 손님의 입맛과 기호를 기억할 뿐 아니라 좋은 친구 관계를 유지한다. 만일 당신이 즐겨 찾는 식당이 있다면 그곳의 셰프도 기꺼이 당신과 친구가 되려 할 것이다. 심지어 당신에게 '누나' 혹은

'형'이라는 호칭을 쓰면서 몇몇 요리를 서비스로 만들어주거나 좋은 자리를 예약해주기도 할 것이다. 사실 그런 셰프라면 단골손님과 친구가 되지 않는 것이 오히려 이상할 정도다. 셰프들이 인맥의 달인이라고 말하는 이유도 이 때문이다. 그들은 경제계와 정치계뿐만이 아니라 여러 업계에서 미식을 사랑하는 사람들을 두루 알고 지낸다. 나는 이런 사람들과 쉽게 공통점을 찾아내 친구가 된다.

인맥의 달인이 되려면?

○

인맥의 달인을 사귀는 건 물론이고 본인이 그런 사람이 되도록 노력해야 한다. 본인 스스로 다른 사람에게 가치 있는 사람, 대인관계에서 절대 없어서는 안 될 사람이 되어야 한다. 이를 위해서는 다른 사람을 도와 관계를 이어주고 다리를 놓아주는 법을 알아야 한다. 자신의 인맥을 다른 사람에게 소개하는 것에 인색하지 말자. 그 자원을 아끼지 말고 마치 사람들이 당신의 자원을 강탈해 피해를 준다고 생각하지 말자. 사실 인맥은 나누면 나눌수록 넓어진다. 우리 모두는 누군가를 도와주기 원하며 가치를 제공해주고 싶어 한다. 그런 점에서 인맥을 소개받은 사람들은 많은 도움을 받을 수 있다.

이 부분의 능력을 길러야 한다면 사람들을 만났을 때 가장 먼저 어떻게 상대를 위해 가치를 제공할지, 어떻게 낯선 사람을 친구로 만들지 먼저 생각한다. 이런 생활 방식이 점점 당신의 습관으로 굳어질 것이다.

1. 좋은 인맥은 관심에서 시작된다

미네소타에서 알게 된 친구 K의 임신 소식을 듣고 나는 진심으로 기뻤다. 점점 불러오는 그의 배를 보면서 내가 물었다.

"베이비 샤워 안 해? (임부를 위한 파티다. 친구들이 모여 출산을 축하하고 세상에 나올 아이를 위해 선물을 주는 것이다.) 생각 안 해봤으면 내가 준비할게."

K는 내 이야기를 듣고 무척 기뻐했다. 심지어 그의 엄마는 파티 장소로 집을 내어주기까지 했다.

모든 사람은 자기만의 가치를 지녔다. 좋은 인맥을 쌓는 건 다른 사람을 위해 봉사하고 그 사람을 배려하는 것에서 자연스럽게 시작된다.

당신에게 어떤 특징과 장점이 있는지 곰곰이 생각해보라. 자기만의 장점을 잘 정리한 다음 다른 사람과의 접촉이나 교제 속에서 주도적으로 그 가치를 드러내도록 하라. 나이가 어리고 직급이 낮으며 경력이 부족하거나 자원이 없다고 생각되는 사람도 다른 사람을 도와줄 수 있다.

한번은 어떤 남성이 내게 자기는 아무런 장점이 없는 것 같다고 말했다. 그에게 어떤 취미가 있는지 물었더니 마라톤을 좋아한다고 대답했다.

"사실 마라톤은 지금 유행하는 스포츠 중 하나예요. 내가 아는 금융 투자자들도 아침저녁으로 뛰어요. 그 취미 하나만으로도 많은 사람과 연결될 수 있어요."

"그렇군요. 마라톤을 하며 느낀 것들을 글로 써도 좋겠어요. 뛸 때 주의할 점은 무엇인지 사람들과 나누면 되겠네요."

그렇게 해서 그는 자신의 경험을 글로 썼고 많은 친구의 환영을 받았다.

한 학생은 수업 시간에 발표할 때마다 다른 수강생에게 온라인 보안에 관해 주의를 많이 주었다. 본인이 회사에서 그 방면의 교육을 진행하고 있기 때문이었다. 그 모습을 본 나는 그에게 그것을 글로 써보는 것이 어떻겠냐고 제안했다. 엄청난 가치를 공유할 수 있을 것 같았기 때문이다.

기억하자. 당신도 얼마든지 커넥터가 될 수 있고 전문가가 될 수 있다. 혹은 열정으로 다른 사람을 감동시키는 세일즈맨이 될 수도 있다. 당신이 가장 관심 있는 일, 열정을 느끼는 일이 다른 사람을 위한 가치가 될 수 있다.

2. 기브 앤 테이크

남에게 불편을 끼치면 안 된다는 착각으로 가끔 인맥에 대해 오해하는 사람이 있다. 그래서 혼자만의 세상에서 살다 보니 점점 사람과의 왕래가 끊기는 것인데, 사실 누군가에게 부탁하고 나면 오히려 신뢰가 상승하고 더 깊은 관계가 된다는 것을 알 수 있다.

앞에서도 강조했듯 다른 사람을 좀 귀찮게 해서 당신을 도와줄 기회를 주도록 하자. 도와주면 도와줄수록 당신에게 더 많은 애정을 갖게 되고 감정도 깊어질 것이다.

이해를 돕기 위해 하버드 경영대학원 동문 모임에서 있었던 예화를 소개하려 한다.

5년에 한 번씩 열리는 동문 모임에서 나는 자원봉사를 맡는다. 우리기수만 해도 총 900명 가까이 되지만 봉사자는 열몇 명밖에 되지 않는다. 봉사자들은 3일 동안 열리는 동문 모임과 관련해 크고 작은 일들을 도맡아 한다. 모임 장소를 정하는 것부터 식사와 프로그램 기획, 기념품 선정 등에 이르기까지 정말 일이 많다. 나는 동문들의 참여를 독려하고 우리 반만 따로 모일 만찬 장소를 정하고 기념품을 정하는 등의 활동을 담당하고 있다.

이번 해 반 모임은 학교의 대외 관계부를 맡고 있는 베스에게 많은 도움을 받았다. 모임은 보스턴에서 열릴 예정이었는데 내가 보스턴에 살지 않아서 그에게 메일을 보내 모임 장소인 식당 환경은 어떤지, 주변 경치는 어떤지 한번 가서 봐달라고 부탁했다. 베스는 기쁜 마음으로 부탁을 들어주었고 심지어 나를 대신해 계약금을 지불하고 계약서에 사인하는 등 많은 부분을 도와주었다. 너무 고마운 마음에 나는 행사가 끝나고 점심을 사겠노라 약속했다. 그리고 점심을 먹으며 최근에 내가 쓴 글을 소개했다. 위챗에 각종 글을 남기고 있는데 이번에는 학교 선배들을 인터뷰한 글을 올리고 싶다고 말했다. 그러자 베스는 내게 중요한 동문을 소개해주며 그를 인터뷰하면 청년들에게 좋은 영향을 줄 수 있을 거라고 말했다. 식사 후 베스는 바로 마리 여사에게 연락해 나를 소개해주었다. 그는 하버드 경영대학원 3기 졸업생 중 한 명이었다. 마리 여사가 프랑스에 있다는 소식을 듣고 나는 바로 프랑스로 갈 테니 함께 식사하고 인터뷰할 수 있는지 물었다. 그렇게 나는 마리 페어웨이 여사를 알게 되었고 그와의 인터뷰 후에 〈그를 비추는 달이 될 게요〉라는 글을 쓸 수 있었다.

내가 만일 자원봉사자로서 베스와 정식적인 회의만 했더라면 이런 깊은 우정 관계까지 발전할 수 없었을 것이다. 하지만 그에게 도움을 요청했기 때문에 더 강한 연결의 인맥을 형성할 수 있었다.

3. 타인에게 관심을 갖고 최선을 다해 돕는다

에이크(가명)는 단체 대화방에서 늘 아무 말이 없는 부하 직원 L 때문에 걱정이었다. 사람들과 소통이 잘되지 않는 것 같았기 때문이다. 하루는 에이크가 L의 책상 위에 유명 작가의 책이 놓여 있는 걸 보고 자신도 그 책을 읽어본 적이 있다고 말했더니 L은 매우 좋아하는 작가라고 대답했다. 에이크는 L이 요즘 마음이 답답하고 힘든 일이 있는 것은 아닌지 걱정되어 따로 대화를 나눠보니 과연 그의 생각이 맞았다. L은 아는 사람 하나 없는 선전(深川)으로 건너와 직장 생활을 하며 외롭고 힘든 나날을 보내고 있었다.

그래서 그는 일부러 영화표 두 장을 예매한 뒤 L에게 전해주며 본인이 갑자기 급한 일이 생겼으니 L과 나이가 비슷한 다른 동료를 지목하며 둘이 함께 영화를 보고 오라고 이야기했다. 다음 날 아침 그 둘이 회사에서 영화 내용에 관해 보통 친구처럼 정답게 대화를 나누고 있었다. 리더로서 다른 사람에게 진정으로 관심을 보이고 챙겨주는 것은 에이크에게는 매우 좋은 시작이었다.

그래서 만일 상사나 고객, 혹은 동료와 관계를 강화하고 싶다면 먼저 그들의 사무실이나 책상이 어떻게 꾸며져 있는지 주의 깊게 살펴보면 된다. 상대가 좋아하는 일이나 물건에 관해 이야기를 시작하는 것이 바로 신뢰를 쌓는 첫번째 단계다.

한 세일즈맨이 고객에게 전화를 걸었다. 고객은 현재 휴가 중이니

2주 뒤에 나시 연락을 덜라고 부탁했다. 3주 뒤, 그는 다시 고객에게 전화를 걸어 휴가는 어떻게 보냈는지 물어보았다. 그러자 고객은 다음과 같이 대답했다.

"딩신의 많은 경쟁자도 제게 전화했지만 그걸 물어보는 사람은 단 한 명도 없었어요. 당신이 정말 내게 관심 있다는 게 느껴지네요. 이번 비즈니스는 당신과 하겠어요."

사람과 사람 사이의 관계는 복잡한 듯 보여도 사실은 정말 간단하다. 상대의 입장에서 생각하고 진정으로 주의를 기울이면 반드시 더 좋은 관계를 형성할 수 있다.

4. 자원을 풍부히 한다

인적 자원이 풍부해지면 내가 먼저 나서서 다른 사람들을 연결해주고 다리를 놔줄 수 있다.

학생 중 한 명이 자동차 업계에서 일하고 있었는데 마침 대학교 동창이 해당 업계에서 고위 임원직을 맡고 있어서 소개해주었다. 지금 그 학생은 내 친구를 사업적 멘토로 삼고 있다.

또 다른 예는 프리미엄 외국 여행 상품을 운영하고 있는 대학원 선배 이야기다. 나는 그가 고안한 독특하고 참신한 아이디어가 매우 좋았다. 그래서 이탈리아에서 고객을 모아 현지의 미식이나 와인, 치즈나 올리브유를 체험하고 이탈리아 요리를 배워보는 이벤트를 운영 중인 한 친구를 소개해주었다. 둘은 그렇게 연결되었다.

내게는 매우 자주 이런 일이 일어난다. 아는 사람을 다른 사람에게 소개해주기 때문이다. 인맥을 형성하고 관리하는 건 분명 시간과 정성이 들어가는 일이지만 절대 무료하거나 재미없지 않다. 이를 통해 끊임없이 나 자신을 발전시키고 다른 사람을 도와줄 수 있다. 허브 역할을 하는 커넥터로서 그 과정을 통해 더 많은 인맥을 형성한다. 그리고 다른 사람을 위해 가치를 창조할 수 있다는 것에 큰 보람과 기쁨을 느낄 수 있다.

인맥의 달인이 되려면 먼저 본인이 지닌 자원을 잘 활용할 수 있어야 한다. 타인을 위해 인맥을 만들어줄수록 다른 이들과 더 깊은 관계를 형성할 수 있다.

다시 처음의 화제로 돌아가 생각해보자. 나와 마윈 사이에는 누가 있을까? 아니면 더 나아가 당신과 이 세상 사람들 사이에는 누가 있을까?

이론적으로 사람과 사람 사이에는 몇 단계의 관계가 있지만 몇몇 인맥의 달인을 알고 있다면 단 여섯 단계 만에 찾고 싶은 사람을 찾을 수 있다. 하지만 실제로 마윈과 같은 '빅 스타'와 연결될 수 있을지는 그와 당신 사이에 어떤 연결 고리가 있는지, 그에게 어떤 가치를 제공할 수 있는지에 달려 있으며 당신이 지닌 인맥의 수준과 중간에 있는 인맥 달인이 당신과 그를 연결해줄 동력과 열정이 있는지에 달려 있다.

그러면 이어서 귀인을 사귀는 비결에 관해 알아보도록 하자.

누구와도 친해지는
계단식 관계

업계 포럼이나 연례행사에 참여하면 그 업계의 유명 전문가가 귀빈으로 참석해 기조연설을 하곤 한다. 강단에서 발언하는 그들을 보자면 나와는 너무 거리가 먼 사람이라고 생각되어 쉽게 다가가지 못한다.

어떻게 하면 인맥을 넓힐 수 있는지는 모두가 궁금해하고 또 관심 갖는 문제다. 그런데 많은 사람이 '저는 수줍음을 잘 타는데 어떻게 사람을 잘 사귈 수 있을까요? 방법을 잘 모르겠어요'라고 고민을 털어놓는다.

그렇다면 먼저 무엇이 당신을 사람들 속으로 들어가지 못하게 만드는지 분석해보도록 하자.

첫째, 기회가 없다.

업계 유명 인사와 우리의 일상에는 교집합이 없다. 활동하는 커뮤니티 또한 차이가 크다. 태양과 지구의 관계처럼 그들에게 빛이 나지만 가까이 다가갈 엄두를 내지 못한다.

둘째, 자신감이 없다.

행사 장소에서 가끔 유명 인사를 만나긴 해도 다가가 인사를 할 자신이 없고 그 사람과 어떻게 친구가 되어야 할지 방법이 생각나지 않는다.

셋째, 의미 있는 연결 고리를 찾아내지 못한다.

어떻게든 용기를 내서 그 사람 곁으로 가긴 가서 같이 사진도 찍고 명함도 받지만 그다음에 뭘 해야 할지 모른다. 연결 고리를 찾지 못해 그와의 관계를 진정한 인맥으로 만들지 못한다.

성공적인 대인관계를 형성하고 귀인을 만나려면 위와 같은 문제들을 해결해야만 한다. 이를 위해서는 어떻게 해야 할까?

예전에 하버드 경영대학원 후배 자오루원이 중국 경제전문 작가 우샤오보를 알게 된 이야기를 해준 적이 있다. 그 예화를 함께 나눠보려고 한다.

"우샤오보 선생님과는 한 자선 공익단체의 기부 행사에서 알게 되었어요. 당시 그와 함께 저녁 식사를 할 수 있는 초대권이 경매로 나왔는데 제가 350만 원 정도에 낙찰받았죠.

사실 저는 그를 잘 몰랐지만 어쨌든 그런 자선 활동에 돈을 기부할 수 있다는 게 의미 있어서 참여했어요. 또 제가 그 경매품을 사게 되면 그도 제게 깊은 인상을 받을 거라는 생각이 들었죠. 그래서 망설임 없이 구매했어요. 과연 저녁을 같이하면서 우리는 깊은 대화를 나누었고 서로의 SNS를 주고받고 연락을 이어가게 되었어요. 아시다시피우 선생님은 엄청난 인맥의 달인이에요. 신생님은 그날 저녁 식사에 다른 친구들을 함께 초대했어요. 그래서 그를 통해 또 다른 우수 인재를 많이 알게 되었죠.

우 선생님과 인연을 맺고 이어가면서 인맥 관리에 관해 깨달은 점세 가지가 있어요. 첫째, 서로 연락처를 꼭 주고받는 게 좋아요. 그래야 나중에 다른 사람을 통하지 않고 직접 연락할 수 있거든요. 둘째, 기회가 있을 때 함께 사진을 찍어두는 게 좋아요. 그러면 다시 연락할 때 상대가 기억나지 않는 난감한 상황을 피할 수 있어요. 셋째, 만남 뒤에는 꼭 메시지를 보내야 해요. 같이 찍은 사진을 보내주거나 만나서 반가웠다거나 많이 가르쳐달라는 등의 이야기를 하는 거죠. 그러면 상대에게 좋은 인상을 남길 수 있어요.

인맥을 다지는 과정에서 이미 엄청난 인맥 자원을 지닌 사람을 알게 되었다면 그 기회를 다른 사람과 나누는 것도 잊지 않아야 해요. 어떤 일을 성취하는 과정에 나를 도와준 사람을 참여시키고 그들에게 같이 성장할 기회를 주는 게 좋아요. 그래서 저는 인맥을 다질 때는 더 많은 사람에게 도움을 줘서 함께 성장하도록 하는 게 중요하다고 생각해요."

옥스퍼드 경영대학원을 졸업한 펑은 영국의 유명한 변호사이자 여왕의 측근인 제인과 친구가 된 이야기에 관해 들려주었다.

펑은 고객과 협상을 진행하는 과정에서 계약서의 한두 조항에 대한 서로의 의견 차이가 좁혀지지 않아 진전을 보이지 못하고 있었다. 점심시간이 되었고 그의 옆자리에 마침 상대측의 변호사 제인이 앉게 되어 서로 간단하게 이야기를 나누었다. 골프를 좋아하는 펑은 자연스럽게 골프에 관한 이야기를 꺼냈는데 알고 보니 제인도 엄청난 골프 마니아였다. 덕분에 대화 분위기는 매우 좋았고 오후의 협상 분위기까지 바뀌었다. 결국 천천히 협상한 끝에 양측 모두 만족할 만한 결과를 도출해냈다.

저녁에 두 팀은 그날의 성과를 축하하기 위해 함께 식사했다. 펑과 제인은 대화를 나누다가 둘 다 세계적으로 유명한 골프장에서 골프를 쳐봤던 사실을 알게 되었다. 서로 같은 취미를 발견하고 나니 이야기가 너무 잘 통해서 함께 골프를 치면서 가까운 사이가 되었다.

한번은 제인이 중국으로 출장 갈 일이 있었는데 비행기를 환승할 때 시간이 좀 남으니 펑과 만나고 싶다고 연락이 왔다. 하지만 그날은 펑이 정신없이 바쁜 날이어서 공항으로 마중 나갈 시간이 없었다. 그래서 대신 나간 사람에게 커다란 꽃다발과 함께 직접 나가지 못해 미안하다는 말을 전해달라고 부탁했다.

제인은 기분 좋게 펑과 약속한 식당에서 만났다. 게다가 펑이 제인 몰래 서로 알고 있는, 오랫동안 만나지 못했던 몇몇 친구를 함께 초대해서 정말 재미있는 시간을 보냈다. 한편 그날은 평소와 달리 바람이 정말 많이 불었다. 펑은 제인을 위해 캐시미어 소재의 바람막이를 선물했다. 영국으로 돌아간 후 제인은 감사하다는 말이 담긴 아주 긴 내용의 메일을 펑에게 보냈다.

나중에 펑은 옥스퍼드 경영대학원의 합격 통지서를 받고 난 후에야 자신의 지도 교수를 통해 제인이 그를 위해 정말 훌륭한 추천서를 써주었고 그것이 합격에 매우 중요하게 작용했다는 소식을 듣게 되었다.

펑은 같은 취미를 가진 제인과 친구가 되었고 진심으로 대한 결과

상내의 관심과 도움을 받을 수 있었다. 이익에 얽매이지 않으면서 순수하게 자신보다 뛰어난 사람과 친구가 된 것이다.

예화를 통해 나보다 뛰어난 사람과 친구가 되는 원칙을 다음과 같이 정리해보았다.

1. 자신감 있는 모습이 당신을 빛나게 한다
○

나보다 뛰어난 사람을 사귀려면 먼저 자신감이 있어야 한다. 사실 아무리 유명 인사라고 해도 같은 사람이다. 단지 더 노력했기 때문에, 더 많은 자원이 있었거나 운이 좋게도 적절한 기회를 만났기 때문에 오늘날의 성과를 거둘 수 있었던 것이다. 물론 특정 영역에서 그들이 뛰어난 건 사실이다. 하지만 나도 그들과 똑같이 장단점을 지녔고 열정과 고뇌가 있으며 가족이 있고 프라이버시가 있다. 그러니 내가 상대방보다 못하다는 열등의식을 버리고 과감하게 다가가 교제하자. 그러나 모든 사람에게는 각기 다른 장점과 우위가 있으므로 절대 교만해서는 안 된다.

한 장의 그림이 있다. 그림 안에 고양이 한 마리가 연못에 비친 그림자를 바라보고 있다. 고양이는 연못에 비친 자신의 모습을 호랑이라고 착각하고 있다.

'나는 누구인가?'라는 질문에 대해 진지하게 고민해본 적이 있는가? 앞서 이야기한 그림은 내가 하버드 경영대학원에 들어간 첫째 주에 봤던 것이다. 교수님은 그 그림을 보여주며 물었다.

"이 중에 본인이 이곳에 실수로 잘못 합격되어 들어왔다고 생각하는 사람 있습니까?"

그러자 5분의 1이나 되는 사람이 손을 들었다.

"자기가 다른 학생들보다 못났다고 생각할 수 있습니다. 하지만 이 그림을 보세요. 하버드 경영대학원의 학생이라면 절대 그렇게 생각할 필요가 없습니다. 고양이라고 해도 자신감에 충만하면 자신의 모습이 호랑이처럼 위풍당당해 보이는 겁니다. 여러분 모두가 이런 자신감을 지녔으면 합니다."

이러한 심리적 문제도 해결해야 하지만 외모에도 신경 쓸 필요가 있다. '옷이 날개'라는 말이 있듯 사람은 어떻게 입고 행동하느냐에 따라 달라 보인다. 깔끔하고 우아한 차림새는 당신에게 더 많은 행운을 가져다줄 것이다. 머리를 단정히 빗고 어깨를 펴라. 대화를 나눌 때는 상대의 눈을 쳐다보고 말에는 열정을 담도록 하자. 이 모든 것이 자신감을 키워줄 것이며 절대 당신을 얕보지 못하게 만들 것이다.

2. 충분한 준비로 공통점을 찾는다

○

나보다 뛰어난 사람을 사귀려면 먼저 충분한 준비가 필요하다. 동원할 수 있는 모든 채널을 사용해서 상대를 이해하도록 하자. 상대의 출생지와 국적, 직업적·교육적 배경, 회사 상황이나 가족 사항, 취미나 봉사하는 공익 기관 등이 모두 포함된다. 이렇게까지 하는 이유는 상대와의 공통점을 찾아내기 위해서다. 동문이거나 동향, 같은 취미를 지녔거나 공익사업에 관심이 있다거나 서로 아는 친구가 있는 것 등이 공통점이 될 수 있다. 공통점이 있으면 쉽게 친해질 수 있고 상대에게 '내 사람'이라는 느낌을 빨리 심어줄 수 있다.

만일 서로 잘 알고 지내는 친구가 있다면 그 친구를 통해 소개받는 것이 가장 빠른 방법이다. 친구가 '보증인' 역할을 하기 때문에 상대도 당신을 더 많이 신뢰할 수 있다.

상대가 당신에게 주목하게 하는 것도 좋은 방법이다. 가령 회의에 참석할 때 가장 앞줄에 앉도록 하자. 사전에 귀빈이나 회의 주제에 관해 조사와 연구를 하고 몇 개의 의미 있는 질문을 준비해 가자. 질의응답 시간에 수준 높은 질문을 하거나 자신의 주장을 잘 관철시켜 귀빈들의 이목을 끌면 당신을 더욱 잘 기억할 것이다. 회의가 끝나는 대로 그들에게 다가가 본인을 소개하고 정말 많은 도움이 되었다는 인사를 전한다. 평소에 그의 글이나 책, 혹은 그의 주장을 눈여겨보고 있다고 말할 수 있다면 그가 사용한 문장들을 인용하는 것도 좋은 방법이다. 만일 상대에게 해주고 싶은 좋은 제안이 있다면 이야기하도록 하자. 당신의 대화가 상대의 이목을 끌었다면 함께 사진을 찍어 기념으로 남기거나 연락처를 주고받고, 다음에 한번 찾아뵙겠다는 약속을 과감하게 잡아보는 것도 좋다.

나보다 뛰어난 사람을 사귀려면 그와의 공통점을 찾아내는 것도 중요하지만 상대의 관심사를 찾아내는 것도 똑같이 중요하다.

한번은 내가 고객 대표로 중국 중앙정부와 미국 에너지처에서 공동으로 주관하는 회의에 참석하게 되었다. 그날은 중국 정부 측의 주요 인사가 기조연설을 하게 되었다. 쉬는 시간에 나는 그에게 다가가 나를 소개했다. 미국 기업에서 일하고 있으며 현재 뛰어난 석탄화학 기술을 보유하고 있으나 중소기업이라 중국에서 좋은 파트너를 찾기가 힘들어, 해당 기술을 추진하는 데 난항을 겪고 있다고 말했다. 나는 그가 업무 지식과 배경이 상당히 뛰어나다는 걸 알고 있었다. 과연 그는 내가 말한 신기술에 큰 관심을 보였다. 나는 그에게 따로 만나볼 수 있냐고 물었고 우리가 지닌 기술을 상세하게 설명해주며 적당한 사람을 추천해달라고 부탁했다. 그는 기쁜 표정으로 자신의 비서를 불러서 일정을 물어보고는 약속 시간을 잡았다. 이렇듯 아무리 높은 직급의 사람이라도 그의 관심사를 찾아내기만 하면 의미 있는 연결 고리를 만들 수 있고 심지어 부탁을 할 수도 있다.

상대를 방문하거나 약속 장소에 나갈 때는 작은 선물을 하나 준비하는 게 좋다. 너무 비싼 선물을 하면 부담을 줄 수 있으니 마음을 표현할 수 있는 정도면 적당하다.

3. 진정으로 상대에게 가치를 제공한다

○

성공한 사람이나 유명 인사는 보통 사람보다 훨씬 바쁜 일상을 살아간다. 그런 사람이 일부러 시간 내서 당신을 만나고 교제하는 이유가 무엇일까? 이를 위해서는 그 사람들을 위해 가치를 제공할 수 있어야 한다.

하버드에서는 먼저 나서서 행사를 기획하거나 자원봉사자 혹은 스태프로 활동하는 것이 자기보다 뛰어난 사람을 사귀는 가장 효과적인 방법이라고 가르친다. 행사나 포럼에서 자원봉사나 스태프, 강연자로 신청하면 개인의 조건이나 능력에 따라 기여할 수 있다. 이런 역할을 하면 주도적으로 움직이게 된다. 먼저 나서서 사람들에게 연락하고 초청장을 보내고 손을 내밀어 더 많은 친구를 사귈 수 있다. 기획 위원이나 자원봉사자의 신분으로 유명 인사에게 다가가는 것이 훨씬 더 편리하기도 하다.

남을 위한 봉사활동을 통해 귀인을 만날 수도 있다. 나는 미국이나 홍콩에 거주하면서 하버드 경영대학원 동문 모임의 봉사자로 자원해 활동한다. 이런 자원봉사자는 각종 행사나 이벤트를 조직하고 참여할 수 있으며 업계 인사들을 초청할 수도 있다. 본인이 직접 귀빈들을 초청하거나 그들과 시간이나 일정을 조율할 수도 있어서 접촉하고 가까워질 기회가 많다. 이런 봉사와 기여로 귀인도 당신과 접촉하고 이해할 기회를 얻는다.

하버드에 다닐 때 매년 유명 인사와 점심을 먹을 수 있는 초청권 경매가 이뤄졌는데 그야말로 표 구하기가 하늘의 별 따기였다. 하지만 이런 기회를 얻었으면 충분한 준비를 통해 상대를 위해 가치를 제공할 수 있어야 한다. 그래야만 그 사람을 진정한 인맥 자원으로 만들 수 있다.

진심으로 타인에게 관심을 갖고 도움을 주는 것이 바로 뛰어난 사람을 사귀는 비결이다. 그도 사람이기 때문에 일상생활이나 업무 중에 필요로 하는 것들이 있다. 만일 진심으로 관심을 갖고 필요한 도움을 줄 수 있다면 그 사람과 깊은 우정을 맺을 수 있다.

사람들을 더 높은 무대로 초청해 의미 있는 인맥을 소개해주는 것 역시 다른 사람을 위해 해줄 수 있는 가치 창출에 해당한다. 작은 불꽃 하나가 큰불을 일으키듯 당신이 지닌 가치가 커지면 커질수록 각 영역에 종사하는 사람을 한데 불러 모아 귀중한 자리를 마련할 수 있다. 이를 통해 본인이 알고 있는 소중한 인맥을 함께 공유하면 당신이 친해지고자 하는 그 사람도 당신을 눈여겨볼 것이다.

4. 계단식 관계를 맺는다
○

뛰어난 사람과 관계를 맺는 것은 정말 절호의 기회가 오지 않는 이상 하루아침에 이뤄지지 않는다. 그래서 계단식으로 관계를 맺는 게 훨씬 효과적이다. 먼저 본인보다 한 단계 높은 사람에게 연락하고 그를 거쳐 그보다 한 단계 더 높은 사람과 연락하도록 하자. 이때는 당신보다 한 단계 높은 사람에게 당신의 됨됨이를 인정받는 게 전제되어야 한다. 그 사람이 당신을 긍정적으로 평가해야만 당신에게 필요한 사람을 소개해줄 수 있기 때문이다.

핵심 인물을 만나 대화를 나누거나 인맥의 달인과 이어졌다면 상대에게 좋은 인상을 남겨야 한다. 그래야 그들을 통해 더 높은 사람들을 만날 수 있기 때문이다.

기업에서도 마찬가지다. 입사한 지 얼마 되지 않아 기업 대표를 멘토로 삼으려고 하는 것은 무리수다. 먼저 맡은 일을 잘 처리하여 상사의 든든한 오른팔이 되어야 한다. 그러면 직속 상사가 적당한 기회를 봐서 자신보다 높은 직급의 우수한 상사에게 당신을 자랑스럽게 소개할 것이다.

계단식 관계 맺기에서는 모든 단계마다 당신을 도와준 사람이 있다는 걸 잊지 말아야 한다. 도움만 받고 모른 척하거나 잊어서는 안 된다. 도움을 준 사람들을 당신의 성공 과정에 참여시키도록 하자.

5. 어려움 앞에서도 절망하지 않고 계속 노력한다
○

나보다 뛰어난 사람과 사귈 때는 얼굴이 두꺼워야 한다. 그들에게 거절당했다고 기죽거나 좌절하면 안 된다.

"한번은 포럼에 갔다가 진짜 유명한 사람을 만났어요. SNS 친구로 연결되고 싶었는데 자기는 SNS를 하지 않는다면서 거절하더라고요. 그랬는데도 다시 그 사람을 찾아가야 하나요?"

언젠가 누가 이렇게 물어와서 나는 다음과 같이 대답해주었다.

"SNS 계정을 알려달라고 하기 전에 그 사람과 무슨 이야기를 나눴는지 생각해보세요. 그 사람과 연결될 수 있는 공통점을 하나도 알려주지 않고 아무런 가치도 제공해주지 않았다면 거절할 확률이 높아요."

뛰어난 사람은 항상 바쁘다. SNS 친구 목록은 이미 사람으로 차고 넘친다. 그러니 자신과 별로 상관없는 사람은 관리할 수 없을 뿐 아니라 그런 식으로 맺어지는 것은 아무런 의미가 없다. 그러므로 마음을 조금 더 넓게 가지도록 하자. 지금껏 만났던 열 명의 유명 인사 중 단 한 명만이라도 당신과 연락하고자 한다면 이미 성공한 것이다. 그런 뒤 그 사람과 연결 고리를 찾아내거나 가치를 제공하는 부분에서 많이 노력할 필요가 있다.

　그렇다면 유명 인사가 당신과 연락하고자 하는 생각을 하게 된 이유는 무엇일까? 분명히 다음과 같은 이유 때문이다.

　첫째, 당신에게 매력이 있기 때문이다. 당신만의 특징이나 장점, 열정과 말투, 눈빛에 매료되었을 것이다.

　둘째, 당신이 지닌 가치로 그에게 필요한 것을 제공할 수 있기 때문이다. 그 가치는 비즈니스 기회일 수도 있고 인맥일 수도 있다. 당신이 그의 문제를 해결해줄 수 있거나 상대가 모르는 걸 알려줄 수 있기 때문일 수 있다. 유명 인사든 보통 사람이든 다른 사람의 도움이 필요한 때는 언제든 있다.

　셋째, 상대에게 다른 사람을 지도하거나 도와줄 기회를 마련했기 때문이다. 이로써 그는 내면의 즐거움과 만족감을 얻었을 것이다.

　넷째, 그 사람과 당신 사이에 인연이 있기 때문이다. 공통점이 있거나 서로 알고 지내는 친구가 있을 수 있다. 상대가 그 친구를 중요하게 생각한다면 당신에게도 소홀히 대할 수 없다.

　유명 인사나 나보다 뛰어난 사람을 사귈 때는 부끄러움이나 두려움을 극복해야 하며 적극적으로 그 사람과 나 사이의 연결 고리를 찾아내야 한다. 그래야 귀인을 당신의 진정한 인맥과 친구로 만들 수 있다.

최강의 인맥을 위한
4가지 준비

뛰어난 사람을 사귈 때는 부끄러움이나 두려움을 내려놓고 자존감을 높이겠다는 마음가짐을 갖추는 등 심리적인 준비가 필요하다. 그뿐만 아니라 실용적인 기술과 화술로 자신을 무장할 필요가 있다.

1. 충분한 사전 준비
○

행사 장소, 회의 주제, 출석자에 대한 기본 지식 파악
행사에 참석하는 날보다 그 전에 준비하는 과정이 더 바쁠 수 있다. 사전에 충분히 준비해야 하기 때문이다. 꼼꼼히 준비했다면 절반은 이미 성공한 것이나 다름없다. 우선 행사 장소를 미리 알아두도록 하

자. 미리 그 장소를 방문해보는 것도 좋다. 호텔에서 행사가 열린다면 연회장과 회의장은 어디인지, VIP실과 식당은 어디인지 알아두도록 하자. 대형 회의장인 경우 어떤 동선으로 움직일지 사전에 생각해두는 게 좋다. 개인적인 만남이라면 그곳의 로비나 레스토랑의 룸 상태는 어떤지도 알아둬야 한다.

행사의 주제와 의제가 무엇인지도 공부해놓는다. 해당 의제에 관해 얼마만큼의 지식과 견해를 지녔는지 체크해놓는 것이 좋다. 유명 언론 매체부터 업계 인사들의 인터뷰 등이 모두 공부할 수 있는 좋은 소재다. 때로는 A에게 들은 소식을 B에게 전달해주는 식으로 의미 있는 정보 교환을 할 수도 있다.

행사 참석자 중 주요 인물은 누구인지도 미리 알아놓자. 만일 특별히 알고 싶은 사람이 있다면 인터넷 검색으로 어디서 공부했고, 어디서 일했으며, 어떤 활동을 했는지 등의 간단한 정보를 알아놓는 것이 좋다. 그중 나와의 공통점은 무엇인지 생각해보고 그와 관련된 영역은 무엇이 있을지 알아두자. 지피지기면 백전백승이다.

자신감 충전 및 파워 포즈

'저는 늘 자신감이 부족한데 어쩌죠?'라는 고민을 하는 사람이 있다. 다른 사람보다 자신이 부족하다고 생각하는데 어떻게 다가가 뛰어난 사람을 만날 수 있겠느냐는 것이다. 방법을 하나 알려주겠다. 파워 포즈를 기억하자. 구체적인 방법은 이렇다. 만약 서 있는 경우라면 두 발을 어깨너비만큼 벌리고 두 손은 허리 뒤에 열중쉬어 자세를 한 채 어깨는 쭉 펴고 고개를 꼿꼿이 든다. 혹은 양쪽 어깨를 최대한 넓게 열도록 하자. 스포츠 경기에서 우승을 거둔 선수처럼 말이다. 의자에 앉은 경우에는 등을 의자 등받이에 기대고 두 손은 깍지를 껴서 머리 뒤에 놓아보자. 몸은 최대한 의자에 편안히 기대고 양팔은 밖으로 펼치거나 팔걸이에 걸쳐도 좋다. 테이블 앞에 서 있다면 다섯 손가락을 쭉 펴서 두 손바닥을 책상 위에 내려놓자. 고개를 들고 어깨를 쭉 펴고 시선은 정면을 응시한다.

하버드 대학교의 사회심리학자 에이미 커디의 연구에 따르면 파워 포즈를 2분만 유지해도 체내의 테스토스테론 수치가 상승하고 코르티솔 수치가 하락해 심리적으로 편안함을 느끼며 자신감이 상승하는 것으로 보고됐다.

부끄러움과 긴장되는 마음을 극복하는 데 매우 효과적이다. 행사 장소에 가기 전에 사람이 없는 곳에서 파워 포즈를 시도해보자. 2분이면 자신감을 채울 수 있다.

자기소개 준비

행사에 참석하여 누군가와 처음 만나거나 기업 면접에 응시하면 꼭 하는 것이 있다. 바로 자기소개다. 어떤 자기소개가 기억에 남을까? 먼저 두 가지를 기억하라. 첫째, 사실 사람들은 당신이 말하는 정보보다 자기소개를 할 때의 자신감이나 열정, 에너지와 카리스마에 관심을 갖는다. 둘째, 속도가 중요하다. 자기소개 할 때 말이 너무 느리거나 문장이 완전하지 못하면 자신감 없는 모습으로 비춰질 수 있다.

30초 분량의 자기소개를 준비해서 상대의 주의력을 순식간에 집중시킬 수 있도록 다음의 요소들을 적용해보자.

1. "한마디로 저를 정리하자면……."

간결하게 상대방을 단번에 집중시킬 수 있다.

2. "제가 가장 좋아하는 말은……."

당신의 인생관을 드러낼 수 있고 자기 계발을 하는 사람이라는 인상을 남긴다.

3. "저를 잘 아는 사람은 ……라고 말합니다. 사람들에게 종종 …… 라는 칭찬을 듣습니다."

자신에 대한 다른 사람의 평가를 들려주고 남의 의견을 잘 수용하는 개방적인 자세를 보여줄 수 있다.

4. "제가 가장 좋아하는 건……."

당신을 가장 잘 이해할 수 있는 말 중 하나다.

5. "어릴 때부터 줄곧 ……라는 생각을 해왔습니다."

상대의 호기심을 자극하는 말이다.

6. "만일 제 인생을 영화로 만든다면 그 영화는……."

재미있는 말머리다. 잘 잊히지 않는 자기소개가 될 것이다.

7. "말로 하는 것보다 보여드리는 게 좋을 것 같습니다."

이런 말을 하면서 당신을 표현할 수 있는 물건을 가방에서 꺼내면 기억에 오래 남을 수 있다.

그렇다면 어떻게 나를 소개해야 상대에게 깊은 인상을 남길 수 있을까?

먼저 소개하는 목적이 무엇인지를 정확히 하자. 그 사람에게 나를 각인시키려는 것인지, 그 사람과 계속 관계를 이어가고 싶은 것인지를 말이다.

1) 내용

당신이 진정으로 열정을 느끼는 일은 무엇인지, 당신이 중요하게 생각하는 가치는 무엇인지 이야기한다. 그 이야기를 듣고 상대는 자신과의 공통점을 찾을 수도 있고 당신에게서 어떤 가치를 발견할지도 모른다. 그 내용은 두 가지 혹은 세 가지가 적당하며 심지어 하나만 이야기해도 무방하다. 예를 들어 나는 글 쓰는 데 열정을 느낀다. 전공도 아니고 직업과도 관련없지만 글쓰기는 늘 내 인생의 동반자였다고 이야기한다. 글쓰기는 나의 본질을 가장 잘 드러내는 행위라고 말한다.

2) 장점 어필

상대와 공통점이 있으면 더 기억하기 쉽다. 이름이나 성격, 기질이나 열정을 느끼는 일 혹은 성실함 등을 어필해서 상대의 기억에 남도록 하자.

3) 어떻게 말할 것인가

무엇을 말하는가보다 어떻게 말하는가가 더 중요하다. 거울을 보며 연습할 것을 권한다. 자기소개 모습을 동영상으로 촬영해보는 것도 좋은 방법이다. 만나는 상대에 따라 서두를 바꿔보는 것도 좋다. 웃으면서 이야기할 수 있을 때까지, 목소리와 말투에 자신감이 넘칠 때까지 연습하고 또 연습하자.

4) 화술 더하기

모든 사람에게는 각자만의 특징과 장점이 있다. 하지만 그것을 어떻게 이야기하는가는 일종의 기술이 필요하다. 단순히 '저는 스케이트에 관심이 있어요'라고 말하는 것으로는 부족하다. '저는 스케이트가 정말 좋아요. 매주 몇 시간씩은 스케이트장에서 보낼 정도예요'라고 말하는 게 특징을 부각시키고 기억에 많이 남는다. 나의 경우 '유화 그리는 걸 좋아해요'라고만 이야기하면 사람들이 잘 기억하지 못한다. '유화 그리기에 꽂혔어요. 한 번도 배워본 적 없는데 2년 전에 시작해서 조금씩 그리다 보니 인내심이 생기고 완벽주의에서 벗어날 수 있었어요. 유화를 통해 치유받은 거죠. 지금은 작품을 판매할 정도예요.' 이렇게 말하면 내가 유화를 좋아한다는 특징을 더 강조할 수 있다.

5) 어휘 사용

남편과 하버드 경영대학원 면접을 연습할 때 '저는 그저……'라고 이야기하는 내 버릇에 대해 그가 이렇게 말한 적이 있다.

"'저는 그저……'라고 하는 건 겸손함을 드러내면 상대는 당신이 너무 평범하고 특별한 것이 없다고 느낀단 말이야. 왜 그런 사람을 합격시키겠어?"

그 후, 자기소개서나 기업 면접에서 '제 생각에(I think) 저는 실행력이 강한 사람인 것 같습니다'라는 표현을 썼더니 남편은 '저는 확신합니다(I strongly believe)'라는 표현을 쓰라고 조언했다. 사실 자기소개는 너무 겸손할 필요가 없다. 강렬하고 긍정적인 어휘를 사용해야 상대에게 당신의 열정과 자신감을 보여줄 수 있다는 사실을 기억하자.

대화 능력 키우기

나는 '환영받는 아이로 키우는 법'이라는 수업에서 '패스 게임(Pass game)' 방식으로 자녀의 대화 능력을 키우는 것에 관해 소개한 적이 있다. 성인의 경우에는 게임으로 훈련할 필요는 없지만 대화의 원칙에 관해서는 기억하자. 즉, '네' 혹은 '아니요'로 대답할 수 있도록 질문하는 것이 아니라 열린 질문을 던져 상대가 자신의 생각을 더 많이 표현하게 하는 것이다. 당신 역시 누군가의 질문에 '네' 혹은 '아니요'로만 대답하지 말고 당신의 생각과 관점, 느낌을 이야기하는 표현법을 익혀야 한다.

예를 들어, 누군가 나에게 가장 좋아하는 나라가 어디냐고 물으면 단순히 '프랑스요'라고만 대답하지 않는다.

'프랑스에서 남편이 프러포즈한 곳이라서 저에게 매우 의미 있는 나라지요. 그리고 역사와 건축물, 예술과 미식, 패션이 있는 곳을 좋아하는데 프랑스는 이런 것들의 완전한 결정체예요. 게다가 샹젤리제 거리를 걷고 있으면 마음이 너무 편안하고 자유로워지는 느낌이에요. 그래서 매년 두세 번은 꼭 프랑스에 가요.'

이렇게 말하면 대화를 더 깊이 이어갈 수 있다. 질문한 사람이 나에 대한 단서나 실마리를 찾아서 대화를 추진하고 나를 더 깊이 이해할 수 있기 때문이다. 보통의 경우 이런 질문이 이어진다. '프랑스에서 프러포즈를요? 정말 낭만적이에요! 그 이야기를 더 들려줄 수 있어요?' '프랑스 요리는 잘 모르는 편이에요. 다른 서양 음식과 가장 큰 차이가 뭐예요?' '가장 좋아하는 박물관은 어디인가요?' '프랑스는 한 번도 못 가봤어요. 처음 가보는 사람은 며칠 정도가 적당할까요?' 이렇듯 화제 하나를 통해 많은 이야기를 끌어낼 수 있다.

소통을 잘하는 사람은 사실뿐 아니라 더 많은 관점과 생각을 이끌어내야 하며, 심지어 깊은 감정과 정서까지도 교류할 수 있어야 한다.

돌발 질문에 대응하기

"공식적인 자리에서 누군가 질문해오면 눈앞이 깜깜해져요. 머릿속이 하얘지고 정말 아무 생각도 나지 않아서 뭘 어떻게 말해야 할지 모르겠어요. 어쩌면 좋을까요?"

한 여학생이 이런 상담을 보내왔다. 나는 그녀에게 "평소에 총정리하는 습관을 키우라"고 조언해주었다.

한번은 하버드 경영대학원에서 주최한 여성 리더십 수업에 참여한 적이 있었다. 토론하는 과정에서 매킨지에서 온 학생이 사례가 한 가지씩 끝날 때마다 자신이 했던 말은 물론 다른 사람들이 했던 이야기까지 매우 정확하고 간결하게 정리해주어 박수를 받았다.

만약 머릿속이 하얘질까 봐 걱정되고 어떻게 대답해야 할지 몰라 긴장되면 평소에 대화를 정리하는 습관을 길러보자. 회의에서 다른 사람의 발화가 끝나면 마음속으로 세 가지 정도로 정리해보는 연습을 하라. 발화자의 관점을 정리해도 괜찮고 당신 자신의 생각을 정리하는 것도 좋다. 이는 논리적 사고를 키우는 데 매우 큰 도움을 준다.

오랜 기간 연습하면 대뇌의 반응속도도 빨라져 판단력도 키울 수 있다. 그러면 더 이상 돌발 질문을 두려워하지 않아도 된다.

2. 현장에서 응대하는 스킬
○

실행 가능한 목표 설정
대인관계에 두려움을 느끼는 사람은 실행 가능한 목표를 설정하는 게 좋다. 먼저 작은 규모의 포럼이나 행사에 참석해 시교 활동에 적응할 준비를 하자. 행사에서 주목받기보다는 세 사람 정도와 인연을 맺고 깊은 대화를 나누는 것이 좋다. 목표의 난이도가 낮아야 실행 가능성이 높고 성공 후 자신감을 얻을 수 있다.

미리 도착하기

대인관계에 대한 부담을 줄이는 방법 중 하나는 행사 장소에 남보다 조금 일찍 도착하는 것이다. 칵테일파티라면 먼저 연회장에 가서 음료를 받아 들고 편안하게 느껴지는 자리를 먼저 찾는다. 그런 다음 다른 참석자들이 오면 그들과 대화를 나눠보자. 마치 당신이 그 자리를 주도하는 듯한 느낌을 가질 수 있다. 이어서 행사장에 도착하는 사람들을 환영할 수 있기 때문에 당신이 그곳의 주인이라는 느낌을 주게 되어 많은 이가 당신과 더 친해지고 싶다고 생각하게 될 것이다.

친구 대동하기

모르는 사람만 가득한 장소에 혼자 가는 게 걱정되고 두렵다면 친구를 초청해 함께 가는 것도 좋은 방법이다. 주변에 아는 사람이 있으면 외롭거나 무료하다는 생각이 들지 않기 때문이다. 친구와 함께 서로 다른 자리로 이동할 수 있기 때문에 다른 참석자들과 대화를 나누기도 쉽다. 당신의 친구를 사람들에게 소개하면서 그들과 자연스럽게 어울릴 기회를 얻을 수도 있다.

복장에 신경 쓰기

복장에도 신경 쓰자. 스타일에 따라 다른 인상을 남길 수 있다. 나는 대형 회의에 참석해야 하는 경우 색이 비교적 선명한 색의 치마를 입는다. 검은색은 회의장 분위기를 침체시키는 작용을 해서 사람들의 주목을 받기도 어렵다. 나는 흰색이나 빨간색, 노란색을 좋아하는 편이다. 검은색 치마를 입을 때는 색이 선명한 스카프로 포인트를 준다.

미소, 경청, 질문으로 마음 표현하기

상대에게 마음에서 우러나온 미소를 보여주면 '당신과 가까워지고 싶다'는 메시지를 보내는 것과 같다.

진심은 사람을 감동시킨다. 특히 사람의 이름을 기억하도록 하자. 나는 기억력이 별로 좋지 않아서 다른 사람의 이름을 들으면 스펠링을 정확히 물어봐서 머릿속에 각인하려고 노력한다. 대화를 하는 과정에서 그들의 이름을 몇 번이고 반복해서 불러야 잘 기억할 수 있다.

경청하는 사람이 되어 다른 사람들이 자신의 이야기를 더 많이 하도록 유도해보자. 사람들에게 인정의 말과 칭찬을 하는 것도 잊지 말자. 대인관계의 대가로 불리는 데일 카네기 박사는 '모든 사람은 다른 사람에게 자신의 중요성을 인정받고 싶은 욕구가 있다'고 말했다.

상대의 이야기를 들을 때는 절대 마음속으로 나는 무슨 말을 해야할지 생각하느라 흘려듣는 일이 없도록 하자. 남의 말을 잘 경청하는 사람은 겸손하다는 좋은 인상을 남기며 가깝게 지내고 싶다는 생각을 갖게 한다.

상대가 아는 것이 너무 많고 활동 반경이 넓어서 당신과 공동의 화제가 없으면 어떡하나 하고 걱정할 필요는 없다. 상대의 관심사와 열정 등을 진심으로 이해하려고만 한다면 모르는 것을 질문하면서 재미있게 대화를 나눌 수 있다.

대뇌를 연구하는 과학자 친구를 만났을 때 나는 그에게 최근 연구 과제가 무엇인지를 물었다. 그리고 그가 말한 과제 중 내가 관심 있고 알고 싶은 것들을 질문했다. 예를 들면 이런 것이다. '어떤 방법으로 실험을 진행하나요?' '혹시 저에게 공유할 수 있는 당신의 논문이나 칼럼이 있을까요? 당신을 더 이해하는 데 도움이 될 것 같아요.'

신체언어 사용하기

신체언어를 통해서도 충분히 감정과 생각을 표현할 수 있다. 대화를 나눌 때는 사람들을 응대할 때도 신체언어의 중요성을 잊지 않도록 하자. 눈은 상대를 주시하고 두 팔을 양옆으로 편안히 내려놓고 때때로 고개를 끄덕인다. 어수선하게 주변을 두리번거리지 않도록 주의한다. 몸은 전체적으로 상대를 향해서 그에게 집중하고 있다는 걸 드러내도록 하자. 하지만 밀폐된 공간이나 개인적인 공간에서는 거리가 너무 가까워지지 않게 조심한다.

자신감 있는 모습을 보여주고 싶다면 양발을 어깨너비로 벌리고 선 다음 두 손을 적당히 써가면서 이야기하되 손을 너무 많이 움직이지 않도록 하라. 손으로 하는 제스처를 쓸 때는 어깨높이를 넘어가지 않는 게 좋다. 목 아래와 가슴 사이에 네모가 그려져 있다고 생각하고 그 안에서 움직이면 도움이 된다.

큰 행사나 사교 장소에서는 사람을 정면으로 마주 보고 서는 것은 권하지 않는다. 그러면 말할 때 침이나 음식물이 상대 얼굴에 튈 수도 있고 친근하지 않은 경우 상대가 불쾌감이나 저항감을 느낄 수 있기 때문이다. 게다가 그렇게 서 있으면 다른 사람이 그 사이로 끼어들기 힘들다. 상대와 마주 보고 서 있을 때는 몸을 45도 각도 정도로 돌려서 그 사이에 어느 정도 공간을 만들도록 하자. 그렇게 하면 상대에게 주목할 수도 있고 새로운 사람을 찾아 또 다른 곳으로 이동하기도 쉽다.

긴장을 풀고 조금만 연습하면 사교 장소에서 적절한 신체언어를 사용해 자신감 넘치는 당신의 모습을 마음껏 보여줄 수 있다.

떠날 때는 예의 바르게 대하기

"한번 대화를 나누면 중간에 끊기가 미안해요. 언제 자리를 떠야 예의에 어긋나지 않을까요?"

언젠가 이런 질문을 받은 적이 있다. 이럴 때 신체언어를 사용하면 된다. 발끝은 다른 사람이나 입구 쪽을 향하고 시선을 말하는 사람에게서 다른 곳으로 옮겨 주변을 둘러본다. 아니면 다른 사람과 눈을 마주치거나 미소로 인사를 나누어도 괜찮다. 신체언어로 상대에게 신호를 보낸 후에는 "죄송해요. 음료를 한 잔 더 가져와야겠어요. 혹시 필요하신가요?" "즐거운 대화였어요. 죄송하지만 제가 저쪽에 인사를 하러 가야 해서요. 이만 실례하겠습니다" "만나서 반가웠습니다. 기회가 되면 다시 이야기하고 싶네요"라고 예의 바르게 말한다.

3. 주도적이고 능동적인 행동

○

대인관계 공포증을 해결하고 싶다면 먼저 주도적인 사람이 되어보도록 하자. 먼저 나서서 행동하면 주도권을 잡을 수 있기 때문에 다른 사람들에게 당신의 매력과 장점을 잘 보여줄 수 있다.

일찍 행사 장소에 도착해서 주최자에게 먼저 다가가 인사하자. 그리고 뒤에 앉은 사람에게 먼저 악수를 청하고 연락처를 물어보자. 먼저 나서서 사람들에게 지인을 소개해주어 연결 고리를 만들어보자. 이런 적극적인 행동을 통해 사람들의 머릿속에 당신이 매우 긍정적이고 호의적이라는 인상을 남길 수 있다.

무엇이 두려운가? 기억하라. 어쩌면 상대는 지금 당신보다 훨씬 더 긴장하고 자신 없을 수 있다. 누군가 자기에게 먼저 다가와 말을 걸어주길 기다리고 있을지도 모른다. 사람들은 자기에게 먼저 다가와 손을 내밀고 미소를 지어주며 눈을 마주쳐주는 사람에게 호감을 느낀다. 그러므로 용기를 내어 조금 더 주도적인 사람이 되도록 해보자. 설령 상대가 당신에게 아무런 반응을 보이지 않는다고 해도 상관없다. 왜냐하면 당신의 목표는 모든 사람을 친구로 만드는 게 아니라 중요한 몇몇의 인맥을 사귀어 심도 있는 교제를 하는 것이기 때문이다. 마음을 편하게 갖고 기준을 낮추면 당신도 얼마든지 주도적인 인맥의 달인이 될 수 있다.

4. 만남의 내용을 복기

○

대인관계에 두려움을 느끼는 사람은 목표를 높게 잡고 하루아침에 자신을 바꾸려고 하기보다 매번 정신을 집중해 작은 목표를 하나씩 달성하는 게 중요하다.

집으로 돌아오면 혼자만의 시간을 갖도록 하자. 그날 만난 사람과 어떤 이야기를 나눴는지, 어떤 점을 잘했고 어떤 점을 주의해야 하는지, 다음에 더 잘할 수 있는 점은 무엇인지 천천히 생각해본다.

이번 모임에서 한 사람과 대화를 너무 오랫동안 나누느라 행사 주최자와 인사할 시간이 없었다면 다음 날 메일을 보내 초대에 감사하다는 인사를 전하는 것도 좋다.

매번 만나는 사람들, 새로 알게 된 인맥은 모두 당신의 소중한 자산이다. 특히 이런 만남으로 낯선 사람을 친근한 관계로, 더 나아가 정말 친한 친구로 만들 수 있다면 엄청난 만족감을 누릴 수 있다. 스스로에게 준 도전과 과제, 용기를 내어 디딘 발걸음과 꾸준한 성장, 이를 통해 얻은 인맥과 경험은 생각보다 더 큰 즐거움과 기쁨을 안겨줄 것이다.

사업의 시작도
사람이 우선이다

이직이나 창업을 생각하는 사람들이 찾아와 많이 하는 질문이 있다.

"선생님, 어디서부터 시작해야 할까요?"

나의 대답은 늘 한결같다.

"인맥 쌓기부터 시작하세요."

2009년, 둘째 아들을 낳은 이후 나는 가정과 직장 사이의 균형을 유지하기 위해 헤지펀드 회사를 나와 창업하기로 결심했다.

먼저 창업 소식을 주변 친구들과 그동안 일하면서 관계를 맺었던 고객들에게 알렸다. 청정에너지 분야에서 창업한다는 소식과 함께 이 방면에서 기술이 우수한 회사를 찾고 있다고 말했다. 이렇듯 내 의사를 주변인에게 명확히 알려야 나중에 이 영역에서 기회가 생겼을 때 잊지 않고 나에게 연락해줄 수 있다.

다음으로 나는 신문과 잡지, 온라인을 통해 전방위적으로 업계 정보를 수집하고 정리했다. 청정에너지 영역에서 전망이 가장 밝은 부분이 어디인지 생각해서 돌파구를 모색했다.

또한 현재 그 영역에서 일하고 있거나 나를 도와줄 인맥은 누구인지 탐색했다. 이것은 이전에 내가 쌓아온 인맥 자본이 얼마만큼인지 시험하는 기회가 되었다.

모든 일은 시작이 어려운 법이다. 나는 먼저 내가 거주하는 미네소타 주의 무역 사무실과 현지 중미 상인연합회부터 착수했다. 두 조직의 행사에 참여하면서 일부 회원들을 알게 되었고 그들을 점심 식사에 초대해서 주요 인물이나 구성원들과 친분을 쌓았다. 이런 조직의 책임자들은 보통 활동력이 강하고 사회관계망이 넓으며 사람들의 존중을 받는 인맥의 달인인 경우가 많다. 그래서 그들과 교제하면서 기회를 찾을 발판을 마련했다.

대형 행사의 경우 많은 사람이 한꺼번에 모이기 때문에 깊은 대화를 나누기가 어렵다. 그래서 따로 점심을 대접해 이야기를 나누면서 나의 배경을 소개하고 주변에 청정에너지 기술을 잘 아는 회사를 소개해달라고 부탁했다.

이런 방식으로 나는 고객을 확보할 수 있었다. 초창기에는 쓰레기 퇴비화 기술을 지닌 미국 회사와 풍력발전기를 연구개발 하는 이스라엘 회사와 일했다. 규모가 매우 작은 회사였다. 그래서 큰 비용을 받을 수는 없었지만 청정에너지 사업의 포문을 여는 이정표적인 역할을 했다. 더 중요한 건 이 회사들을 통해 중국 시장을 개척할 수 있었다는 점이다. 그 기회로 나는 중국 내의 관련 영역 고객과 정부 관료들을 많이 알게 되었고, 훗날 사업을 확장하는 데 중요한 인맥을 쌓을 수 있었다.

인맥은 눈덩이와 같다. 매번 다른 사람을 만나고 소통하는 기회를 잘 활용해 그들에게 적극적이고 주도적이며 믿을 만한 인상을 남기면 모두 자신이 아는 사람을 소개해주고 싶어 한다. 지금까지 사람들을 만나면서 발견한 한 가지는 사람들에게는 다른 이를 돕고자 하는 유전자가 숨겨져 있다는 사실이다.

또 많은 경우 생각지 못한 관계나 일로 성과를 거두기도 한다. 펀드 회사에서 일할 때 우리가 진행하는 프로젝트에는 보일러가 필요했는데 친구를 통해 나는 페기라는 친구를 알게 되었고 그녀가 아는 한 벤처 투자 회사를 소개받았다. 이 회사는 전기 발전소 친환경 리노베이션 기업에 자금을 투자하고 있었다. 해당 회사의 대표가 전기 발전소 쪽의 사람을 많이 알고 있어서 우리에게 보일러 기업을 소개해주었다. 이렇게 세 번의 관계를 거쳐 우리는 친환경 기업과 연결될 수 있었다. 그러니 '6단계 분리 법칙'의 마법을 잊지 말라.

파트너 기업의 사장은 중국에서 일하는 미국인이었다. 첫인상이 매우 열정적이고 선해 보였다. 회사에서 진행했던 프로젝트는 실패로 돌아갔지만 나는 여전히 그와 연락을 주고받는다. 다른 사람을 기꺼이 도와주는 그의 인품을 높이 사기 때문이다.

회사를 나와 창업한 뒤 그에게 메일을 보냈더니 그는 곧바로 답장을 보내 자기를 도와 전기 발전소 리노베이션 프로젝트를 개발하고 판매하는 일을 해보지 않겠느냐고 제안했다. 그렇게 이전의 관계를 통해 나는 처음으로 장기적인 고객을 확보할 수 있었다.

우리 회사는 올해로 9년째 영업 중이다. 그런데 지금까지 회사 홈페이지를 통해 나를 찾아온 고객은 단 한 명도 없다. 모두가 사람들 소개나 친구 추천으로 온 사람들이다. 인맥의 힘은 이토록 강력하다. 생각해보면 내가 그동안 다녔던 직장도 지인들의 추천으로 들어간 것이지 인터넷에 이력서를 올려서 찾아낸 건 하나도 없다. 대학 동창이 나를 GE에 추천해주었고 내게 한국어를 알려줬던 한국 학생이 나를 LG에 추천했다. 미국에서는 다섯 개 회사로부터 동시에 합격 통지서를 받았었는데 모두 대학원 지도교수님, 동문, 교회 친구들이 추천해준 자리였다. 그래서 누구를 알고 있느냐가 무엇을 아느냐보다 훨씬 중요하다.

이직이나 창업을 고려하고 있다면 이미 가지고 있는 인맥 자원을 기반으로 새로운 인맥을 쌓아가야 한다. 꼭 기업의 총수나 재벌, 유명 언론인하고만 사귀어야 한다는 생각을 버려라.

끝으로 뛰어난 사람을 사귈 때 금기 사항에 관해 나눠보고자 한다. 아래의 행동은 부디 삼가도록 해서 무의식중에 상대에게 잘못을 저지르는 일이 없도록 하자.

극단적 이기주의와 실용주의

'달면 삼키고 쓰면 뱉는 식'이다. 상대에게서 가치를 찾아내야만 비로소 교제하는 스타일이다. 가치가 없다고 판단되면 눈길조차 주지 않는다. 이런 사람은 가까이하지 않는 게 좋다.

신뢰는 사람과 사람 사이의 가장 기본적인 요소다. 내 원칙은 상대가 나의 신뢰를 저버리기 전까지는 그 사람을 믿어야 한다는 것이다. 하지만 신뢰가 무너지면 다시는 그 사람을 믿지 않는다.

스킬에만 치중하는 사람

앞에서 회의에 임하는 기술, 미소, 신체언어 등 화술에 관한 많은 스킬을 나누었지만 이런 기술에 과도하게 치중하면 본말이 전도된다. '본(本)'은 진실함과 가치이며 '말(末)'이 스킬이다. 진실함 없이 스킬에만 신경 쓰면 겉만 번지르르한 인상을 남길 수 있다.

뒷말하는 사람

이 점은 특히 주의해야 한다. 뒤에서 누군가를 험담하면 반드시 그 사람 귀에 들어가게 돼 있다. 오히려 당신의 이야기가 왜곡되거나 부풀려져서 전해질지도 모른다. 그러니 뒤에서 남에 대해 나쁜 말을 하지 않도록 주의하자.

몸가짐 주의하기

단정히 하고 가벼운 말은 삼가자. 별로 친하지 않은 사람과는 농담을 삼가고 남의 말을 끊지 말자. 술도 너무 많이 마셔서 취하는 일이 없도록 주의하자.

친하지 않은 사람과는 깊은 대화 삼가기

친한 사이가 아니면 너무 깊은 화제는 꺼내지 않는 것이 좋다. 특히 정치나 종교, 사적인 비밀 등이 해당한다. 처음 만난 사람 혹은 아직 그리 친하지 않은 사람에게는 '건설적'인 비판도 삼가는 게 좋다.

6장

⋮

같이
식사하시겠습니까?

음식으로 화제 만들기

중국에 "백성은 음식을 하늘로 여긴다(民以食爲天)"라는 속담이 있다. 중국인들이 음식을 얼마나 중요하게 생각하는지 알 수 있는 말이다. 중국은 유구한 음식 문화를 자랑한다. 중국인에게 음식은 사람과 사람 사이를 연결해주는 가장 직접적이면서도 효과적인 수단이다.

문화 차이를 이해하고 나면 '식탁 교제'가 왜 중국인들에게, 특히 대인관계 속에서 그렇게 특별한 위치를 차지하는지 어렵지 않게 이해할 수 있다.

이번 장에서는 미식을 이용해 어떻게 인맥을 구축하는지에 관해 이야기해보고자 한다.

예전에 인맥에 관한 플래시몹 이벤트를 한 적이 있었다. 그중 한 사람이 "지금의 회사 동료와 어떻게 친해질 수 있을까요?"라는 질문을 해왔다.

"쉬워요. 음식에 대한 이야기부터 시작해보세요. 다른 동료들이 제일 좋아하는 레스토랑은 어디인지 물어보는 거예요. 중년의 동료에게는 가족 모임을 할 만한, 가성비 좋은 레스토랑은 어디인지 추천해달라고 해보세요. 어린 후배나 동료에게는 요즘 젊은이들에게 핫한 식당은 어디인지 물어보는 거죠. 외지에서 온 동료가 있다면 그 지역 음식을 제대로 하는 식당은 어디인지 물어보세요."

음식에 관해 물어보면 동료와 아주 빨리 새로운 단계의 관계로 진입할 수 있다. 음식에 관한 이야기만 꺼내도 거기에 연관된 수많은 것을 함께 생각해볼 수 있기 때문이다. 요리의 맛과 모양, 레스토랑 분위기, 함께 식사하는 사람, 음식에 얽힌 아름다운 기억 등이 하나의 화제에서 파생되는 것들이다. 당신의 질문에 대답하는 동안 상대의 얼굴에는 생동감이 넘칠 것이다. 맛있는 음식에 관한 아름다운 기억이 행복함을 느끼게 하고 당신과 더 친밀한 관계로 만들어주기 때문이다.

동료가 추천한 식당을 정말 다녀왔다면 꼭 이야기해주도록 하라. 가장 기억에 남는 음식은 무엇이었는지, 혹시 당신이 빠뜨리고 주문하지 않은 대표 메뉴가 있었는지 등을 물어보자. 상대가 빠뜨린 음식을 알려주면 그 김에 "다음에 한번 같이 가요. 미식가랑 함께 먹으면 더 맛있을 것 같아요"라고 말한다면 동료와 거리를 좁힐 수 있다.

나는 지사에 출장을 갈 때마다 현지 동료들에게 그 지역의 특색 있는 음식이 무엇인지 물어본다. 혹은 그들과 함께 현지 맛집을 찾아간다. 우한(武漢)에 가면 수많은 종류의 비빔면을, 톈진(天津)에 가면 아침 일찍부터 궈바차이(鍋巴菜, 녹두 및 좁쌀 반죽을 얇게 구워내 면처럼 썰어 각종 채소와 함께 육수에 넣어 먹는 음식-옮긴이)를 먹으러 가고, 시안(西安)에 가면 양러우파오모(羊肉泡饃, 빵을 잘게 뜯어 양고기 편육과 양고기 탕에 넣어 먹는 음식-옮긴이)를 맛있게 먹는다. 이것이 나와 다른 사람을 강하게 연결해주는 하나의 도구가 된다.

나는 먹는 것도 좋아하지만 맛있게 먹은 음식을 사람들과 공유하는 것도 좋아한다. 단체 대화방에 미식 사진을 올리거나 각지를 여행하며 먹은 음식 사진을 올린다. 집에서 요리한 음식 사진을 올리기도 하고 파티를 열면서 준비했던 음식 사진을 올리기도 한다. 그러다 보니 사람들은 나를 미식가로 기억한다. 친구들이 다른 곳으로 여행을 가면 항상 내게 메시지를 보내서 묻는다. '나 이번에 런던에 가거든. 지난번에 네가 인도 식당이 맛있다고 했었잖아? 주소 좀 보내줄 수 있어?' '나 지금 상하이에서 고객한테 식사 대접해야 하는데 좀 괜찮은 식당 없을까?'

이렇게 나는 맛있는 음식에 대한 정보를 전달하는 허브 역할을 하고 있으며 사람들 사이에서 '전문가형' 인재가 되었다. 음식에 관해서만큼은 모두 먼저 나에게 도움을 요청한다. 먹는 걸 좋아하고 그 정보를 적극적으로 나눴을 뿐인데 사람들에게 가치를 제공할 수 있다.

게다가 내 주위에는 음식에 일가견이 있는 친구들이 많다. 그들도 현지의 미슐랭 레스토랑을 방문한 사진을 SNS에 올리거나 외국 여행을 나가 밥을 먹으며 찍은 사진을 올린다. 사진에는 음식뿐만이 아니라 레스토랑의 향초나 접시, 식탁보 등등 여러 가지가 담겨 있다. 나는 그런 단서들만 보고도 그들이 어디서 먹었는지 알아챈다. 그래서

"나도 조엘 로뷔숑(미슐랭 가이드 별 32개를 획득하며 '세기의 요리사'로 불린 프랑스의 요리사-옮긴이)을 제일 좋아해. 아쉽게도 도쿄에 있는 레스토랑만 아직 못 가봤어"라고 남기기나 "이 집에서는 무조건 복어 어백(魚白, 물고기 수컷의 배 속에 있는 흰 정액 덩어리-옮긴이)을 꼭 먹어야 해!"라고 댓글을 남기기도 한다.

물론 나도 계속 공부 중이다. 많이 먹어보는 것 외에도 요식업계 유명 인사들의 SNS를 눈여겨보고 있다. 베이징, 상하이, 난징의 몇몇 고수 셰프의 글을 보면서 그들이 뭘 먹고 만드는지 살핀다. 그들을 통해 음식 문화와 지식을 얻는 것도 나의 지식을 늘리는 데 크게 한몫한다. 물론 유령처럼 그들의 글을 몰래 읽기만 하는 것은 아니고 항상 적극적으로 상호 교류를 한다. 새로운 음식 사진이 올라오면 "익히지 않은 저 음식 재료는 뭔가요?"라고 물어보기도 하고 외국에서 먹은 음식 사진이 올라오면 "저 음식 옆에 장식으로 올라간 건 신맛이 나나요? 아니면 단맛이 나나요?"라고 물어본다.

음식은 인류가 생존하는 데 필요한 가장 기본적인 요소다. 지금 사회에서는 더욱이 사람과 사람을 연결해주는 주요 도구 역할을 한다. 당신도 이 도구를 잘 습득해 인맥을 쌓는 데 효과 보기를 바란다. 같은 논리로 만일 다른 방면에 관심이 있다면 관련 행사나 활동에 많이 참여해서 그 영역의 대가나 핵심 인물과 적극적으로 소통하고 배우도록 하라. 그러면 금세 그 방면의 전문가가 될 수 있다.

성공적인 '식탁 교제'

식탁 앞에서 사람들은 조금 더 자유로워진다. 식사를 하면서 음식에 대한 평가부터 시작해 문화와 정치, 권력 등 다양한 주제를 토론한다. 따라서 우리가 누구와 식사를 하는지는 매우 중요하다.

살다 보면 매달 최소한 한 번씩은 회사 동료나 상사, 고객이나 친척, 학교 친구 등과 식사 모임을 하게 된다. 좋아하는 사람과 함께라면 당연히 기쁜 마음으로 달려간다. 하지만 별로 좋아하지 않는 사람과 이익 관계에 얽혀 있는 자리라면 쉽게 거절하기도 힘들다. 잘 모르는 사람과 함께할 때는 무슨 말을 어떻게 해야 할지 몰라 무거운 발걸음으로 나가기도 한다.

그렇다면 식사 모임을 어떻게 선택하고 결정해야 하는 걸까? 누구와 밥을 먹을지 결정할 주도권을 잡고 싶다면 당신이 먼저 모임을 만들어야 한다. 그럼 '누구'를 초대하면 좋을까?

첫번째 유형은 현재 당신의 일과 생활에 큰 영향을 주는 사람이다.

'식탁 교제'는 중요한 사람과 소통할 자리를 마련해주고 연결을 강화하며 우정을 증진하는 역할을 한다. 만일 당신에게 매우 중요한 잠재 고객이 있는데 아직까지 한 번도 식사를 같이한 적이 없다면 '식탁 교제'를 나눌 필요가 있다.

두번째 유형은 당신이 좋아하는 사람이다.

친구나 동료, 학교 친구, 친척, 가족 등이 포함된다. 이런 사람들과의 식사는 빈도수에 크게 신경 쓸 필요가 없다. 몇 달에 한 번, 심지어 반년에 한 번이라도 상관없다. 장소나 메뉴를 크게 고민하지 않아도 된다. 만나서 그동안 하지 못했던 이야기를 나누는 것이 핵심이다. 좋아하는 사람과 함께 식사를 하면 심신이 즐거워지고 에너지를 충전하며 마음의 위로를 받는다.

세번째는 잘 모르지만 관심 있거나 도움될 것 같은 유형의 사람들이다.

사교 행사에서 알게 된 사람, 특히 회의나 포럼, 파티 등에서 만나서 관심이 생겼다면 식사하면서 더 깊이 상대를 이해할 수 있다. 혹은 누군가를 통해 소개받은 인맥의 경우 그와 협력할 기회가 된다. 이런 사람들과는 메시지로 연락을 주고받은 후에 식사에 초대하는 게 가장 좋다.

그럼 어떻게 초대해야 거절당할 가능성을 줄일 수 있을까?

첫째, 서로 아는 친구를 모임에 함께 초대하라.

한번은 파트너사의 오너와 함께 식사를 하고 싶었다. 하지만 몇 번밖에 만나보지 않아서 선뜻 초대하기가 어려웠다. 그래서 예전에 그 사람 밑에서 일한 적이 있는 내 친구를 함께 불러내 성공적으로 그를 초대할 수 있었다.

둘째, 상대의 회사에서 가까운 장소에서 점심 약속을 잡아라.

파트너 회사 근처에서 일이 있다면 그것보다 더 좋은 이유는 없다. 방문 예정 일주일 전에 함께 식사하는 게 어떠냐고 물어보는 게 가장 좋다. '안녕하세요? 다음 주 수요일에 마침 그 회사 근처에서 볼일이 있는데 점심 약속 있으세요? 함께 점심을 먹고 싶어요'라고 보내보자.

너무 진지한 모임이 되는 게 싫다면 지나는 길에 방문해도 되겠느냐고 물어보면 된다. 하지만 상대에게 당신의 진심과 존중을 표현하려면 정식으로 요청하는 게 더 좋다. '안녕하세요? 귀사의 열정과 협조에 진심으로 감사드립니다. 다음 주에 함께 식사하고 싶은데 언제쯤 시간이 되시나요? 만나뵙고 업무 진행 사항에 관해 말씀드리고 싶어요.'

셋째, 식사 초대를 할 때는 만남의 주요 목적을 정확히 설명하자. 상대에게 어떤 가치를 제공할지 말하고, 당신은 그 사람에게 어떤 도움을 받고 싶은지 명확히 밝히자.

한 학생이 업무 때문에 '인맥 달인'과 식사하려고 이렇게 메시지를 보냈다. "언니! 요즘 어떻게 지내세요? 시간 있으면 만나서 이야기나 해요." 그 결과 둘은 시답잖은 농담만 주고받다가 약속도 정하지 못한 채 흐지부지 대화를 마무리했다.

나는 그 학생에게 만남의 목적과 이야기하고 싶은 내용을 꼭 알려줘야 약속을 잘 잡을 수 있다고 말했다. 또 짧은 메시지 안에서 자기만의 가치를 드러낼 수 있어야 한다. '언니! 최근에 ××은행에서 프라이빗뱅킹 업무를 시작했더라고요. 언니가 인맥이 넓으니 혹시 도움받을 수 있는 사람이 있을까 해서요. 혹시 다음 주에 시간 되세요?' 이렇게 보내면 아주 빨리 답장을 받을 수 있다.

넷째, 협력 가능성이 있는 사람을 초대할 때는 함께 참석하는 사람들이 누군지도 알려주자.

중국에 출장 갔을 때 공식 계정에 올리는 내 글을 감수해주는 편집자와 나를 도와 큰 플랫폼에 글을 올려주는 편집자들을 함께 불러 식사하며 감사의 마음을 전하고 싶었다. 그런데 그들과 온라인에서는 연락을 많이 주고받았지만 실제로 만난 적은 한 번도 없었다. 그 친구들은 대부분 1990년대생이었는데 나 같은 1970년대생 아줌마와 만난다면 별 흥미가 없을 것 같았다. 모두의 관심을 끌기 위해 나는 각각의 사람들에게 문자메시지를 보내어 다른 편집자들도 동석할 예정이니 참석해달라고 말했다. 그 결과 아홉 명의 젊은 편집자들이 모여서 함께 점심을 먹을 수 있었다. 젊은 친구들과 한자리에 모이니 활기가 가득했고 분위기도 뜨거웠다.

위의 몇 가지 기술을 적용했는데도 상대가 완곡하게 거절한다면 어떻게 해야 할까? 그래도 포기하지 말고 감정적으로 연결될 방법을 생각해보자. 예전에 한 친구가 나에게 어떤 사람과 더 친해지고 싶어서 점심에 초대했는데 상대가 거절해서 어떡해야 할지 모르겠다고 상담을 청했다. 나는 그렇다면 꼭 식사 약속을 잡으려고 애쓰지 말고 최근에 읽은 책이 있는데 내용이 너무 좋아서 택배로 보내주고 싶다고 말하면서 친해지고 싶은 마음을 표현하라고 일러주었다.

누군가에게 초대받아 모임에 참석하게 되는 경우도 많다. 만약 초대해준 사람이 당신의 일이나 생활에 별 도움이 되지 않는다고 생각되거나 그 사람에게 별로 관심이 없을 때, 심지어 그 사람에게 전혀 긍정적인 에너지가 없을 때는 완곡하게 거절하면 된다.

뭘 증진해야 하고 뭘 줄여야 하는지, 뭘 배우고 뭘 버려야 하는지를 선택하는 것이 바로 '식탁 교제'가 지닌 자유로움이다.

어디에서
무엇을 먹을 것인가

중요한 고객을 초대할 때, 보통은 고급 레스토랑을 예약해 근사한 음식을 대접하는 것이 매너다. 공간이 분리되어 있고 서비스가 세심한 곳일수록 좋다.

그런데 이런 접대를 많이 해본 사람은 알겠지만 일반적으로 이런 레스토랑에는 특색 있는 요리가 많지 않다. 그래서 그 자리에 다녀온 사람에게 뭘 먹었느냐고 물으면 잘 기억나지 않는 눈치다.

맛있는 음식에 관한 모든 기억은 사람과 연관되어 있다. 비즈니스 모임이든 친구 모임이든 어디에서 뭘 먹었는지, 누구와 먹었고 어떤 이야기를 했는지는 하나로 이어지는 전체적인 기억이다. 만일 누군가에게 아름다운 기억을 남기고 싶다면 대화 주제가 재밌어야 하는 것은 물론이고 어디서, 무엇을 먹었는가도 매우 중요하다.

당신만의 '맛집 지도'를 만들어보자. 그 지도는 어떻게 만들어질까?

나는 베이징에 가면 《Time out Beijing》이라는 책을 한 권 사서 어떤 레스토랑이 순위에 올랐는지, 어떤 식당이 새로 문을 열었는지 찾아본다. 그런 다음 몇몇 미식가의 SNS에 들어가 그들은 어떤 식당을 추천했는지 검색한다. 그렇게 나만의 식당과 음식을 수집해놓고 손님을 대접해야 할 때 사용한다. 그리고 새로운 식당을 발굴할 때마다 마음속으로 이런저런 것들을 정리해본다.

나는 언제든 내 맛집 지도에 표시한 식당들을 친구들에게 추천해주거나 고객들을 그곳으로 초대한다. 이 식당들은 환경은 물론 요리 맛이 일품이라 상대에게 늘 깊은 인상을 남긴다.

밥을 대접할 때는 식당의 유명세만 보지 말자. 당신이 직접 가봤던 곳, 먹어봤던 곳 중에서 고르는 것이 더 안전하다.

사실 나도 몇 번 당황스러운 경험을 한 적이 있다.

한번은 중요한 고객과 다둥(大董) 오리구이 전문점에서 식사 약속을 잡고 룸까지 예약했다. 네 명이 들어갈 수 있는 방을 예약했는데 가서 보니 의자 네 개 말고는 가방 놓을 자리도 없었다. 에어컨까지 잘 작동되지 않아 땀을 흠뻑 흘리며 식사한 적도 있었다. 또 한번은 식사 자리에 열 명을 초대했다. 맛집 소개 앱에서 입소문이 난 식당을 골랐는데 막상 도착해보니 테이블에는 여덟 명밖에 앉을 자리가 없었고 메뉴도 너무 단조로웠다. 물론 모두 즐겁게 대화를 나누기는 했지만 모임을 주최한 나로서는 자책감이 드는 걸 피할 수 없었다. 그래서 연구가 필요하다. 준비 작업을 충분히 한 다음에 사람들을 초대해야 실수가 없다.

가산점을 받을 수 있는 또 하나의 항목이 있다. 만일 식당의 메인 셰프와 알고 있는 사이라면 그곳으로 손님을 초대하는 게 좋다. 가장 좋은 자리를 예약할 수도 있고 기호에 맞게 요리를 먼저 주문해놓을 수 있기 때문이다. 또한 새롭고 특별한 요리를 따로 맛볼 수도 있다. 그러니 요식업계의 인맥 달인은 놓치지 말고 꼭 알아두도록 하자.

아침, 점심, 저녁
선택법

아침

○

아침 시간은 촉박하므로 한 시간이면 적당하다. 시간적인 여유가 없으니 비교적 친한 사람 혹은 일 때문에 반드시 만나야 하는 사람과 만나는 게 좋다. 처음 만나는 사람과 아침 식사 약속을 잡는 건 적절하지 않다. 왜냐하면 시간이 짧아서 대화를 나누기가 어렵고 마음을 열 시간이 충분하지 않기 때문이다. 친한 친구끼리도 중요한 일이 아니라면 아침 일찍 상대를 불러내는 것은 쉽지 않다.

아침 식사는 일반적으로 본인 혹은 고객이 묵는 호텔의 식당 뷔페에서 하는 것이 좋다. 각자 먹고 싶은 음식을 자유롭게 떠 와서 이야기하면서 먹을 수 있기 때문이다. 절대로 조식 뷔페 메뉴가 다양하다고 양손에 음식을 두 접시 가득 갖고 오는 일이 없도록 한다. 만남 시간이 짧으니 먹기 편한 마른 음식들이 좋다. 탕이나 국, 잡고 뜯어야 하는 고기 등은 피하자. 먹는 모습이 격식 없게 보이면 좋은 인상을 남기기 어렵다. 그리고 무엇보다 대화에 집중하는 것이 중요하다.

아침 미팅에서는 대화의 목표가 분명하고 명확해야 한다. 그러니 너무 많은 여담은 피하고 본론으로 바로 들어가도록 한다. 만약 나누지 못한 이야기가 있다면 다음 약속을 잡는다. 그리고 아침부터 시간을 내어 함께 식사해준 것에 감사하다는 말도 잊지 않는다.

점심

○

점심 식사는 화제가 부족해 난처해지는 상황을 피할 수 있다. 저녁 시간은 최소한 두 시간 정도로 상대적으로 긴 편이다. 너무 일찍 끝나도 상대가 불쾌할 수 있다. 어색한 상황을 피하려면 화제를 충분히 준비하는 것이 좋다. 이런 리스크를 피하기 위해 잘 모르는 사람과는 저녁을 함께하지 않는 것이 좋다. 점심은 아직 친분이 깊지 않은 사람과 함께하기 적당하다. 한 시간 안에 효율적으로 이야기할 수 있기 때문이다. 물론 여러 이유로 대화가 잘 진전되지 않아서 분위기가 무르익지 않을 수도 있지만 한 시간이면 편안하게 몇 가지 주제에 관해 이야기할 수 있다.

점심은 '약한 연결'의 관계를 효율적으로 증진시킬 좋은 시간이다. 점심 식사 한 번으로 다른 팀 동료와 더 많은 신뢰를 쌓고 앞으로의 업무 협력을 추진할 수 있다. 잠재 고객과는 협력 가능성에 관해 깊이 이야기할 수 있고 스승이나 멘토에게는 고민 상담을 할 수 있다. 팀의 상사나 동료와는 합법적인 시간 안에서 상호이해와 소통으로 더 깊은 관계를 형성할 수 있다. 꼭 일대일이 아니라 여러 명이 함께해도 좋다. 모두가 가장 짧은 시간 안에 효율적으로 연결될 좋은 기회다.

점심은 개인 혹은 가족의 시간을 빼앗지도 않는다. 한 시간의 식사 시간이지만 어쨌든 근무 일정 안에 포함되어 있기 때문이다. 하지만 저녁에는 많은 사람이 집에 돌아가 가족과 시간을 보내고 싶어 한다. 그러니 점심 약속은 저녁 약속보다 성사 가능성이 훨씬 크다.

모든 사람의 인맥 네트워크에는 '약한 연결'이 절대다수를 차지한다. 그렇다면 이들과의 관계를 어떻게 증진할 수 있을까? 먼저 점심 식사를 함께하며 대화를 나누면 된다.

점심 식사의 주요 목적은 효율적으로 시간을 활용해 상대를 충분히 이해하는 것이다. 업무 등 표면적인 화제 말고도 일상생활과 다양한 이야기를 나눌 수 있다. 그래서 점심을 함께하면 더 친한 관계로 발전한다.

어떤 사람과 점심을 일대일로 먹으면 좋을까? 나는 협력을 진행 중인 고객은 비즈니스가 이미 시작되었으므로 제외한다. 대다수 상황에서는 고객 회사 식당이나 양측의 사무실 부근에서 팀원들과 다 같이 식사를 해서 우정을 증진하고 협력을 강화한다.

나는 다른 팀 동료나 잠재 고객, 스승이나 업계 관리 부서 책임자, 업계 협회 책임자나 간부, 행사에서 만난 관심 있는 사람과 일대일로 식사를 하는 편이다. 왜일까? 일단 점심 요청은 너무 공식적이라는 느낌을 주지 않기 때문에 상대가 편한 마음으로 나올 수 있다. 장소는 상대에게 가까운 곳으로 정해 시간을 조율하기 편하게 한다. 그러면 친하지 않은 사람에게도 '아무리 바빠도 점심은 드시고 일하셔야죠'라고 말할 수 있다. 일대일 점심 식사는 당신이 상대를 존중한다는 느낌을 줄 수도 있고, 한 시간이라는 비교적 짧은 시간 안에 깊은 대화를 나눌 수도 있다.

저녁

○

최근 들어 저녁에 회식하는 문화가 많이 사라졌다. 사람들이 건강 및 가족과 함께하는 시간을 점점 더 중요하게 생각하기 때문이다. 그래서 함께 저녁 식사를 하는 사람들은 정말 친한 친구이거나 매우 잘 아는 고객인 경우가 많다.

보통 저녁 식사는 두 시간에서 세 시간 정도 이어지므로 화제를 많이 준비해야 한다. 그러니 고객과 일대일로 식사하는 건 별로 적절하지 않다. 여러 사람이 함께해야 대응하기 쉽다.

중국 사람들의 저녁 모임에는 술이 빠지지 않는다. 술이 없으면 분위기가 살지 않는다고 생각하기 때문이다. 꼭 술을 마셔야 하는 건 아니지만 모임에 술을 잘 마시는 사람이 한 명쯤 있으면 분위기를 더 잘살릴 수 있다. 술을 마시면 마음을 열고 더 편하게 말할 수 있다.

술을 아무리 잘 마시는 사람이라도 절대 많이 마시지는 말자. 필름이 끊기거나 취해서 실수하면 절대 좋은 인상을 남길 수 없다.

사람들은 보통 하루 중 저녁을 가장 거하게 먹는 편이다. 이때 음식을 시킬 때 주의해야 할 몇 가지를 나눠보자.

주문은 상대에게 먼저 양보한다. 만일 그가 비싼 요리는 미안해서 시키지 못하면 조용히 기회를 봐서 추가하도록 하자. 상대가 메뉴 선정을 거절하거나 미루면 그때는 당신이 주문한다.

음식을 주문하기 전에는 미리 공부를 해두자. 미리 가봤던 식당이라도 미식가들이 남긴 후기나 평가를 찾아보거나 맛집 앱이나 미슐랭 정보 등을 이용해 어떤 음식이 좋을지 미리 생각해둔다. 그리고 '이 식당의 특색 있는 요리를 몇 개 주문할 테니 한번 맛보세요'라고 말하는 게 좋다. 메뉴 선정이 탁월하고 입맛에 맞으면 상대는 당신을 매우 흡족해할 것이다.

고기와 채소 요리를 적절하게 섞어서 주문하되 한두 개 정도는 특색 있는 것으로 주문한다. 가령 베이징의 오리고기 전문점인 다퉁에 갈 경우 친구들과 함께라면 오리구이를 메인 요리로 시키면 되지만, 중요한 고객일 경우 셰프의 추천 메뉴인 해삼 요리를 함께 주문하도록 하자. 화이양 요리(淮揚菜, 화이허와 양쯔강 주변에서 파생된 요리로 중국 사대 요리 중 하나−옮긴이)를 먹을 때는 생선 요리도 시키는 걸 잊지 말자. 메인 요리가 없는 꼴이 될 수 있으니 말이다. 요리 수는 식당 기준에 따라 정하되 풍성하지만 낭비하지 않도록 한다.

어떤 대화를 나눠야 할까?
○

먼저 화제 준비 작업이 성공의 80%를 차지한다.

미국 작가 존 파월의《왜 나는 내가 누구인지를 낭신에게 말하기를 두려워하는가?(Why am I afraid to tell you who I am?)》에는 사람 사이의 소통에 관한 다섯 가지 단계가 나온다. 이 다섯 가지 단계를 양파의 껍질과 같다고 생각하면 이해하기 쉽다.

가장 바깥의 5단계

'잘 지내요?' '바빠요?'와 같은 형식적인 질문들에 해당한다. 이런 질문은 진정으로 상대의 대답을 귀담아들으려는 것이 아니다.

4단계

다른 사람에 관한 험담과 소문은 아무 생각 없이 하는 말이기 때문에 쉽게 이야기할 수 있다. 하지만 이런 소문과 험담에 가담하는 건 남에게도 그렇고 본인에게도 해롭다.

3단계

판단과 사고에 해당한다. 이 단계에 다다르면 진정한 '소통'이 시작된다. 사람들은 자신의 생각과 의견을 다른 이와 나누는 걸 좋아한다. 또한 걱정과 경계심을 안고 살아가기 때문에 본인과 다른 의견에 부딪히면 갈등을 피하기 위해 상대의 의견을 따르기도 한다.

2단계

감각과 감정에 해당한다. 본인의 생각과 의견 이상의 감정을 공유하기 시작한다. 친구라고 불리는 사람들이라도 진정으로 이 단계의 교류를 하는 사람은 드물다.

가장 안쪽의 1단계

본인의 완전한 감정과 모습을 나누고자 한다. 본인의 가장 깊숙한 감정과 정서를 타인에게 나누는 일은 쉽지 않다. 왜냐하면 자신의 가장 연약한 부분을 보이게 되면 남에게 평가받고 거절당할까 두려워하기 때문이다. 진정으로 친밀한 관계의 친구나 가족하고만 이러한 수준의 소통이 가능하다.

'약한 연결'의 관계와 밥을 먹는 목적은 한 끼 식사를 나누는 과정을 통해 양파의 가장 바깥쪽, 즉 가장 얕은 단계의 대화에서 시작해 자기의 생각과 의견을 나누고 더 나아가 감정과 정서를 공유하는 측면에 이르려는 것이다.

끊임없는 한담이나 남에 대한 험담은 좋은 인상을 남기지 못한다. 그러므로 밥을 먹을 때는 이 두 가지 내용의 대화는 피하도록 하자. 상대와 약속을 정하기 전에 화제를 미리 준비하고 가르침을 청하는 자세로 질문하자. 당시 일어난 사건 사고나 뉴스에 관해 상대와 생각을 나누는 것도 괜찮다. 일상적인 생활과 관련된 취미 혹은 주말 계획에 대한 대화를 나누는 것도 좋은 방법이다. 이런 것들은 3단계의 대화로 넘어가도록 도와준다.

샤오디(익명)는 커리어 계발과 향후 계획에 관해 의견을 듣고 싶어 나의 소개로 본인 회사의 임원(역시 내 친구)과 만나게 되었다. 그는 먼저 약속 장소를 방문해 메뉴까지 살펴보는 정성을 들였다. 하지만 만남 후에 이런 피드백이 돌아왔다.

"선생님, 제가 준비해 간 화제가 너무 적었나 봐요. 다섯 개를 준비했는데 중간 정도 되니까 화제가 다 떨어졌어요."

"가장 쉬운 대화는 음식에 관한 것부터 시작하는 것이 좋아요. 먹으면서 음식에 대해 이야기할 수도 있고 회사 근처에서 가장 좋아하는 식당은 어디인지 말할 수 있죠. 화제는 열 개 정도 준비하는 게 좋아요. 경력부터 시작해 직장에서의 스킬, 취미, 육아, 자녀 교육, 패션 등 여러 가지를 많이 준비해 갈수록 좋아요. 물론 당신은 상대의 의견을 더 많이 듣고 싶겠지만 자신의 의견도 솔직히 나누는 게 중요해요. 그래야만 서로 생각과 감정을 나눌 수 있고 교제가 이뤄지는 거죠. 괜찮아요. 이번 만남은 아주 좋은 시도였어요."

나는 샤오디를 이렇게 위로해주었다. 상대를 진정한 친구로 만들고 싶다면 먼저 당신의 진실한 감정과 생각을 상대에게 솔직하게 나누는 2단계 대화로 들어가야 한다.

샌프란시스코 대학교의 짐 테일러 교수는 '오늘의 심리학(Psychology Today)'이라는 온라인 사이트에 이런 말을 남겼다. "정서를 공개한다는 건 어느 정도 위험을 동반한다. 자신을 더 나약해 보이게 만들고 그러한 정서를 상대가 수용해줄지 아니면 거절할지 장담할 수 없기 때문이다."

하지만 일리노이 주립대학교와 캘리포니아 주립대학교의 로스앤젤레스 캠퍼스에서 진행한 연구 결과에 따르면 '자신의 연약한 심리를 드러내는 데 있어 앞서 말한 리스크는 부담할 만한 것'으로 나타났다. 다시 말해 자신의 정서와 감정을 솔직하게 드러내면 오히려 사람들에게 환영받는다는 것이다. 가끔 완벽하지 못한 자신의 모습을 드러내고 더 진실한 나를 보여줄 수 있는 용기가 필요하다.

'식탁 교제'의 핵심은 충분한 화제가 갖춰진 상태에서 비교적 편안한 분위기에 별로 친하지 않던 사람과 깊은 대화를 나누며 서로의 생각과 관점, 정서와 감정을 나눔으로써 좀 더 깊은 관계로 발전하는 것이다. 즉, '약한 연결'을 '강한 연결'로 강화하는 발걸음을 내디디는 것이다.

무엇을 아느냐보다
누구를 아느냐가 더 중요하다

2016년 5월 5일, 사랑하는 엄마가 1년 넘게 암으로 투병하다 세상을 떠났다. 그 후로 반년 정도 일이 손에 잘 잡히지 않았다. 내가 맡은 친환경 기술자문 회사에서는 고객을 둘이나 잃기까지 했다. 회사 일뿐 아니라 돌봐야 하는 아이들, 남편까지 신경 쓰지 못했고 어떤 일에도 흥미를 느끼지 못했다.

마흔 살을 넘기고 부모와의 이별을 겪으면서 나는 스스로에게 이런 질문을 하게 되었다.

'나는 이 세상에 무엇을 남기고 떠날 것인가? 사람들은 무엇으로 나를 기억할 것인가?'

내가 얼마만큼의 실적을 쌓았는지 기억할까? 내가 얼마만큼의 프로젝트를 완수했는지 기억할까? 내가 얼마나 많은 비즈니스를 성사시켰는지 기억할까? 이런 것들은 모두 중요하지 않았다. 나는 사회적 리더가 되어 모든 사람의 삶을 바꾸고 싶은 욕심은 없었다. 그저 일상에서 만나는 한 사람 한 사람에게 도움을 주고 한 줄기 빛과 긍정적인 에너지를 줄 수 있다면 그것으로 만족했다.

2016년 여름, 우연히 위챗에서 하버드 후배 홍위가 'NIWO'라는 여성 성장 아카데미에서 나눔을 하고 있는 사진을 보게 되었다. 사진 속 분위기는 매우 즐거워 보였다. '여성의 성장'이라는 주제에 흥미가 있었기 때문에 그에게 연락해 NIWO에 대해 물었다.

"창업 회사예요. 여성들의 자기 계발을 도와주고 여성에 관련된 사업을 하고 있어요. 그 회사 창업자인 에이미를 소개해줄게요."

그 후 8월에 나는 에이미를 위챗 메신저 친구 목록에 추가했다. 첫 통화에서 나는 본론부터 이야기했다.

"에이미, 안녕하세요? 저는 홍위의 하버드 대학원 선배예요. 당신이 운영하는 여성 성장 조직에 관심이 많아요. 혹시 제가 도울 만한 일이 없을까요?"

첫 통화에서 느낀 에이미는 일 처리가 시원시원하고 마음이 따뜻하며 목표가 정확한 사람이었다. 나는 그가 정말 좋았다. 나는 에이미를 도와 온라인 강의를 설계하고 고문단이 되어 여러 가지 아이디어를 냈다. 당시 나의 감정과 정서 상태로는 이렇게 무상으로 봉사하는 일이 적절했다. 어딘가에 내가 가진 힘으로 도우면서 큰 부담은 느끼지 않는 일 말이다. 게다가 사실 당시에는 내가 그 회사를 위해 얼마만큼 일하게 될지도 잘 모르는 상황이었다.

순식간에 몇 달이 지나가고 11월 초가 되었다. 나는 '코니의 미국 채

닐'이라는 공식 계정을 열고 미국에서 살면서 깨달은 것들을 사람들과 나눴다. 미국의 대선과 인종갈등, 사립 및 공립 학교의 차이점, 아이들의 피아노 교육에 관한 생각 등을 올렸다.

12월, 나는 NIWO에서 결혼 생활에 관한 네 개의 커리큘럼을 설계하게 되었다. 교과과정에서 부부 관계를 이야기할 때는 배우자를 위한 소통에 관한 책《5가지 사랑의 언어》로 토론해보는 것이 어떻겠느냐는 의견을 냈다. 나의 부부 관계에 가장 많은 영향을 준 책이었기 때문이다. 에이미는 수업에서 약 20분 정도 내 경험을 들려줄 수 있느냐고 물었고 나는 흔쾌히 승낙했다.

처음 시작할 때는 긴장해서 딱딱하게 스크립트를 그대로 읽어 내려갔지만 차차 마음을 열고 내 감정과 언어를 섞게 되었다. 나눔이 끝나고 에이미가 너무 좋았다는 피드백을 주었다. 그 나눔이 사람들에게 도움이 되고 감동이 된다면 아예 더 많은 이들이 볼 수 있도록 스크립트를 공개하기로 했다.

그 원고를 '코니의 미국 채널'에 올리자 수천 명의 독자들이 읽어주었다. 가장 먼저 아버지가 전화를 걸어왔다.

"예전에 내게 5가지 사랑의 언어 이론에 대해 이야기한 적 있었지만 별로 신경 쓰지 않았다. 하지만 이번에 네 글을 읽고 정말 많은 걸 깨달았어."

아버지의 인정은 내게 많은 용기를 주었고 더 많은 사람에게 도움이 될 수 있을 거라는 확신을 주었다. 그래서 그 원고를 회원 수가 더 많은 '슬레이브 소사이어티(Slave Society)'라는 계정에도 올렸다.

얼마 후 슬레이브 소사이어티에서 그 글을 대문 글로 활용하겠다는 연락을 받았다. 그렇게 그 글은 발표 직후 순식간에 6만 명 이상의 구독 수를 기록했다. 이는 내게 엄청난 독려가 되었다. 특히 많은 독자가 남긴 댓글은 이런 나눔이 얼마나 큰 의미가 있는지 깨닫게 하는 계기가 되었다.

나는 직장 경험을 글로 써보기로 결심했고 인맥 관리에 대한 경험부터 시작하기로 했다. 깨달은 게 많은 영역이라 단숨에 6천 자가 되는 글을 완성했고 슬레이브 소사이어티에서 이곳저곳으로 퍼져나갔다. 이 글을 본 슬레이브 소사이어티 편집자는 나를 링크드인 중국 편집팀에 소개했다. 그렇게 인연이 되어 2017년 여름, 나는 링크드인의 칼럼 작가가 되어 정기적으로 원고를 보내게 되었다.

2017년 4월, 에이미가 내게 아카데미에서 강의를 해줄 수 있느냐고 물었다.

"인맥에 관한 거라면 문제없어요. 그 방면에 관해서는 나눌 게 정말 많거든요."

그렇게 우리의 협력이 시작되었고 7월에 나는 처음으로 '하버드 경영대학원의 인맥 쌓기 법'이라는 강의를 진행하게 되었다. 수강생은 200명에 달했다.

글쓰기와 강의는 서로 상호보완적인 역할을 한다. 나는 차차 직장, 교육, 감정이라는 세 가지 주제에 더 집중하게 되었다. 직장에 관한 글은 먼저 링크드인에 올렸고 감정류의 글은 슬레이브에 올렸다. 교육과 관련해서도 와이탄(外灘) 교육, 소년상학원(少年商學院), 잡지 《청(菁) Kids》에 많은 글을 실었다.

나에게 NIWO 아카데미의 창시자 에이미는 귀인이다. 이곳에서 친구나 가족이 아닌 독자들과 학생들을 처음 만났다. 또 고문단을 하면서 의미 있는 친구를 많이 사귀게 되었다.

그중 하나인 작가 후피마는 나를 실력 있는 출판인 탕탕에게 소개했다. 탕탕은 나의 인맥 수업을 듣고 그 이야기를 책으로 엮어주겠다고 했다.

중신(中信) 출판사 편집자 출신인 탕탕은 《화폐 전쟁》부터 시작해 수많은 베스트셀러를 편집·기획했던 실력 있는 인재다. 나중에 여러 차례의 통화와 만남을 통해 믿을 만하고 성실하며 좋은 사람이라는 인상을 받았다. 그의 경험을 빌려 나는 많은 길을 돌아가지 않아도 됐다. 그래서 나는 인맥에 관한 좋은 책을 써보겠노라 약속했다.

슬레이브 소사이어티의 이눠, 화장, 편집자 라라와 링크드인의 편집자 메이메이 그리고 그녀와 팀으로 함께 일하는 샤오웨, 관난, 커신 역시 나의 귀인이다. 그들의 인정이 없었다면 이렇게 빨리 좋은 결과를 볼 수 없었을 것이다.

2년이라는 짧은 시간 동안 친환경 에너지 자문 회사 창업자에서 작가와 감사가 되었고 나만의 브랜드도 만들게 되었다.

물론 이 과정에 많은 행운이 뒤따랐다. 하지만 '누구를 아느냐가 무엇을 아느냐보다 중요하다'는 점을 더 강조하고 싶다. 인생에서 만나는 귀인은 당신을 생각지도 못했던 다른 길로 인도해줄 수 있다. 사람과 사람의 인연 역시 만들어가는 것이다. 사람과 사람이 모이면 시너지가 생겨서 생각지도 못했던 효과를 볼 수 있다. 우연한 인연이 생기기를 기다리는 것보다는 먼저 자신을 더 가치 있는 사람으로 만드는 게 중요하다. 이것이 바로 내가 인맥에 관한 책을 쓴 이유다.

남편 앤드루에게 특히 고맙다는 말을 하고 싶다. 그의 칭찬과 격려는 나의 든든한 방패막이다. 나의 아버지 그리고 하늘에 계신 어머니에게도 감사드린다. 두 분의 인정과 사랑이 나를 계속 앞으로 나아가게 만드는 동력이다. 사랑하는 두 아들 알렉산더와 애덤에게도 고마움을 전한다. 글쓰기를 지지해주고 엄마와 노는 시간을 희생해준 아들들이 없었다면 불가능했을 일이다. "엄마가 나의 롤모델"이라는 너희의 말이 내 마음을 얼마나 따뜻하게 만드는지!

든든한 친구 천루에게도 고마움을 전하고 싶다. 변하지 않는 우정과 내 글에 대한 격려, 바쁜 와중에도 나를 도와 공식 계정의 글을 편집해주었다.

고등학교 시절부터 나의 글쓰기를 독려해주고 항상 내 이야기에 귀기울여 들어주는 류위진, 차오잉 그리고 내 글을 통독하고 교정해준 사촌 동생 니키에게도 고마움을 전한다.

내 인맥 수업과 열정 수업을 수강했던 모든 학생에게도 감사하다. 그들을 통해 많은 영감을 얻었다. 그들이 들은 것, 아는 것을 행동으로 옮기는 걸 보는 게 나의 가장 큰 기쁨이다.

클레이턴 크리스텐슨 지도교수님과 그의 부인 크리스틴 여사님께도 감사드린다. 예수그리스도의 복음을 내게 전해주고 내가 인생의 중대한 선택의 기로에 서 있을 때마다 아낌없이 지도해준 것에 진심으로 고맙게 생각한다. 그들의 겸손함과 사랑은 내가 닮고 싶은 인생의 본보기다.

끝으로 하나님께 모든 영광을 올린다. 당신의 복음으로 나를 밝히 비춰주신 것에 감사하고 또 감사하다.

옮긴이 하은지
한국외대 통번역대학원 한중과 국제회의반을 졸업했다. 이후 대기업 인하우스 동시통역사로 일했으며 국내 유수 기업에서 출강, 번역, 통역 업무를 담당했다. 현재 번역 에이전시 엔터스 코리아에서 중국어 전문 번역가로 활동 중이다. 옮긴 책으로《하버드에서 배우는 내 아이의 표현력》《끌리는 말투에는 비밀이 있다》《마음을 숨기는 기술》등이 있다.

하버드 인맥 수업
ⓒ 코니, 2019

초판 1쇄 발행일 2019년 11월 22일
초판 2쇄 발행일 2020년 1월 23일

지은이   코니
옮긴이   하은지
펴낸이   정은영
편집   고은주 정사라 한지희
마케팅   이재욱 최금순 오세미 김하은
제작   홍동근

펴낸곳   꿈지락
출판등록   2001년 11월 28일 제2001-000259호
주소   04047 서울시 마포구 양화로6길 49
전화   편집부 (02)324-2347, 경영지원부 (02)325-6047
팩스   편집부 (02)324-2348, 경영지원부 (02)2648-1311
이메일   spacenote@jamobook.com

ISBN 978-89-544-4025-7 (03190)

꿈지락은 "마음을 움직이는(感) 즐거운(樂) 지식을 담는(知)"
㈜자음과모음의 브랜드입니다.

이 도서의 국립중앙도서관 출판시도서목록(CIP)은 서지정보유통지원시스템 홈페이지
(http://seoji.nl.go.kr)와 국가자료공동목록시스템(http://www.nl.go.kr/kolisnet)에서
이용하실 수 있습니다.(CIP제어번호: CIP2019043837)